Nah dran ... 1

Alltagskultur | Ernährung | Soziales

Differenzierende Ausgabe
Baden-Württemberg

Autorinnen
Sandra Brenner
Dorothea Dümmel
Ursel Imhof
Ulrike Klüppel

Nah dran ... 1
Alltagskultur | Ernährung | Soziales

Differenzierende Ausgabe Baden-Württemberg

mit Beiträgen von Irene Birzele, Frank Eichhorn, Ulrike Frank, Petra Meyer, Ingrid Otto

Zum Schülerband erscheinen:

BiBox – Digitale Unterrichtsmaterialien
Lehrer-Einzellizenz, WEB-507-46487

Vorbereiten. Organisieren. Durchführen.
BiBox ist das umfassende Digitalpaket zu diesem Lehrwerk mit zahlreichen Materialien und dem digitalen Schulbuch. Für Lehrkräfte und für Schülerinnen und Schüler sind verschiedene Lizenzen verfügbar. Nähere Informationen unter **www.bibox.schule**

westermann GRUPPE

© 2016 Bildungshaus Schulbuchverlage
Westermann Schroedel Diesterweg Schöningh Winklers GmbH,
Georg-Westermann-Allee 66, 38104 Braunschweig
www.westermann.de

Das Werk und seine Teile sind urheberrechtlich geschützt. Jede Nutzung in anderen als den gesetzlich zugelassenen bzw. vertraglich zugestandenen Fällen bedarf der vorherigen schriftlichen Einwilligung des Verlages. Nähere Informationen zur vertraglich gestatteten Anzahl von Kopien finden Sie auf www.schulbuchkopie.de.

Für Verweise (Links) auf Internet-Adressen gilt folgender Haftungshinweis: Trotz sorgfältiger inhaltlicher Kontrolle wird die Haftung für die Inhalte der externen Seiten ausgeschlossen. Für den Inhalt dieser externen Seiten sind ausschließlich deren Betreiber verantwortlich. Sollten Sie daher auf kostenpflichtige, illegale oder anstößige Inhalte treffen, so bedauern wir dies ausdrücklich und bitten Sie, uns umgehend per E-Mail davon in Kenntnis zu setzen, damit beim Nachdruck der Verweis gelöscht wird.

Druck A[7] / Jahr 2021
Alle Drucke der Serie A sind im Unterricht parallel verwendbar.

Redaktion: Marion Martens
Umschlaggestaltung und Layout: Janssen Kahlert Design & Kommunikation GmbH
Druck und Bindung: Westermann Druck GmbH, Georg-Westermann-Allee 66, 38104 Braunschweig

ISBN 978-3-507-**46483**-4

Inhalt

Das Wahlpflichtfach Alltagskultur, Ernährung, Soziales — 7

Essen ist mehr als satt werden — 8

Essen und Wohlbefinden — 10
Lebensstil und Ernährungsverhalten — 11
Ernährungsverhalten und Essstörungen — 12
Mein Ernährungstagebuch — 14
Verschiedene Verzehrgewohnheiten — 15
Anlässe des Essens — 16
Kulturell und religiös motiviertes Ernährungsverhalten — 18
Methode: Projekt — 20
Wovon wir leben – Bestandteile der Nahrung und ihre Aufgaben im Körper — 22
Lebensmittel als Nährstoffträger — 24
Nährwerttabelle — 25
Lebensmittelgruppen – Tipps für eine gesunde Ernährung — 26
Qualitätsmerkmale für Lebensmittel — 28
Genusswert: Schmecken, riechen, fühlen — 29
Methode: Blindtest — 30
Kochvorhaben: Eine ausgewogene Mahlzeit planen und gestalten — 31
Zubereitung ausgewogener Mahlzeiten bei unterschiedlichen Lebensbedingungen — 32
Lernbilanz — 34

Überlegt konsumieren — 36

Einkaufsverhalten unter der Lupe — 38
Das prägt unser Kaufverhalten — 40
Vor- und Nachteile verschiedener Einkaufsmöglichkeiten — 44
Wie informiere ich mich? — 46
Freiwillige Kennzeichnung von Produkten — 48
Verbraucherzentrale als Informationsquelle — 50
Testberichte als Einkaufshilfe nutzen — 51
Methode: Schülerinnen und Schüler testen Produkte — 52
Verkaufsstrategien im Supermarkt — 54
Lernbilanz — 56

Ein Problem und viele Lösungen — 58

Unterschiedliche Lösungen für ein Problem 60
Methode: Mit Fällen arbeiten 61
Fallarbeit einüben: Eine Einkaufsentscheidung treffen 62
Fallarbeit einüben: Ein gesundes Pausenfrühstück für die Schule planen 64
Fallarbeit bewerten 66
Methode: Mindmap erstellen 68
Lernbilanz 69

Sich wohlfühlen — 70

Wer ist gesund? 72
Lebensweisen analysieren 74
Gesundheit im Schulalltag 75
Den Schulalltag gesund gestalten: 76
    Schulverpflegung 76
    Bewegen und Entspannen in der Schule 78
    Soziale Beziehung gestalten 80
    Lernumgebung gestalten 82
Schönheit und Wohlbefinden 84
Die Macht der Schönheit – wer macht die Schönheit? 85
Bedeutung von Kleidung 88
Lernbilanz 90

Für andere etwas tun — 92

Menschen engagieren sich 94
Junge Menschen engagieren sich 96
Soziales Engagement in der Schule 97
Projekt: Für andere etwas tun 98
    Projektskizze 99
    Engagementideen entwickeln 100
    Bedarf klären 101
    Projektthema festlegen 102
    Ablauf planen und Projekt durchführen 103
Methode: Die persönlichen Kompetenzen für die Teamarbeit einschätzen 104
    Reflektieren 106
    Methoden zum Reflektieren 107
    Projekt abschließen 108
Ideensammlung 110
Lernbilanz 111

Alltag gestalten — 112

Alltägliches Handeln	114
Verhaltensmuster entwickeln sich	116
Methode: Biografisches Lernen	118
Verhalten und Lebensstil	120
Wie kann ich mein Verhalten ändern?	121
Lebensentwürfe – Zukunftsvisionen entwickeln	122
Methode: Visionsarbeit	123
Methode: Rollenspiel	124
Alltagskultur wahrnehmen	125
Lernbilanz	126

Nachhaltig handeln — 128

Nachhaltigkeit: Mir und der Mitwelt zuliebe	130
Nachhaltigkeit an einem Beispiel	132
Essen, was Region und Saison zu bieten haben	134
Bioprodukte kaufen	136
Fair gehandelte Produkte bevorzugen	138
Fleischkonsum reduzieren	139
Abfall vermeiden und Abfall sortieren	140
Reste verwerten	141
Textilien pflegen	142
Pflege- und Wartungsarbeiten durchführen	143
Methode: Erkundung	144
Textilien mit der Nähmaschine reparieren	145
Aus alt mach neu	146
Mit anderen teilen, gemeinsam etwas tun	147
Lernbilanz	148

Nach vorne schauen — 150

Zukunftsvorstellungen genau hingeschaut	152
Soziale, ernährungs- und gesundheitsbezogene Berufe	154
Berufssteckbrief: Sozialhelfer/-in bzw. Sozialassistent/-in	155
Ich kann was	156
Erfahrungen sammeln	158
Lernbilanz	159

INHALTSVERZEICHNIS

Arbeiten in den **Schulwerkstätten** 160

Wir richten unseren Arbeitsplatz in der Küche ein 162
Sicherheit in der Küche 163
Küchengeräte auswählen 164
Hygiene in der Küche 166
Messen und wiegen 167
Nach Rezept planen und arbeiten 168
Tisch decken und Speisen anrichten 170
Lebensmittel vorbereiten 171
Lebensmittel garen 172
Grundteige 174
Abschmecken und würzen 176
Eigene Gerichte erfinden 178
Methode: Kochduell 179
Sicherheit in der Textilwerkstatt 180
Methode: Umgang mit Gebrauchsanweisungen 181
Die Nähmaschine startklar machen 182
Kleines Nählexikon 184
Mit der Nähmaschine nähen lernen 186
Methode: Die eigene Arbeit bewerten 187

Glossar 188
Bildquellenverzeichnis 192

Lernen mit dem Schulbuch

- **A** Aufgaben, die mit dem Buch zu lösen sind
- **R** Rechercheaufgaben
- **P** Praktische Aufgaben

mit unterschiedlichen Schwierigkeitsstufen:

≡ Grundniveau
≡ Mittleres Niveau
≡ Erweitertes Niveau

Ohne Kennzeichnung sind Aufgaben, die sich auf alle Niveaus beziehen.

Hinweis zu den Methodenseiten:
Methodenseiten zeigen grundlegende Vorgehensweisen im Fach AES. Sie sind zur Bearbeitung der Inhalte in unterschiedlichen Kapiteln geeignet.

Hinweis zum Kapitel „Arbeit in den Schulwerkstätten":
In diesem Kapitel werden grundlegende Vorgehensweisen und Begriffe dargestellt, die in der Werkstatt Küche und im Textilraum wichtig sind. Bei vielen praktischen Aufgaben können diese Seiten eine Hilfe sein.

Das kannst und weißt du mindestens, wenn du die Seite bearbeitet hast.

AES IST …

Das Wahlpflichtfach
Alltagskultur, Ernährung, Soziales

Wir haben uns für das Wahlpflichtfach AES entschieden, weil wir uns für andere Menschen interessieren, gerne praktisch arbeiten und wissen wollen, wie Alltag gestaltet werden kann. Vielleicht können wir auch Erfahrungen machen, die uns bei der Berufswahl helfen.

Das Zusammenleben gestalten:
Du erweiterst deine Fähigkeit, für andere etwas zu tun und mit anderen zu arbeiten.

Essen und sich gesund ernähren:
Du lernst, wie man gesunde Mahlzeiten zubereitet und diese genießt.

Überlegt und nachhaltig konsumieren:
Du lernst Möglichkeiten kennen, die Umwelt und Mitwelt zu schonen.

Praktische Erfahrungen sammeln und bewerten:
Praktische Aufgaben stehen im Mittelpunkt. Sie helfen dir, deinen Alltag zu gestalten.

Sich beruflich orientieren:
Du lernst Berufe kennen, die mit Ernährung oder Gesundheit zu tun haben.

Probleme lösen:
Du lernst, wie man zu einem Problem vielfältige Lösungen findet und diese bewertet.

Etwas für die Gesundheit tun:
Du lernst, welche Möglichkeiten es gibt, dich in der Freizeit und in der Schule gesundheitsbewusst zu verhalten.

Essen ist mehr als satt werden

Welchen Einfluss hat das Essen auf meinen Körper und mein Wohlbefinden?

Was beeinflusst mein Essverhalten?

Wie kann ich mich ausgewogen ernähren?

Welche Qualitätsmerkmale gibt es für Lebensmittel?

Was heißt das: Essen genießen?

Was brauche ich alles für eine Mahlzeitenplanung?

Essen und Trinken sind die wichtigsten Grundbedürfnisse des Menschen.

Ohne Essen bleiben Menschen über Wochen am Leben, ohne Trinken jedoch nur etwa drei Tage. Essen und Trinken dienen der täglichen Versorgung mit Energie und Nährstoffen, sind aber auch eine Grundvoraussetzung für das körperliche, geistige und soziale Wohlbefinden. Aufgrund der verschiedenen kulturellen Traditionen, der Art und Weise der Ernährung und des regionalen Angebotes sind sie sehr unterschiedlich.

In diesem Kapitel ...
lernt ihr die erforderlichen Grundlagen für das Verständnis einer ausgewogenen Ernährung kennen und schult eure Sinne. Die gewonnenen Erkenntnisse könnt ihr praktisch bei der Planung und Gestaltung eines besonderen Anlasses, z. B. eines Klassen- oder Schulfestes mit leckeren Speisen und Getränken, umsetzen.

Essen und Wohlbefinden

Essen und Trinken in Gemeinschaft hat viel mit Wohlbefinden zu tun. Gemeinsame Mahlzeiten verbinden und sind eine wichtige Grundlage für die menschliche Kommunikation.

Die Deutsche Gesellschaft für Ernährung (DGE) hat untersucht, welchen Einfluss das Essen auf die Psyche des Menschen haben kann.
Menschen wachsen in einer Kulturgemeinschaft auf, die ihnen Werte und Normen für Alltagsverhalten vermittelt. Die Essgewohnheiten von Menschen sind eng verknüpft mit soziokulturellen und individuellen essensbezogenen Symbolen. Essen ist ein zentraler Bereich gesamtgesellschaftlicher Kommunikationsprozesse, deren Elemente den Charakter von Codes und damit verschlüsselten Verhaltensweisen besitzen. Diese können in die folgenden vier Bereiche gegliedert werden.
Sicherheit: Lebensmittel und Speisen werden bei Stress zur Erreichung des emotionalen Gleichgewichts verzehrt; sie dienen der Abwehr von Angstzuständen. Ihre Hauptaufgabe ist die „Ich-Verteidigung" (z. B. die Schokolade).
Lust: Lebensmittel werden zum Lustgewinn verzehrt, vor allem wegen ihres Geschmacks, ihres Geruchs oder ihres Aussehens. Sie dienen der „Ich-Erweiterung" (z. B. das Leibgericht).
Geltung: Lebensmittel werden als Attribute der eigenen Persönlichkeit aufgefasst und sollen eine gesellschaftliche Position unterstreichen. Sie sind Mittel zur „Ich-Verstärkung" (z. B. die Austern).
Zugehörigkeit: Lebensmittel dienen der sozialen Identifikation. Sie dienen der Gruppenkonformität bzw. Interessensolidarität, und sie sollen die kulturelle Assimilation erleichtern: Sie tragen zur „Ich-Umwelt-Integration" bei (z. B. der Döner).

Fazit: Wenn der Hunger im Herzen sitzt, dann haben wir gelernt, Emotionen wie Freude, Einsamkeit oder Langeweile in Hunger zu übersetzen und uns durch Essen abzulenken, zu entspannen oder zu belohnen. Die Folgen sind Wohlbefinden und Beruhigung, sie können aber auch zu Kummerspeck und Gewichtsproblemen führen. Wenn

Essen als einzige Regulierungsmöglichkeit bleibt, um psychisches Ungleichgewicht zu beheben, ist es wichtig, ein anderes Verhältnis zum Essen, zu Emotionen sowie zu Körpersignalen zu trainieren."
http://www.dge.de/modules.php?name=News&file=article&sid=264 28. 10. 2013

10.1 Sicherheit: Schokolade

10.2 Lust: Leibgericht

10.3 Geltung: Austern

10.4 Zugehörigkeit: Döner

1
Notiert Wörter, die euch unbekannt sind und schlagt sie nach.

2
Findet Beispiele aus eurem Alltag, bei denen eine der Faktoren eine Rolle spielt.

Du kannst ...
die Einflüsse, die Essen auf die Psyche des Menschen haben können, nennen.

ESSEN IST MEHR ALS SATT WERDEN

Lebensstil und Ernährungsverhalten

Allgemein wird das Ernährungsverhalten mitbestimmt durch verschiedene Faktoren.

Erziehung
Eltern geben ihre Essgewohnheiten und Tischsitten an ihre Kinder weiter. Geschmacksvorlieben der Eltern werden oft von den Kindern übernommen. Kinder essen häufig dann viel, wenn auch ihre Eltern große Portionen essen. Jugendliche, die mehr wiegen, als ihnen lieb ist, haben häufig auch Eltern mit Gewichtsproblemen.

Bedürfnisse unseres Körpers
Hunger und Sättigungsgefühle steuern die Nahrungsaufnahme. Dieser natürliche Ablauf kann gestört sein, sodass wir z. B. gar nicht mehr merken, wann wir satt sind oder Hunger haben.

Kultur, Tradition, Religion
In jedem Land gibt es typische Speisen. Feste, Bräuche und Regeln bestimmen, was wir essen und wie wir uns beim Essen verhalten. Gerichte und Verhaltensweisen werden von Generation zu Generation weitergegeben und selbst dann beibehalten, wenn wir in einem fremden Land leben. Auch religiöse Vorschriften beeinflussen das Ernährungsverhalten.

Marktangebot, Werbung
Für Nahrungsmittel wird viel und einfallsreich geworben. Die Werbung und das übergroße Nahrungsangebot verleiten oft dazu, mehr zu kaufen und dann auch mehr zu essen.

Seelische Verfassung
Freude, Kummer, Stress und Entspannung haben Einfluss auf unseren Appetit. Sie entscheiden mit darüber, ob wir alles in uns hineinstopfen oder entspannt Essen und Trinken genießen.

Beruf, Haushaltssituation, Einkommen
Wie wir uns ernähren, ist auch davon abhängig, ob wir berufstätig sind, welchen Beruf wir ausüben und wie viel Geld wir zur Verfügung haben.

Lebensstil, persönliche Haltung
Mit dem Essen und Trinken können wir zeigen, welchen Lebensstil wir bevorzugen und zu welcher Gruppe wir uns zugehörig fühlen. Unsere persönliche Haltung bestimmt darüber, ob wir uns z. B. vegetarisch ernähren oder uns gegen Genfood entscheiden.

---

1 ≡ Ⓐ
Erstelle einen Steckbrief zu deinem Ernährungsverhalten.

Du kannst ...
die verschiedenen Faktoren, die unser Ernährungsverhalten mitbestimmen, darstellen.

Ernährungsverhalten und Essstörungen

„Essen und Trinken hält Leib und Seele zusammen" *(Volksweisheit).*

Doch so einfach ist es nicht. Zu viel Essen macht dick und führt zu Zivilisationskrankheiten. Zu wenig Essen führt zu Mangelerscheinungen. Schnell mal eine Diät zur Gewichtsreduktion kann den Jo-Jo-Effekt auslösen. Wie ein Jo-Jo geht der Zeiger der Waage rauf, runter und wieder rauf. Der menschliche Körper stellt sich auf reduzierte Mahlzeiten ein und kommt mit weniger Kalorien aus. Besser ist es, professionelle Hilfe einzuholen. Jeder Fall ist anders. Daher gehören Diagnose, Behandlung und Therapie von Essstörungen wie Magersucht, Bulimie oder Binge-Eating-Störung in die Arztpraxis.

Ess-Brechsucht (Bulimie)

Kennzeichen der Bulimie sind häufige Essattacken, bei denen in kurzer Zeit große Nahrungsmengen gegessen werden. Um die Kalorienzufuhr „rückgängig" zu machen und nicht zuzunehmen, lösen die Betroffenen selbst Erbrechen aus. Bulimische Frauen oder Männer sind vom äußeren Erscheinungsbild scheinbar normal, meist schlank, sehr gepflegt und ehrgeizig. Es ist kaum zu erkennen, dass sie Probleme haben und Hilfe benötigen.

Magersucht

Typisch für die Magersucht (Anorexia nervosa) ist ein starker Gewichtsverlust, den die Betroffenen bewusst herbeiführen durch Hungern, Nahrungsverweigerung und übertriebene sportliche Aktivität. Selbst wenn sie auffallend dünn sind und schon unter starkem Untergewicht leiden, empfinden sich Magersüchtige noch als zu dick.

Kennzeichen der Magersucht

- Die Pubertätsmagersucht – 95 % der Betroffenen sind Mädchen – fällt in die Entwicklungsphase zwischen Kindheit und Erwachsensein. Die eigene Sexualität wird abgelehnt.
- Eine falsche Einschätzung des eigenen Körpergewichts liegt vor. Man ist mager, fühlt sich aber noch trotz seines Untergewichts zu dick.
- Die Gedanken und Gefühle kreisen nur noch um das Essen.
- Fleiß und Ehrgeiz sind extrem hoch.
- Die Krankheit wird geleugnet.
- Es besteht ein Eiweiß-, Vitamin- und Mineralstoffmangel.

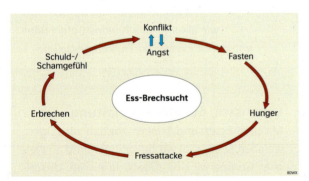

12.1 Teufelskreis der Ess-Brechsucht

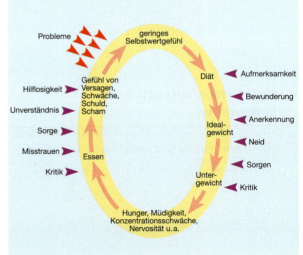

12.3 Teufelskreis der Magersucht

12.2 Nahrungsverweigerung bei Magersucht

Übergewicht

Essen und Trinken haben viel mit unserer Psyche zu tun. Kummerspeck kann man zwar wieder abbauen, aber das kostet Kraft und einen eisernen Willen. Einmal aufgebaute Fettzellen lassen sich nicht vollständig weghungern. Bei einer Schlankheitsdiät können sie zwar schrumpfen, doch sie „warten darauf", bei nächster Gelegenheit wieder auf ihre alte Größe anzuwachsen. Manche Forscher sagen, Übergewicht sei eine Sache der Vererbung. Andere schieben die überschüssigen Pfunde auf die Erziehung. Das Übermaß an Fettzellen, das die meisten Dicken mit sich herumtragen, sei in früher Kindheit durch allzu reichliche und falsche Kost angefuttert worden.

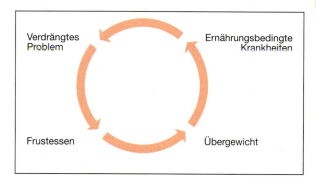

13.1 Teufelskreis Übergewicht

Ursachen und Folgen von Übergewicht
- Übergewichtige merken meist gar nicht, was sie essen, d.h. wie energiereich ihre Speisen sind und wie viel sie essen. Ein natürliches Sättigungsgefühl fehlt. Sehr oft schlingen sie das Essen in sich hinein, essen große Bissen und schlucken sie wenig zerkaut herunter.
- Falsche Ernährungsgewohnheiten und psychische Probleme können zu Übergewicht führen, z.B. Minderwertigkeitsgefühle, Kummer, Frust.
- Übergewicht führt zu gesundheitlichen Gefährdungen.

Binge-Eating-Störung

„Binge" ist das englische umgangssprachliche Wort für ein Gelage, eine Situation, in der übermäßig viel gegessen oder auch viel getrunken wird. Wiederholte Essattacken kennzeichnen die Binge-Eating-Störung. Dabei werden enorm große Mengen heruntergeschlungen. Die Betroffenen verlieren bei diesen Anfällen die Kontrolle über das Essen.

Laut Bundesgesundheitsministerium sind etwa ein bis drei Prozent der Bevölkerung in Deutschland von Binge Eating betroffen. Von 100 Menschen mit Übergewicht, die abnehmen wollen, haben 15 bis 30 eine Binge-Eating-Störung. Auch Kinder können schon unter Essanfällen leiden.
(www.bundesgesundheitsministerium.de, Stand 20.3.2017)

1 Beschreibe die vier Essstörungen.

2 Recherchiere die gesundheitlichen Auswirkungen, die diese Essstörungen hervorrufen können.

Du kannst ...
Essstörungen und ihre Auswirkungen beschreiben.

Mein **Ernährungstagebuch**

Mediziner und Ernährungswissenschaftler empfehlen ihren Patienten, die an Ernährungsstörungen und gesundheitlichen Beeinträchtigungen leiden, ein Ernährungstagebuch zu führen. Damit kann genau ausgewertet werden, welches „falsche" Ernährungsverhalten vorliegt. Ein Ernährungstagebuch sollte mindestens über eine Woche genau und ehrlich geführt werden. Die entscheidenden Fragen sollten in einer Tabelle aufgelistet sein.

Wer selbst einmal ein Ernährungstagebuch über eine Woche führt, kann sachlich betrachten und selbst bewerten, ob die Ernährung den Standards einer gesunden Ernährung nahe kommt oder denen widersprechen. Wer diese Aufzeichnungen und Beobachtungen vornimmt, bekommt auch Auskunft über die Zufriedenheit mit dem eigenen Verhalten. Ein Ernährungstagebuch kann Auskunft geben, ob das Ernährungsverhalten im „grünen Bereich" ist, oder zu viel „rot" hat. Das gilt für die Qualität und die Quantität des Verzehrs. Zu fettes, zu süßes, zu salziges, zu stärkehaltiges Essen ist nachweislich ungünstig für das Wohlbefinden des Menschen. Doch es kommt immer auf die Verzehrmenge an. Die richtige Auswahl von Essen und Trinken sowie ausreichend Bewegung dienen der Gesundheit.

Mögliche Fragen in einem Ernährungstagebuch:
- Wann isst du? Uhrzeit, Frühstück, Mittagessen, Abendessen, Zwischenmahlzeit
- Was isst du? Getreideprodukte, Obst, Gemüse, Kartoffeln, Reis, Nudeln, Fisch, Fleisch, Milchprodukte, Getränke …
- Wie wird das Essen zubereitet? roh, gegart, gebraten, selbst zubereitet, Convenience, Außer-Haus-Verpflegung
- Wie viel isst du? Portionsgröße, Angaben in Gramm und Milliliter
- War die Menge richtig, war es zu viel oder zu wenig?
- Wo und mit wem isst du? Am gedeckten Tisch, schnell nebenbei, allein, in Gesellschaft?
- War das Essen und Trinken lecker und leicht?
- Wie oft treibst du in der Woche Sport?
- Bist du viel in Bewegung?

Montag, den _____

	was?	wann?	wieviel?	mit wem?
Frühstück				
Mittagessen				
Abendessen				
Zwischendurch				
Bewegung				

14.1 Ausschnitt aus einem Ernährungstagebuch

10 Ernährungsregeln

1. Die Lebensmittelvielfalt genießen
2. Reichlich Getreideprodukte sowie Kartoffeln
3. Gemüse und Obst – Nimm „5 am Tag"
4. Milch und Milchprodukte täglich, Fisch ein- bis zweimal in der Woche, Fleisch, Wurstwaren sowie Eier in Maßen
5. Wenig Fett und fettreiche Lebensmittel
6. Zucker und Salz in Maßen
7. Reichlich Flüssigkeit
8. Schonend zubereiten
9. Sich Zeit nehmen und genießen
10. Auf das Gewicht achten und in Bewegung bleiben

www.dge.de Deutsche Gesellschaft für Ernährung, 04.05.2016

1 ≡ Ⓐ
Erstelle ein eigenes Ernährungstagebuch und führe es mindestens eine Woche lang.

2 ≡
Analysiere dein Ernährungstagebuch anhand der zehn Regeln der DGE und ermittle, was an deinem Ernährungsverhalten den Empfehlungen entspricht und was nicht.

Du kannst …
deine eigene Ernährungssituation darstellen und du kennst die zehn Regeln der DGE.

Verschiedene **Verzehrgewohnheiten**

Verschiedene Menschen ernähren sich unterschiedlich, wie die folgenden Beispiele zeigen:

Ina fährt von Stuttgart nach Freiburg. Der Zug kommt nicht weiter, die Strecke ist über viele Stunden durch Sturmschaden blockiert. Wie gut, dass sie ein Vesper und eine Thermoskanne Tee dabei hat. Das Bordbistro ist auch bald leer gekauft. Sie schaut in ihre Reisetasche und freut sich über die Tüte Studentenfutter.

Jan und Maik sind Gerüstbauer und ständig auf Baustellen unterwegs. In der Mittagspause fahren sie gerne mal zu einer Imbissbude.

Silke und Andreas arbeiten bei einem Versicherungsunternehmen. Die Kantine gibt den Speiseplan über das Intranet bekannt. Drei Gerichte gibt es zur Auswahl, eins davon ist vegetarisch.

Die Eltern von Franziska und Tim sind beide berufstätig. Am Wochenende wird frisch gekocht. An den anderen Tagen nimmt sich jedes Familienmitglied ganz nach Lust und Laune ein Fertiggericht aus dem Tiefkühlschrank und verarbeitet es nach den aufgedruckten Vorschlägen. Fertige Baguettes, Dosenravioli und Tütensuppen sind immer für zwei Wochen gesichert. Dann steht der Großeinkauf an, damit aufgefüllt wird, was knapp geworden ist. Alle halten sich an die Regel: „First in first out". Extrawünsche werden notiert.

Monique und Pascal sind berufstätig. An ihren Arbeitsstellen gibt es zwar eine Kantine, doch sie nehmen sich für das Mittagessen belegte Brote mit. Sie bevorzugen ein gemeinsames Abendessen, das sie auch gemeinsam vorbereiten. Morgens sprechen sie ab, was sie kochen wollen und wer welche Zutaten auf dem Heimweg besorgen wird.

Antonio hat einen guten Vorrat an Grundnahrungsmitteln in seinem Vorratsschrank. Pasta, ein paar Dosen sonnengereifte, geschälte Tomaten, Olivenöl, Salz, Pfeffer, Gewürze sind immer da. Im Kühlschrank bewahrt er den Parmesan-Käse auf. Gäste sind ihm immer willkommen.

15.1 Ina im Zug

15.2 Silke in der Kantine

15.3 Monique und Pascal kochen

1
Beschreibt einige der genannten Verzehrgewohnheiten nach den Faktoren Zeitaufwand, Geldaufwand, Arbeitsaufwand.

2
Beschreibe deine eigenen Verzehrgewohnheiten und begründe sie.

Du kannst …
unterschiedliche Verzehrgewohnheiten beschreiben.

Anlässe des Essens

Jahreszeitliche Anlässe

Die vier Jahreszeiten sind in Deutschland von der Natur und vom Wetter her sehr verschieden. Der Frühling bringt die Baumblüte, der Sommer das dichte Laub, der Herbst die Laubfärbung und Bildung der neuen Knospen, die im Winter oft von Schnee bedeckt sind. Mit dem Obst und Gemüse der Saison bieten sich jahreszeitliche Menüs an. Vom Grillen im Freien zum Frühlingsanfang und Beerenpartys mit Erdbeerkuchen und Johannisbeer-Kirschgrütze im Sommer über Kürbis- und Kartoffelsuppen im Herbst bis hin zur Weihnachtsbäckerei im Winter haben alle Jahreszeiten ihre Spezialitäten.

16.1 Grillen im Sommer

16.2 Weihnachtsbäckerei

Religiöse Anlässe

Jede Religion hat ihre Feste. Im Christentum feiern die Menschen z. B. Pfingsten, Weihnachten, Dreikönigstag, Aschermittwoch, Karfreitag und Ostern. Im Judentum feiern die Menschen z. B. das Passahfest, das jüdische Neujahrsfest, das Tempelfest, den Versöhnungstag und das Laubhüttenfest. Im Islam feiern die Menschen z. B. das Ende des Ramadan, das Opferfest und das islamische Neujahrsfest.

In den einzelnen Religionen gibt es von der Geburt bis zum Tod besondere Anlässe. Taufe, Kommunion und Konfirmation der Kinder und Jugendlichen ist im Christentum verankert (katholisch, evangelisch, griechisch-orthodox, russisch-orthodox). Im Christentum, Judentum, Islam, Buddhismus und Hinduismus gibt es für die Hochzeit eines Paares jeweils eigene Rituale und Abläufe.

16.3 Fastenbrechen im Ramadan

1
a) Benennt in Partner- oder Gruppenarbeit für eine Jahreszeit typische Gerichte und Dekorationen.
b) Skizziert eure Ergebnisse in Form von Plakaten.

2
Stellt in Partnerarbeit Beispiele für religiöse Feste zusammen.

3
Erkundigt euch in der Bücherei und im Internet über die Besonderheiten bei einzelnen Festen.
a) Stellt Fragen über Rituale, Sitten und Gebräuche einzelner Feste zusammen.
b) Führt anhand dieser Fragen in eurer Schule Interviews durch und wertet sie aus.

4
Wählt einen Anlass aus und bereitet für diesen ein typisches Gebäck oder eine Speise zu.

Persönliche Anlässe

Anlässe für persönliche Feiern gibt es genug. Geburtstage, runde Geburtstage, den ersten Schultag, den Schulabschluss, Wohnungseinweihung, Jubiläen und vieles mehr finden überall statt. Oft gehören die Geburtstagsfeiern innerhalb einer Familie und eines Freundeskreises zu den festen Terminen im Jahreskalender. Endlich trifft man sich wieder. Wie wichtig es ist, dass Menschen aller Altersstufen gemeinsam feiern, zeigt ein anderes Beispiel. Wer jahraus jahrein nur mit Gleichaltrigen feiert, wird womöglich im Alter erleben, dass der vertraute Kreis immer kleiner wird, bis eine Geburtstagsfeier dann zu einem „Dinner for one" wird.

> Das „Dinner for one" ist weltberühmt. Gefeiert wird der 90. Geburtstag von Miss Sophie, die ihrem Buttler James klare Anweisungen gibt zu den Menüfolgen und zur Getränkeauswahl. Seit 1963 zählt der Sketch zu den Fernsehklassikern und wird am Silvesterabend gezeigt.

Familienfeiern

Zur Freude am Leben gehören gute Freunde. Und gute Freunde zu Hause zu bewirten macht selbst viel Freude. Das sagt sich jedoch leichter als es getan ist. Denn ein guter Gastgeber zu sein, ist nicht nur ein Vergnügen, es ist auch mit Pflichten verbunden.

Damit ist nicht gesagt, dass die Vorbereitung und der Geldbeutel ein gelungenes Fest ausmachen, sondern vielmehr Fantasie und Engagement. Eine Einladung ist eine viel zu wichtige Unternehmung, als dass man ohne Ideen und ohne planvolle Vorbereitung Gäste zu uns bitten dürfte. Dabei stehen Essen und Trinken im Mittelpunkt eines gelungenen Festes, aber auch Einfallsreichtum bei der Ausschmückung.

Die Planung, Vorbereitung und Durchführung der Feier sollte mit allen Familienmitgliedern getroffen und auf ihre Wünsche und Bedürfnisse abgestimmt werden. Feste feiern und gemeinsame Freizeitaktivitäten sollen für alle Spaß und Freude bereiten, wobei die Planung und Vorbereitung bereits Vorfreude und Spannung mit sich bringt. Die Einladung zur Feier sollte rechtzeitig erfolgen und eine ganz persönliche Note haben, damit sich jeder Gast auch herzlich eingeladen fühlt und den Termin in seinem Kalender vormerken kann.

17.1 Dinner for one

17.2 Gemeinsames Essen in der Familie

1
Stellt zusammen, welche Feste in eurer Familie gefeiert werden. Tauscht euch aus.

2
Du hast Geburtstag: Bereite deine Lieblingsspeise zu.

> **Du kennst ...**
> verschiedene Anlässe des Essens und kannst ein Fest genauer beschreiben. Du kennst jahreszeitlich typische Gerichte aus deiner Region.

Kulturell und religiös motiviertes Ernährungsverhalten

**Christentum
Judentum
Islam
Hinduismus
Buddhismus**

Alle fünf Weltreligionen vereinen jeweils Millionen von Menschen. Die Religionszugehörigkeit hat zum Teil großen Einfluss auf das Leben der einzelnen Gläubigen. Dies gilt für ihren Alltag, für den Umgang mit sich, den Mitmenschen, der Natur und der Umwelt. Wie Menschen ihr Leben gestalten, wie sie sich einrichten und ihren Tagesablauf gestalten, kann religiös geprägt sein.

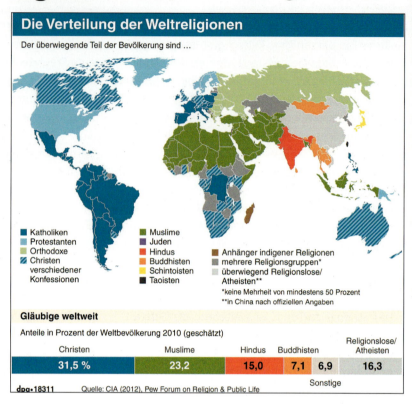

Speisegebote im Christentum

Im Christentum gibt es keine verbindlichen Ernährungsregeln. Es gibt z. B. die Tradition, freitags Fisch zu essen. Gläubige Katholiken sollen sich freitags fleischfrei ernähren. Das soll an Karfreitag erinnern, den Tag, an dem Jesus Christus ans Kreuz geschlagen wurde.

40 Tage vor Ostern beginnt die Fastenzeit. Im Mittelalter war nur eine Mahlzeit am Tag erlaubt. Fleisch, Milchprodukte, Eier und Alkohol waren verboten. Daraus erklärt sich die Karnevalszeit, die der Fastenzeit vorausgeht und in der auch heute noch viel gefeiert wird. Die verderblichen Produkte sollten aufgebraucht werden, bevor man sie lange nicht essen durfte.

Speisegebote im Judentum

Die hebräische Bibel führt Speisegesetze auf, die im Hebräischen Kaschrut heißen. Darin steht, was gegessen und getrunken werden darf und wie das Essen zubereitet und verzehrt werden sollte. Gegessen werden darf koscheres Fleisch, z. B. von Rind, Ziege, Schaf, Hirsch, Gazelle, Antilope und Gama. Schweinefleisch darf nicht gegessen werden. Es dürfen alle Fische gegessen werden, die sowohl Schuppen als auch Flossen besitzen. Nicht gegessen werden dürfen Krusten- und Schalentiere, wie Austern, Langusten, Muscheln und Krebse; Fische, die keine Schuppen besitzen, wie Aale, Wels, Rochen und Schwertfisch.

Speisegebote im Islam

Halal (helal auf türkisch) kommt aus dem Arabischen. Es bedeutet „das Zulässige, Erlaubte und Gestattete". Der Gegenbegriff ist haram, „das Unzulässige, Verbotene und nicht Gestattete". Die Speisevorschriften stehen im Koran, der Heiligen Schrift der Muslime. Nicht erlaubt sind Alkohol und Lebensmittel, die aus Schweinefleisch bestehen oder Bestandteile davon enthalten. Erlaubt ist Fleisch allerdings nur, wenn die Schlachtung nach islamischem Ritus durchgeführt wurde. Das Schlachten von Wirbeltieren ohne Betäubung (schächten) ist in Deutschland für Religionsgemeinschaften nur mit Ausnahmegenehmigung erlaubt. Fische und Meeresfrüchte gelten grundsätzlich als erlaubt. Aleviten halten sich überwiegend nicht an diese Speisevorschriften.

Speisegebote im Hinduismus

Der Hinduismus gilt als die älteste praktizierte Religion. Er schreibt auch Tieren eine Seele zu und gebietet folglich respektvollen Umgang mit allen Lebewesen. Die Kuh aber ist die heiligste Tiergottheit, in ihr sind alle Götter vereint. Deswegen wäre es für fast alle Hindus undenkbar, Rindfleisch zu essen. Nach der indischen Philosophie werden die Speisen drei Qualitäten zugeordnet:

- Sattva: Hierunter fallen wenig gewürzte Nahrungsmittel und beispielsweise Milchprodukte, Obst und Gemüse. Sie bewirken Güte und Reinheit.
- Rajas „Leidenschaft herbeiführend": Hierzu zählen saure, bittere, salzige und scharf gewürzte Speisen.
- Tamas „Dunkelheit herbeiführend": Hierzu zählen Speisen, die abgestanden und faul sind: alkoholische Getränke, Fleisch, Geflügel, Fisch, Eier, Knoblauch, Zwiebeln und Pilze. Sie machen die Menschen dumpf und träge und sollen daher gemieden werden.

Speisegebote im Buddhismus

Siddhartha Gautama (ca. 563–483 v. Chr.) gilt als Gründer des Buddhismus. Die buddhistische Ernährung ist vorwiegend vegetarisch ausgerichtet. Die erste Lebensregel des Buddhismus besagt: „Ich gelobe, mich darin zu üben, mich des Tötens und Verletzens aller Lebewesen zu enthalten."

Ayurveda und Yoga

Fernöstliche Lehren finden weltweit Beachtung. Ayurveda und Yoga dienen der Achtsamkeit sich selbst gegenüber und dem allgemeinen Sich-Wohlfühlens. Wörtlich heißt Ayurveda „Wissenschaft vom Leben". Das Ursprungsland ist Indien.

Ayurveda ist die älteste ganzheitliche Naturheilkunde über die Zusammenhänge und das Gleichgewicht von Körper, Geist und Seele der Menschen. Ayurveda unterscheidet drei Grundkräfte, sogenannte Doshas. Diese Grundkräfte heißen Vata, Pitta und Kapha. Die Ayurveda-Ernährung basiert darauf, dass die Speisen nach Vata, Pitta und Kapha individuell zusammengestellt und gut verträglich sind.

Yoga unterstützt die ayurvedische Lebensweise. Yoga bedeutet Harmonie, Vereinigung der Kräfte. Meditation ist die Haupttechnik, die Gedanken mit Konzentration auf kleine Bewegungen und Atemübungen zur Ruhe kommen zu lassen. Die Kräfte der Persönlichkeit sollen gebündelt werden. Yoga wird von vielen Menschen ausgeübt, die nach Phasen der Überforderung ihrer Kräfte auf sich selbst achten wollen oder müssen. Yoga führt sie zur Besinnung auf Körper, Geist, Seele. Nach den Lehren des **Buddhismus** geht es um die Suche nach dem achtfachen Weg zur Erlösung durch Selbsterkenntnis.

> **Prinzipien der Ayurvedische Ernährung:**
>
> 1. Genuss in Maßen
> 2. Frische Zubereitung der Mahlzeiten
> 3. Gute Qualität der Lebensmittel
> 4. Auswahl der passenden Nahrung
> 5. Trinken von heißem Wasser in kleinen Schlucken
> 6. Regelmäßiges Essen ohne Zwischenmahlzeiten
> 7. Verwendung aller sechs Geschmacksrichtungen (süß, sauer, salzig, scharf, bitter, herb)
> 8. Speisen in wohltuender Atmosphäre
> 9. Essen mit Muße und „gut gekaut ist halb verdaut"
> 10. Kluges Kombinieren der Ernährung
>
> *nach www.ayurveda-akademie.org*

19.1 Speisen in wohltuender Atmosphäre

1

Sammelt selbst Informationen, Texte und Bilder zu den einzelnen Speisevorschriften der Religionen – unter www.hauswirtschaft.info/ernaehrung/esskultur.php

Du kannst ...
einige Speisevorschriften von deiner eigenen Religion nennen.

Methode

Projekt: Esskulturen bei uns und anderswo

20.1 Ratatouille

20.2 Asiatische Küche

20.3 Borschtsch

20.4 Domades, gefüllte Weinblätter

1. Zielsetzung

Wir wollen ein „weltoffenes Kochbuch" mit Esskulturen aus verschiedenen Ländern herstellen. Es können Herkunftsländer der Mitschülerinnen und Mitschüler sein, aber auch Esskulturen aus Urlaubsländern oder Ländern, die euch interessieren und deren Spezialitäten ihr in Restaurants vor Ort kennengelernt und genossen habt. Von ausgewählten landestypischen Rezepten wollen wir ein „Multi-Kulti-Essen" für ein Klassenfest oder Schulfest zubereiten, anbieten und verkaufen.

Das Projekt soll das gegenseitige Verständnis für die unterschiedlichen Herkunftsländer, Essgewohnheiten und Vorlieben der Mitschülerinnen und Mitschüler fördern. Der Verkauf des weltoffenen Kochbuches an Mitschüler, Eltern und Sponsoren ist die beste Werbung für eure Klasse und die Schule.

2. Informationen sammeln

Wählt ein Land eures Interesses aus. Bildet Interessengruppen von zwei bis vier Schülern, damit möglichst vielfältige Esskulturen vorgestellt und die Speisen nachher zubereitet werden können.

Informiert euch über die Esskultur des jeweiligen Landes im Internet, anhand von Kochbüchern, in der Bücherei oder in Buchläden sowie über Befragung von Experten wie Eltern, Großeltern, Verwandten und Restaurantbesitzer. Versucht etwas über die Herkunft und Geschichte der Speisen, Traditionen, Sitten, Bräuche, Religion und Besonderheiten des Landes zu erfahren. Bringt alle Unterlagen mit und sichtet sie in der Gruppe.

3. Planung

- Wertet eure Materialien aus. Schreibt das Wesentliche zu den Esskulturen auf und wählt besondere Speisen aus. Für das Kochbuch stehen euch für jedes Land insgesamt sechs DIN A4-Seiten zur Verfügung für Esskultur und Rezepte.
- Tragt eure Planungsergebnisse der gesamten Projektgruppe vor und macht daraus ein Gesamtkonzept für das Kochbuch und die Projektpräsentation.

ESSEN IST MEHR ALS SATT WERDEN

Methode

- Plant Menge, Zutaten und Arbeitsschritte der Speisen.
- Stellt eine Einkaufsliste zusammen und führt eine Markterkundung durch, wo welche Zutaten am preiswertesten erhältlich sind.
- Kauft die Zutaten und berechnet die Kosten pro Rezept.
- Stellt die ausgewählten Speisen als „Prototypen" her. Macht euch vorher einen Arbeitsablauf- und Zeitplan. Nehmt evtl. Experten zur Mithilfe bei der Zubereitung und zum Berichten über die Esskulturen und Traditionen des Landes hinzu.
- Richtet die Speisen entsprechend der Esskultur mit landestypischem Tischschmuck dekorativ an und fotografiert sie für das Kochbuch.
- Verkostet die Speisen und macht evtl. Verbesserungsvorschläge.
- Plant die Speisenzubereitung für das „Multi-Kulti-Essen". Überlegt gemeinsam, in welcher Menge die Rezepte zubereitet werden sollen: Als einfaches Rezept (meist für vier Personen), doppeltes oder mehrfaches Rezept?
- Klärt: Wer bezahlt die Kosten für die Zutaten und Dekoration, jede Gruppe für sich oder per Umlage? Sollen Getränke gereicht werden? Wenn ja, welche? Was passiert mit dem Gewinn?
- Wie sollen die Speisen zum Verkauf angerichtet werden? Wer besorgt welchen Tischschmuck?
- Wie sollen die Einladungskarten und Werbeplakate aussehen?

4. Durchführung

- Stellt zunächst das Kochbuch her. Jede Gruppe gestaltet ihre Seiten. Für das Gesamtlayout und das Konzept gibt es verantwortliche Schüler, die auch den Druck und das Zusammenheften/Binden mit einer Spiralbindung vornehmen.
- Bereitet die Speisen in der geplanten Menge zu und dekoriert den Tisch entsprechend der Esskultur. Führt die Arbeitsschritte nach eurer Planung durch.
- Bietet die Speisen und Kochbücher bei dem besonderen Anlass in der Schule an und verkauft sie.

5. Auswertung
Bewertet gemeinsam den Projektverlauf und eure Ergebnisse:
- Was war gut gelungen? Wo gab es Probleme?
- Was könnte beim nächsten Mal besser gemacht werden?

21.1 Beispiele für Schülerkochbücher

Wovon wir leben –
Bestandteile der Nahrung und ihre Aufgaben im Körper

Die Inhaltsstoffe werden mit symbolischen Farben gekennzeichnet:
- Eiweiß
- Fett
- Kohlehydrate
- Wasser
- Mineralstoffe
- Vitamine

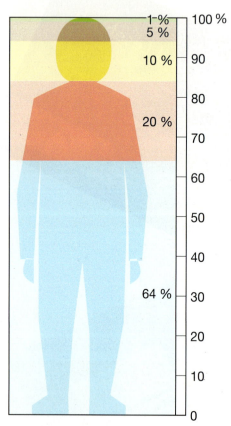

22.1 Inhaltsstoffe und Farben

> **INFO**
> 1 g Eiweiß liefert 17 kJ, 1 g Fett liefert 37 kJ,
> 1 g Kohlenhydrate liefert 17 kJ.

Lebensmittel enthalten Nährstoffe

Im alltäglichen Sprachgebrauch werden die Begriffe Lebensmittel und Nahrungsmittel gleichgesetzt – Lebensmittel ist jedoch der umfassendere Begriff. Lebensmittel werden in unverändertem, zubereitetem oder verarbeitetem Zustand vom Menschen verzehrt. Alle Lebensmittel enthalten chemische Substanzen, aus denen der Körper Energie gewinnen und körpereigene Stoffe aufbauen kann – die **Nährstoffe**.

Man unterscheidet die energieliefernden Nährstoffe Eiweiß (Proteine), Fette und Kohlenhydrate und die nichtenergieliefernden Nährstoffe wie Wasser, Mineralstoffe und Vitamine. Ballaststoffe und sekundäre Pflanzenstoffe (Farb-, Duft- und Geschmacksstoffe) sind weitere wichtige Bestandteile.

Die Körperzellen aller Lebewesen werden mithilfe aufgenommener Nährstoffe fortlaufend auf-, ab- oder umgebaut. Dabei fallen mehr oder weniger große Mengen an Ausscheidungsprodukten an. Die Gesamtheit dieser Vorgänge bezeichnet man als **Stoffwechsel**.

Nährstoffe als Energielieferanten

Eine der wichtigsten Aufgaben der Nährstoffe ist die Energiegewinnung. Die in den Lebensmitteln enthaltenen Nährstoffe werden mithilfe des aus der Luft aufgenommenen Sauerstoffs verbrannt. Dabei wird Energie frei für die notwendigen Körpervorgänge zur Aufrechterhaltung der Körperfunktionen (z. B. Herztätigkeit) und zur Aufrechterhaltung der Körpertemperatur (= **Grundumsatz**), für körperliche und geistige Arbeitsleistungen (= **Leistungsumsatz**).
Man misst den Energiegehalt bzw. -bedarf in Kilojoule (kJ). Im Alter von 13–14 Jahren beträgt der Energiebedarf ca. 10.000 kJ bei leichten und sitzenden Tätigkeiten. Bei körperlichen Anstrengungen, z. B. Sport, Radfahren ist er höher, ca. 11.000 kJ.

1 Ordne die einzelnen Nährstoffe den drei Aufgabengruppen zu: Baustoffe, Brennstoffe, Schutz- und Reglerstoffe.

> **Du kannst …**
> die Nährstoffe und ihre Aufgaben im Körper nennen.

Vorkommen der Nährstoffe im menschlichen Körper	Aufgaben der Nährstoffe im menschlichen Körper
Eiweiß Der menschliche Körper besteht zu 20 % aus Eiweiß. Knochen, Haut, Körperzellen, Zähne, Haare, Fingernägel werden aus Eiweiß aufgebaut.	**Eiweiß, auch Protein genannt (symbolische Farbe rot – denkt an Blut)** Es gibt tierisches und pflanzliches Eiweiß. Besonders Kinder und Jugendliche brauchen viel Eiweiß in der Wachstumsphase, um neue Körperzellen aufzubauen. Aber auch Erwachsene benötigen Eiweiß zur Zellerneuerung: Die Haut erneuert sich regelmäßig, Haare und Nägel wachsen, Wunden heilen. Aus Eiweiß sollen ca. 15 % der Energie stammen. **Eiweiß ist ein wichtiger Baustoff.**
Fett Ca. 10 % der Körpermasse bestehen aus Fett, vor allem im Unterhautfettgewebe und Bauchfett.	**Fett (symbolische Farbe gelb – denkt an Butter, Öl)** Es gibt Fette in tierischen und pflanzlichen Lebensmitteln. Fett verbrennt im Körper und liefert uns Energie für den Stoffwechsel, zur Erhaltung der Körpertemperatur und für körperliche Leistungen. Fett aus Lebensmitteln soll höchstens 30 % der Tagesenergie liefern. **Fett ist ein Brennstoff.**
Kohlenhydrate Nur 1 % des Körpers besteht aus Kohlenhydraten, gespeichert als Leberstärke in der Leber sowie in der Muskulatur.	**Kohlenhydrate (symbolische Farbe grün – denkt an Pflanzen)** Kohlenhydrate sind ein Sammelbegriff für Einfachzucker (Trauben- und Fruchtzucker), Doppelzucker (Haushaltszucker) und Mehrfachzucker (Stärke in Getreideprodukten und Kartoffeln). Kohlenhydrate werden im Körper verbrannt und liefern Energie für den Stoffwechsel zur Erhaltung der Körpertemperatur und für körperliche Leistungen. Überschüssige Kohlenhydrate werden im Körper zu Fett umgewandelt. 60 % der Tagesenergie sollten aus Kohlenhydraten gedeckt werden. **Kohlenhydrate sind Brennstoffe.**
Wasser Der Körper besteht zu 60–70 % aus Wasser. Es befindet sich im Blut, in den Lymphen und in allen Zellen.	**Wasser (symbolische Farbe blau – denkt an Meer)** Wasser ist lebensnotwendig zum Aufbau und zur Erhaltung der Körperfunktionen. Es ist ein wichtiges Transport- und Lösungsmittel für die Nährstoffe. Außerdem scheiden wir Körperflüssigkeit durch Urin aus und schwitzen. Dabei verlieren wir Flüssigkeit, die ersetzt werden muss. Wir sollten ca. 2 l Wasser täglich trinken. **Wasser ist ein wichtiger Baustoff.**
Mineralstoffe 4–5 % der Körpermasse bestehen aus Mineralstoffen, z. B. Calcium in den Knochen, Eisen in den roten Blutkörperchen.	**Mineralstoffe (symbolische Farbe braun – denkt an Erde)** Alle Menschen benötigen Mineralstoffe zum Aufbau und zur Erhaltung des Körpers (15–20 g täglich). Sie sind außerdem wichtige Wirkstoffe zur Regelung von Körpervorgängen. Mineralstoffe sind Natrium, Kalium, Calcium, Magnesium, Phosphor, Eisen, Jod, Fluor. Durch Schwitzen verliert der Körper Wasser, Natrium und Kalium. Deshalb ist es wichtig, Mineralwasser mit diesen Stoffen zu trinken. **Mineralstoffe sind wichtige Baustoffe sowie Schutz- und Reglerstoffe.**
Vitamine Vitamine sind nur in Spuren im Körper vorhanden und haben ganz unterschiedliche Aufgaben zu erfüllen.	**Vitamine (symbolische Farbe grau – Vitamine kann man nicht sehen)** Vitamine sind lebensnotwendige Wirkstoffe zur Regelung von Körpervorgängen, z. B. Abbau von Nährstoffen. Sie schützen uns vor Krankheiten. Die verschiedenen Vitamine werden mit Großbuchstaben bezeichnet: Vitamin A, B1, B2, B6, B12, C, D, E, K. Vitamin C stützt die Abwehr des Körpers vor Erkältungskrankheiten. **Vitamine sind wichtige Schutz- und Reglerstoffe.**

Lebensmittel als **Nährstoffträger**

Den Nährstoffen auf der Spur

Wenn wir wissen wollen, welche Nährstoffe in einem Lebensmittel enthalten sind, können wir dieses auf unterschiedliche Weise erfahren.

Nährwerttabelle
Die nebenstehende Tabelle ist ein Auszug aus einer Nährwerttabelle. Sie gibt Auskunft über den Nährstoff- und Energiegehalt von 100 g eingekaufter Ware in Lebensmitteln.

24.1 Nährstoff- und Energieangaben bei Joghurt

Angaben auf Lebensmittelverpackungen
Bei verpackten Lebensmitteln stehen die Nährstoff- und Energieangaben auf der Verpackung zur Verbraucherinformation.

Erkennen von Nährstoffen in Lebensmitteln
Es gibt eine ganz einfache Methode um herauszufinden, ob in einem Lebensmittel z. B. Eiweiß oder Fett enthalten sind. Wir untersuchen sie.

Eiweiß gerinnt durch Säure, es flockt aus und wird fest. Es gerinnt auch durch Hitze. Durch Schlagen und Kochen schäumt es. Für den Nachweis können wir Lebensmittel mit Zitronensaft oder Essig begießen, Lebensmittel kochen oder braten.

Fett hinterlässt auf Stoff oder Papier Flecken, z. B. auf Löschpapier. Außerdem wird es beim Braten und Kochen flüssig, es tritt aus und hinterlässt Fettaugen.

Kohlenhydrate sind Zucker und Stärke. Zucker erkennen wir am süßen Geschmack. Stärke quillt beim Garen auf und bindet Flüssigkeit.

Wasser ist Bestandteil vieler Lebensmittel. Wir können verschiedene Obst- und Gemüsesorten reiben und in einem Tuch auspressen.

1

Schreibe aus dem Auszug der Nährwerttabelle jeweils fünf Nahrungsmittel heraus, die besonders reich sind an:
a) Kohlenhydraten,
b) Fett,
c) Eiweiß,
d) Vitaminen,
e) Mineralstoffen.

2

Führt eine Untersuchung zum Erkennen der Nährstoffe und ihrer Eigenschaften in Lebensmitteln durch. Notiert eure Beobachtungen und leitet daraus wichtige Erkenntnisse ab.
a) Gebt in 1 Glas Milch und 1 Glas Apfelsaft je 1 Teelöffel Zitronensaft.
b) Zerkleinert Käse, Mettwurst, Kartoffel, Apfel, Salami und zerdrückt die Lebensmittel zwischen einer Filtertüte.
c) Probiert Nahrungsmittel auf ihren süßen Geschmack, z. B. Kartoffel, Möhre, Apfel, Banane.

Nährwerttabelle (Auszug)

Lebensmittel 100 g eingekaufte Ware	Eiweiß g E	Fett g F	Kohlenhydrate g Kh	Energie KJ KJ	Mineralstoffe mg		Vitamine mg				Wasser g
					Ca	Fe	A	B1	B2	C	
Getreide											
Reis parboiled, gekocht	2	+	27	510	10	10	0	0,08	0,01	0	69
Vollkornnudeln, gekocht	5	2	24	573	20	1,5	10	0,15	0,06	0	64
Brot und Backwaren											
Weizenmischbrot	7	0,2	48	983	35	1,7	0	0,14	0,07	0	40
Brötchen (Semmeln)	9	2	55	1.162	25	1,2	0	0,10	0,03	0	36
Gemüse											
Kartoffeln, gekocht	2	+	15	303	5	0,4	0	0,07	0,03	10	79
Möhre	1	+	5	135	35	0,4	9,8	0,07	0,05	7	88
Paprika, rot	1	+	6	185	10	0,6	2,1	0,04	0,12	140	87
Tomate	1	+	3	79	10	0,5	0,6	0,06	0,04	20	94
Gurke	1	+	2	54	15	0,2	0,4	0,02	0,04	8	97
Obst											
Apfel	+	+	11	242	5	0,2	+	0,04	0,03	10	85
Apfelsine	1	+	8	189	42	0,4	+	0,08	0,04	45	85
Banane	1	+	20	383	7	0,4	+	0,04	0,06	10	73
Milch und Milchprodukte											
Kuhmilch, 3,5% Fett	3	4	5	272	120	0,1	+	0,04	0,18	2	87
Joghurt, 3,5% Fett	4	4	4	288	120	0,1	+	0,04	0,18	1	86
Schlagsahne, 30% Fett	2	32	3	1.267	80	0,1	0,1	0,03	0,15	1	62
Magerquark	13	+	3	305	90	0,4	+	0,04	0,30	1	30
Fette											
Butter	1	83	0	3.143	15	0,1	0,4	0,01	0,02	0	15
Olivenöl	0	100	0	3.762	0	0,1	0,2	0	0	0	0
Mayonnaise, 80 % Fett	1	82	2	3.106	20	1,0	0	0,04	0,04	0	13
Fleisch und Wurstwaren											
Rinderhackfleisch	20	10	0	711	20	2,4	0	0,10	0,15	0	69
Schweineschnitzel, natur	22	2	0	443	5	1,7	0	0,80	0,19	0	74
Putenbrust	24	1	0	439	15	1,0	0	0,05	0,08	0	73
Hühnerei, roh	13	11	1	648	55	2,1	+	0,10	0,31	0	74
Süßwaren											
Zucker, weiß	0	0	100	1.668	1	0,3	0	0	0	0	0
Konfitüre, einfach	+	0	60	1.017	20	0,5	0,1	0,01	0,01	9	38
Milchschokolade	9	32	54	2.252	245	2,0	+	0,11	0,37	0	1
Getränke											
Apfelsaft	+	0	11	201	7	0,3	+	0,02	0,02	1	87
Orangensaft	1	+	9	186	15	0,3	+	0,08	0,02	45	87
Cola	0	0	11	184	4	0	0	0	0	0	88

+ bedeutet: ist enthalten, unter 1 g, Angaben nach DGE

Lebensmittelgruppen –
Tipps für eine gesunde Ernährung

Wer fit und gesund bleiben möchte, kann einiges selbst dazu beitragen. Gesundheit und Wohlbefinden hängen wesentlich davon ab, wie wir unseren Tag gestalten, wie wir mit Stress und Frust umgehen, ob und wie wir uns bewegen und nicht zuletzt, wie wir uns ernähren. Sich gesund zu ernähren muss Spaß machen und darf nicht kompliziert sein.

Die aid-Ernährungspyramide

1. z. B. 1 Schokoriegel oder 1 Hand voll Chips pro Tag — **Süßes und Fettes, Alkohol**
2. z. B. 1–2 Esslöffel Butter/Margarine und 1–2 Esslöffel Pflanzenöl pro Tag — **Fette und Öle**
3. z. B. 1/4 Liter Milch und 2 Scheiben Käse und 100 g Fleisch oder Wurst pro Tag — **Tierische Lebensmittel, Milch, Milchprodukte, Fleisch, Fisch, Wurst, Eier**
4. z. B. 6 Scheiben Brot und 1 Portion Beilagen pro Tag — **Brot, Getreide, Beilagen**
5. z. B. 400 g Gemüse oder Salat und 300 g Obst pro Tag — **Obst und Gemüse**
6. ca. 2 l Wasser, verdünnter Fruchtsaft oder ungesüßter Tee pro Tag — **Getränke**

Bundesanstalt für Landwirtschaft und Ernährung (BLE); Foto: K. Arras, Kdu

Die Ernährungspyramide zeigt, wie wichtig einzelne Lebensmittel für unseren Körper sind. Die besonders lebensnotwendigen Lebensmittel sind in den unteren Etagen abgebildet. Diese sollte man regelmäßig essen und trinken. Oben in der Spitze der Pyramide sind diejenigen Lebensmittel abgebildet, von denen man nur geringe Mengen zu sich nehmen sollte. Besonders zuckerhaltige und fettige Lebensmittel können zu Übergewicht führen, wenn man zu viel davon isst.

26.1 Starkes Übergewicht

Ernährungstipps gibt es viele. Für jede Regel gibt es eine Begründung. Werbung und Zeitschriften sind voll davon. Das kann verwirrend sein. Es ist wichtig, dass wir verstehen, was hinter einer Ernährungsregel steckt. Erst dann können wir beginnen, etwas am eigenen Essverhalten zu verändern. Die folgenden Erklärungen stammen von Fachleuten aus der Ernährungswissenschaft (DGE).

Regel 1: Lebensmittelvielfalt genießen
Vollwertiges Essen und Trinken beinhaltet eine abwechslungsreiche Auswahl, angemessene Menge und Kombination nährstoffreicher und energiearmer Lebensmittel. Wähle überwiegend pflanzliche Lebensmittel.

Regel 2: Reichlich Getreideprodukte sowie Kartoffeln
Brot, Getreideflocken, Nudeln, Reis sowie Kartoffeln enthalten reichlich Vitamine, Mineralstoffe sowie Ballaststoffe und sekundäre Pflanzenstoffe. Verzehre diese Lebensmittel mit möglichst fettarmen Zutaten. Mindestens 30 g Ballaststoffe, vor allem aus Vollkornprodukten, sollten es täglich sein.

Regel 3: Gemüse und Obst – Nimm „5 am Tag"
Genieße 5 Portionen Gemüse und Obst am Tag, zu jeder Hauptmahlzeit und als Zwischenmahlzeit: Damit wirst du reichlich mit Vitaminen, Mineralstoffen sowie Ballaststoffen und sekundären Pflanzenstoffen versorgt.

Regel 4: Milch und Milchprodukte täglich, Fisch ein- bis zweimal in der Woche, Fleisch, Wurstwaren sowie Eier in Maßen
Diese Lebensmittel enthalten wertvolle Nährstoffe. Im Rahmen einer vollwertigen Ernährung solltest du nicht mehr als 300–600 g Fleisch und Wurst pro Woche essen. Fleisch ist Lieferant von Mineralstoffen und Vitaminen. Weißes Fleisch (Geflügel) ist unter gesundheitlichen Gesichtspunkten günstiger zu bewerten als rotes Fleisch (Rind, Schwein). Bevorzuge fettarme Produkte, vor allem bei Fleischerzeugnissen und Milchprodukten.

Regel 5: Wenig Fett und fettreiche Lebensmittel
Fett liefert lebensnotwendige Fettsäuren und fetthaltige Lebensmittel enthalten auch fettlösliche Vitamine. Da es besonders energiereich ist, kann die gesteigerte Zufuhr von Nahrungsfett die Entstehung von Übergewicht fördern. Bevorzuge pflanzliche Öle und Fette (z. B. Raps- und Sojaöl und daraus hergestellte Streichfette). Achte auf unsichtbares Fett, das in Fleischerzeugnissen, Milchprodukten, Gebäck und Süßwaren sowie in Fast-Food und Fertigprodukten meist enthalten ist. Insgesamt 60–80 g Fett pro Tag reichen aus.

Regel 6: Zucker und Salz in Maßen
Verzehre Zucker und Lebensmittel bzw. Getränke, die mit verschiedenen Zuckerarten (z. B. Glucosesirup) hergestellt wurden, nur gelegentlich. Würze mit Kräutern und Gewürzen und wenig Salz.

Regel 7: Reichlich Flüssigkeit
Trinke rund 1,5 Liter Flüssigkeit jeden Tag. Bevorzuge Wasser und energiearme Getränke. Trinke zuckergesüßte Getränke nur selten. Diese sind energiereich und können bei gesteigerter Zufuhr die Entstehung von Übergewicht fördern.

Regel 8: Schonend zubereiten
Gare die Lebensmittel bei möglichst niedrigen Temperaturen, soweit es geht kurz, mit wenig Wasser und wenig Fett. Verwende möglichst frische Zutaten.

Regel 9: Sich Zeit nehmen und genießen
Gönne dir eine Pause für Ihre Mahlzeiten und iss nicht nebenbei. Lass dir Zeit, das fördert dein Sättigungsempfinden.

Regel 10: Auf das Gewicht achten und in Bewegung bleiben
Vollwertige Ernährung, viel körperliche Bewegung und Sport (30–60 Minuten pro Tag) gehören zusammen und hilft dir dabei, dein Gewicht zu regulieren.
www.dge.de

Du kannst ...
die Regeln für eine gesunde Ernährung bei deiner eigenen Ernährung berücksichtigen.

Qualitätsmerkmale für Lebensmittel

28.1 Genusswert: verschiedene Lebensmittel vergleichen

28.2 Gesundheitswert: Informationen lesen

Lebensmittel testen und bewerten

Durch die Vielzahl an Lebensmitteln, die heutzutage angeboten werden, weiß man oft nicht mehr, was man auswählen soll. Testergebnisse können bei der Entscheidung für ein Produkt herangezogen werden.

Genusswert
Geschmack, Beschaffenheit, Duft und Aussehen werden getestet und bewertet. Die Ergebnisse werden durch den Vergleich und das Probieren verschiedener Lebensmittel ermittelt. Damit man beim Test nicht beeinflusst wird, dürfen die Namen der Produkte nicht erkennbar sein. Die Testpersonen schreiben alle Urteile sofort auf. Zwischen den Tests kann man Weißbrot essen oder Wasser trinken. So wird der Geschmack neutralisiert.

Gesundheitswert
Der Gesundheitswert eines Lebensmittels kann in der Regel nur durch Informationen aus Zeitschriften, Nährwerttabellen, Zutatenlisten der Verpackung und Expertenbefragungen ermittelt werden. Dem Testen sind in diesem Bereich enge Grenzen gesetzt.

Eignungswert
Beim Eignungswert wird geprüft, ob sich das Lebensmittel für den eigenen Bedarf eignet:
- Verpackung zweckmäßig
- portionierbar
- Gebrauchsanweisung verständlich
- für einen bestimmten Verwendungszweck (ausgewähltes Rezept) geeignet
- zum Testen des Eignungswertes sind unter Umständen Experimente erforderlich.

1
Vergleicht verschiedene Lebensmittel auf ihren Genusswert, z. B. verschiedene Orangensaftgetränke im Blindtest: Fruchtsaft (100 %), Fruchtnektar (50 %), Fruchtsaftgetränk (6 %), Limonade (3 %).

2
Vergleicht verschiedene verpackte Lebensmittel auf ihren Gesundheitswert anhand der Zutatenlisten auf der Verpackung / Verzeichnis über E-Nummern, Nährwerttabelle, z. B. verschiedene Erdbeerjoghurts, Tomatenketchups, Orangensäfte.

3
Vergleicht gleiche Lebensmittelarten in verschiedener Verpackungsgröße und Qualität auf ihre Eignung für bestimmte Verwendungszwecke, z. B. Spinat, Bohnen, Erbsen.

28.3 Eignungswert: zweckmäßige Verpackung?

Genusswert: Schmecken, riechen, fühlen

29.1 Genusswert von Eis

Wie nimmt unser Körper eigentlich wahr, was wir essen und trinken? Dafür sind unsere Sinnesorgane und die verschiedenen Sinneszellen zuständig.

- Der **Geschmackssinn**: Auf unserer Zunge haben wir Millionen winzig kleine Sinneszellen, die die Geschmacksrichtungen süß, sauer, salzig, bitter und umami (Fleischgeschmack) erkennen können. Ohne diese Zellen würden wir gar nichts schmecken.
- Der **Geruchssinn**: Dafür benötigen wir unsere Nase. Dort gibt es Sinneszellen, die Gerüche erkennen.
- Der **Tastsinn**: Wir spüren auch, wie sich eine Speise auf den Lippen und im Mund anfühlt, z. B. weich oder knusprig. Auch diese Reize werden von Sinneszellen wahrgenommen. Sie liegen überall in der Haut.
- Lebensmittel sollen gut aussehen. Das spricht den **Sehsinn** an.
- Und manchmal gefallen uns auch Geräusche, zum Beispiel das Knacken eines Kekses. Dann wird der **Hörsinn** angesprochen.

29.2 Sinne

1
Denk an eins deiner Lieblingsessen. Beschreibe genau, wie du es wahrnimmst. Denke dabei an alle Sinne.

2
Schreibt auf ein großes Plakat alle Begriffe, mit denen man Speisen und Getränke beschreiben kann. Sucht in Zeitschriften, Kochbüchern und im Internet nach weiteren Begriffen.

Methode

Blindtest:
Wie gut sind deine Geschmacksnerven?

Kannst du mit verbundenen Augen ein Lebensmittel am Geschmack erkennen? Das ist gar nicht so einfach. Probiert es doch einmal aus.

Das braucht ihr:
- ein blickdichtes Tuch
- verschiedene Lebensmittel
- Karteikarten
- Messer, Gabel, Teller, Stoppuhr

Aufgaben der Spielleiter:
- Ihr braucht ein bis zwei Spielleiter, zum Beispiel eure Lehrkraft und einen Schüler oder eine Schülerin.
- Die Spielleiter überlegen, welche Lebensmittel erraten werden sollen und kaufen diese ein. Sie schreiben die Namen der Lebensmittel auf Karten.
- Sie schneiden die Lebensmittel in mundgerechte kleine Happen und legen sie in nicht durchsichtige Behälter. Wenn niemand vorher weiß, welche Lebensmittel zu erraten sind, dann ist das Spiel interessanter.
- Sie verbinden den jeweiligen Spielern die Augen, sodass diese nichts mehr sehen können.
- Dann legen sie jeweils ein Lebensmittel auf einen Teller. Die Spieler können sich dann selbst bedienen.
- Sie stoppen die Zeit von genau 30 Sekunden für die Antwort.
- Die Spielleiter entscheiden vorher, wie exakt die Antworten sein müssen. Reicht die Antwort „Brot" aus? Oder muss es „Weißbrot" heißen?
- Die Spielleiter sorgen für das Einhalten der Regeln.

30.1 Vorbereitung

30.1 Durchführung

So geht es:
- Bildet zwei Gruppen.
- Lost aus, welche Gruppe beginnt.
- Die Gruppen bestimmen die Reihenfolge ihrer Spieler.
- Die Gruppen raten abwechselnd.
- Alle Gruppenmitglieder kommen nacheinander dran.
- Es sollte absolut ruhig sein. Geräusche stören bei der Konzentration.
- Bei einer richtigen Antwort erhält die jeweilige Gruppe eine Karte mit der Bezeichnung des Lebensmittels.

1 Beschreibe, woran du das Lebensmittel erkannt hast.

ESSEN IST MEHR ALS SATT WERDEN

Kochvorhaben:
Eine ausgewogene Mahlzeit planen und gestalten

Bevor Gerichte zubereitet werden, muss die Arbeit geplant werden. In der Lerngruppe wird deshalb festgelegt, wer für welche Speisen verantwortlich ist. Bei der Zubereitung gibt es immer mehrere Wege, die zum Ziel führen. Entscheidet euch, probiert aus und bewertet am Schluss, ob der von euch gewählte Weg sinnvoll war.

31.1 Auswahl der Rezepte

1. Zielsetzung
Es soll in der Arbeitsgruppe eine Mittagsmahlzeit, bestehend aus Hauptgericht und Nachspeise, zubereitet werden.

2. Information
Ihr müsst euch die entsprechenden Rezepte beschaffen und sie genau Schritt für Schritt durchlesen.

3. Planung
Ihr müsst euch überlegen,
- welche Zutaten in welcher Menge benötigt werden,
- wie die Reihenfolge der einzelnen Arbeitsschritte ist,
- welche Arbeitsgeräte gebraucht werden,
- wer was wann wie mit wem in eurer Arbeitsgruppe macht,
- wie viel Zeit für die einzelnen Arbeitsschritte benötigt wird,
- womit zuerst angefangen werden muss, d. h. welches Nahrungsmittel die längste Garzeit hat,
- wo eine Wartezeit zum Garen oder Ausquellen oder Erstarren usw. eingeplant werden muss,
- wie die Wartezeit sinnvoll überbrückt werden kann, um Leerlaufzeiten zu vermeiden und alles rechtzeitig fertig zu haben.

4. Durchführung
Jetzt heißt es, den Plan umzusetzen.
- Teilt euch die anfallende Arbeit in der Gruppe partnerschaftlich auf.
- Holt die Zutaten und Arbeitsgeräte her und richtet euren Arbeitsplatz ein.
- Führt die Arbeitsschritte entsprechend eurer Planung durch.

5. Bewertung
Bewertet die Arbeitsdurchführung und das Ergebnis.
- Wo gab es in der Zusammenarbeit Probleme?
- Was könnte beim nächsten Mal besser gemacht werden?

Macht euch einen Arbeitsablaufplan und Zeitplan

Speise: ...

Zeit/Min.	Arbeitsschritte	Überbrückung der Wartezeit
5	...	...
10 usw.	...	...

31.2 Zubereitung der Mahlzeit

Zubereitung ausgewogener Mahlzeiten
bei unterschiedlichen Lebensbedingungen

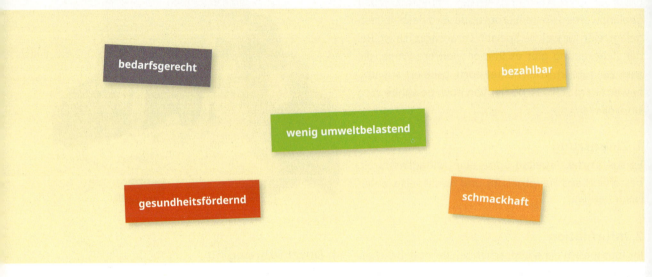

bedarfsgerecht

bezahlbar

wenig umweltbelastend

gesundheitsfördernd

schmackhaft

32.1 Dampfdrucktopf

32.2 Ernte im eigenen Garten

Situation 1:
Frau Schulz ist ganztags berufstätig und legt großen Wert auf eine warme Mahlzeit mit der ganzen Familie am Abend. Dafür hat sie wenig Zeit, möchte aber die Speisen aus frischen Zutaten und Bioprodukten zubereiten.
Sie nutzt häufig den Dampfdrucktopf zum Garen von Gemüse oder Kartoffeln. Praktisch findet sie auch Gratins und Aufläufe, die sie gut vorbereiten kann. Während der Garzeit im Backofen hat sie Zeit für die Zubereitung eines ergänzenden Nachtisches oder für eine Rohkost.

Situation 2
Familie Engstler lebt mit zwei Kleinkindern auf dem Land und hat einen eigenen Nutzgarten. Frau Engstler ist nicht berufstätig. Sie verarbeitet vorwiegend ihre eigenen Produkte oder kauft im nahe gelegenen Hofladen ein. Sie kocht gerne und lässt sich dafür Zeit und Ruhe. Dabei legt sie Wert auf eine gesunde Ernährung und kocht häufig vegetarische Gerichte. Sie muss sparsam mit dem Wirtschaftsgeld umgehen, was ihr aber durch einen überlegten Einkauf und eine planvolle Vorratshaltung gut gelingt.

Situation 3

Stefan und Sabine leben zusammen und sind beide berufstätig. Sie haben wenig Zeit und Lust für die gemeinsame Mahlzeitenzubereitung am Abend, wollen sich aber vollwertig ernähren. Sie nutzen das Convenience-Angebot beim wöchentlichen Einkauf. Sie bevorzugen Fairtrade-Produkte aus dem Eine-Welt-Laden oder aus dem Supermarkt. Ihr Motto ist: Auch vorgefertigte Produkte aus der Tiefkühltruhe können gesund sein, man muss nur auf die Zutatenliste schauen, was drin ist und sie mit Frischkost aufwerten. Sie lieben Eis mit Obst als Nachtisch.

33.1 Stefan und Sabine kochen zusammen

33.2 Frank brutzelt in der Küche

Situation 4

Frank ist Hobbykoch. Er lebt zwar alleine, lädt aber gerne Freunde zum Essen und Plaudern ein. Frank bevorzugt die französische Küche mit frischen Produkten, die er gerne auf dem Wochenmarkt einkauft. Geld spielt für ihn keine große Rolle, da er gut verdient. Kochen ist für ihn Entspannung. Er probiert gerne neue Gerichte aus und schwört auf frische Küchenkräuter zum Abschmecken. Sein Grundsatz ist: Zum Kochen braucht man ein gutes Brett, ein gutes Kochmesser, eine gute Pfanne, einen Dampfdrucktopf und kreative Ideen. Dann gelingt jedes Rezept.

1 ≡ ℗
Bildet vier Arbeitsgruppen. Jede Gruppe plant für eine der vorgegebenen Lebenssituationen eine ausgewogene Mahlzeit.
a) Sucht euch Rezepte aus Kochbüchern oder dem Internet heraus.
b) Begründet eure Auswahl der Speisen und Zutaten entsprechend den DGE-Regeln für eine gesunde Ernährung.
c) Plant eure Mahlzeit für vier Personen und bereitet sie partnerschaftlich zu.

Du kannst ...
nach einem Rezept eine Speise planvoll zubereiten.

Essen ist mehr als satt werden

Zeig, was du kannst:

1 ≡
Nenne und erläutere die vier Bereiche, die verschlüsselte Verhaltensweisen für unser Essen sind und Einfluss auf unser seelisches Wohlbefinden haben.

2 ≡
Nenne fünf Faktoren, die Einfluss auf das Ernährungsverhalten Jugendlicher haben und beschreibe sie kurz.

3 ≡
Beschreibe die Ursachen und Auswirkungen der Magersucht.

4 ≡
Finde anhand des Beispiels von Lena und Jan Gründe für die unterschiedlichen Essgewohnheiten wie Zeitaufwand, Geldaufwand, Arbeitsaufwand, Ernährungswissen.

5 ≡
Beschreibe die Ursachen und Folgen von Ralfs Übergewicht.

Ein typischer Tag von Lena und Jan:
Lena (14 Jahre) frühstückt morgens mit der Familie 1/2 Brötchen mit Quark und Tomate. Für die Pausen in der Schule nimmt sie 1 Scheibe Brot mit Schnittkäse und 1 Apfel mit. Mittags isst sie mit der Familie warm (Spinat, Spiegelei, Kartoffeln, Obstsalat, Apfelsaftschorle). Zwischendurch isst sie einen Joghurt und trinkt Orangensaft. Abends isst sie mit ihrer Familie (2 Scheiben Vollkornbrot mit Käse und Leberwurst sowie Rohkostsalat).

Jan (14 Jahre) frühstückt morgens nicht. In den Pausen kauft er am Schulkiosk 1 Croissant und 1 Tüte Orangensaft, später 1 Pizzabaguette. Mittags isst er alleine zu Hause 2 Scheiben Brot, 1 Apfel und trinkt Zitronenlimonade. Zwischendurch nimmt er Schokolade, Gummibärchen und Cola zu sich. Abends isst er mit der Familie warm (Schnitzel, Kartoffeln, Erbsen-Wurzel-Gemüse, Quarkspeise mit Obst).

Ralf, 14 Jahre, ist der dickste Junge in seiner Klasse. Die Mitschüler hänseln ihn oft, besonders im Sportunterricht. Dann ist Ralf ganz deprimiert. In der anschließenden Pause kauft er sich aus Frust gleich zwei Stücke Gebäck beim Hausmeister.
Seine Mutter kann es nicht verstehen, dass er gehänselt wird und oft allein ist. Sie meint: Ralf ist vielleicht etwas pummelig, aber wenn er erst mal ausgewachsen ist, wird das bisschen Speck von selbst weggehen. Ralfs Mutter ist selbst eine rundliche Person.
Er bringt meist gute Noten mit nach Hause, für die es jedes Mal etwas zum Naschen gibt. Aber auch für eine schlechte Note gibt es zum Trösten Eis und Schokolade. Er ist es gewohnt, nach der Schule allein zu Hause zu sein, denn beide Eltern arbeiten den ganzen Tag. Als er noch jünger war, brachten ihm seine Eltern häufig zur Überraschung abends etwas Leckeres mit, mal eine Tüte Bonbons, mal eine Tafel Schokolade. Heute braucht er nur an den Kühlschrank zu gehen, um sich das, was er mag, selbst zu holen. Oder seine Mutter legt ihm Geld hin, damit er sich etwas kaufen kann. Häufig geht er nach der Schule zur Imbissstube und isst dort sein Lieblingsessen Pommes mit Majo.
Ralfs Lieblingsbeschäftigung sind Fernsehen und Video schauen. Dabei knabbert er gerne eine Tüte Chips und trinkt eine Flasche Cola dazu – hm, lecker! Dann ist sein Kummer über das Alleinsein nicht ganz so groß. Richtige Freunde hat er keine, denn seine Klassenkameraden gehen nachmittags zur Skaterbahn oder spielen Fußball. Das alles kann er wegen seiner Schwerfälligkeit nicht mitmachen.
Eines Tages beschließt Ralf, dass nun alles anders werden soll. Er möchte auch so gerne einer Clique angehören wie seine Mitschüler.

ESSEN IST MEHR ALS SATT WERDEN

Lernbilanz

6
Bewerte die Ernährung von Timo und Merita nach den Ernährungsregeln. Gib Tipps, wie die beiden ihre Ernährung verbessern können.

7
Charakterisiere kurz deine eigenen Verzehrgewohnheiten und bewerte sie.

8
Nenne jahreszeitlich typische Gerichte aus deiner Region.

9
Nenne verschiedene Anlässe des Essens und beschreibe als Beispiel ein Festessen genauer.

10
Nenne einige Speisevorschriften, die dir von deiner eigenen Religion bekannt sind.

11
Nenne die Energie liefernden und nicht Energie liefernden Nährstoffe und ordne sie den drei Aufgabengruppen zu: Baustoffe, Brennstoffe, Schutz- und Reglerstoffe.

12
Nenne die Eigenschaften der Nährstoffe, die du bei der Nahrungszubereitung beobachten kannst.

13
Schreibe die Ernährungsregeln auf, die du heute schon regelmäßig einhältst.

14
Beschreibe kurz die drei Merkmale, nach denen du die Qualität von Lebensmitteln bewerten kannst.

15
Plane den Arbeitsablauf für die Mahlzeit „Spaghetti mit Hackfleischsoße und Karottensalat", wenn du sie alleine herstellen musst. Nimm die Arbeitsplanskizze von S. 31 zu Hilfe.

Ernährungsprotokoll, 14.10.20.., Name: Timo		
Mahlzeit	Was habe ich gegessen? Wie viel davon?	Was habe ich getrunken? Wie viel davon?
Frühstück	2 Scheiben Roggenbrot, Butter, Schokoaufstrich	1 Tasse Kaffee 1 Glas Wasser
Zwischenmahlzeit	1 Schokoriegel, 1 Apfel	–
Mittagessen	1 Teller Spaghetti mit Bolognesesoße, Salat	1 Glas Cola
Zwischenmahlzeit	1 Stück Marmorkuchen	2 Gläser Eistee
Abendessen	2 Hamburger, Pommes	1 Glas Cola
Sonstiges	1 Handvoll Weingummi	

Ernährungsprotokoll, 14.10.20.., Name: Merita		
Mahlzeit	Was habe ich gegessen? Wie viel davon?	Was habe ich getrunken? Wie viel davon?
Frühstück	–	1 Tasse Milchkaffee
Zwischenmahlzeit	1 Graubrot mit Käse, Gurke	2 Gläser Mineralwasser
Mittagessen	Fischfilet, Kartoffeln, Salat	2 Gläser Apfelschorle
Zwischenmahlzeit	3 Schokokekse	1 Tasse Kaffee
Abendessen	2 Vollkornbrote, Margarine, Käse, Schinken, Tomaten	2 Tassen Früchtetee
Sonstiges	1 Erdbeerjoghurt	1 Glas Orangensaft

Überlegt konsumieren

Wie gehe ich beim Einkaufen vor?

Was beeinflusst mich beim Einkaufen?

Wo möchte ich einkaufen?

Welche Informationen helfen mir bei Kaufentscheidungen?

Wie kann ich Produkte selbst testen?

Wie erkenne ich Verkaufsstrategien im Supermarkt?

Alle haben Erfahrungen mit dem Einkaufen

Manchmal ergattert man ein echtes Schnäppchen, manchmal war der Einkauf ein richtiger Flop: unnötig, zu viel, zu teuer, minderwertig – das alles kommt vor.
Damit der Einkauf nicht dem Zufall überlassen bleibt, muss man überlegt vorgehen. Dazu gehört, Informationen zu lesen, Beratung einzuholen, Produkte zu testen und zu vergleichen, Verkaufsstategien zu durchschauen und Informationen zu bewerten.

In diesem Kapitel ...
setzt du dich mit deinen Bedürfnissen auseinander und lernst, deine Einkäufe auf deine Situation abzustimmen.

Einkaufsverhalten unter der Lupe

Täglich kaufen wir ein. Nicht bei jeder Kaufentscheidung verhalten wir uns gleich.
Süßigkeiten einzukaufen ist etwas anderes, als eine Jeans zu kaufen.

Wir machen uns mehr oder weniger Gedanken, verhalten uns mehr oder weniger spontan.

● Neulich war ich mit meiner besten Freundin Selena in der Stadt bummeln. Eigentlich wollten wir gar nichts einkaufen, aber da war so ein Stand mit Modeschmuck. Da sind wir hängen geblieben, und ich habe mir ohne viel zu überlegen ein Armbändchen mit blauen Steinchen gekauft. Das Geld hat mir meine Freundin geliehen. Das Armband wird von allen bewundert und ich bin auch total happy damit.

● Wenn wir Mittagspause haben, gehen die meisten aus unserer Klasse zum Dönerladen. Ich nehme immer das gleiche: einen Döner und eine Cola light. Da muss ich nicht viel überlegen. Das hat sich im Laufe des Schuljahres so ergeben, und es ist toll, dass wir nicht jedes Mal diskutieren müssen, wo wir hingehen.

Mein Einkaufsverhalten? Das hängt ganz davon ab. Ich erzähl mal, was mir dazu einfällt.

38.1 Jasmin überlegt …

● Für unsere Sportaufführung sollten wir alle ein schwarzes T-Shirt ohne Aufdruck anziehen. Ich hatte keins. Im Kaufhaus gab es vier schwarze T-Shirts ohne Aufdruck in meiner Größe. Für mich war wichtig, dass Preis, Material und Schnitt gestimmt haben. Normalerweise geht der Klamotteneinkauf bei mir nicht so schnell. Da suche ich ewig rum, bis ich das Passende gefunden habe.

● Vor einiger Zeit habe ich entschieden: Mein Zimmer soll anders werden! Ich wollte einen Bereich, in dem ich gemütlich mit meinen Freundinnen sitzen, reden und blödeln kann. Ich war mit meinen Eltern in Einrichtungshäusern, habe mich im Internet umgeschaut und natürlich auch meine Clique zu ihrer Meinung befragt. Es war ganz schön schwierig, bis ich endlich das gefunden habe, was gut zu mir und meinem Zimmer passt. Mein Erspartes musste dafür reichen.

ÜBERLEGT KONSUMIEREN

So kann das Einkaufsverhalten eingeteilt werden

Gründlich überlegtes (extensives) Einkaufsverhalten

Bei einer solchen Kaufentscheidung werden möglichst viele Angebote unter die Lupe genommen und anhand von vielfältigen Kriterien (Gebrauchswert, Gesundheitswert, sozialer Wert, ökologischer Wert, usw.) bewertet. Auf dieser Grundlage wird schließlich eine Entscheidung getroffen. Dieser Entscheidungsprozess ist aufwendig und wird vorzugsweise bei hochwertigen Gebrauchsgütern durchgeführt.

Gewohnheitsmäßiges Einkaufsverhalten

Bei diesem Kaufverhalten wird auf das Vergleichen von Angeboten verzichtet, weil man gewohnheitsmäßig zu den immer gleichen Produkten greift. Werbung, Moden und Trends können dieses Kaufverhalten nur wenig beeinflussen.

Begrenztes (limitiertes) Einkaufsverhalten

Bei diesem Kaufverhalten werden nicht möglichst viele Produkte miteinander verglichen. Es wird nur eine begrenzte Auswahl eines gewünschten Produkts anhand von Kriterien bewertet, die für jemanden persönlich beim Kauf wichtig sind. Dadurch behält man den Überblick und verkürzt den Entscheidungsprozess. Ist die Marke das wichtigste Kriterium, spricht man auch von **markenbewusstem Einkaufsverhalten**. Werbung, Moden und Trends haben Einfluss auf dieses Einkaufsverhalten.

Spontanes Einkaufsverhalten (impulsives Einkaufsverhalten)

Man nennt dieses Einkaufsverhalten auch „impulsives Kaufverhalten". Die Kaufentscheidung wird spontan und ohne große Überlegung in dem Moment gefällt, wenn man das Produkt entdeckt und den Wunsch verspürt, es haben zu wollen.

1 Ordne die vier Verhaltensweisen von Jasmin beim Einkauf den unterschiedlichen Definitionen zu.

2 Finde für jedes dargestellte Einkaufsverhalten ein eigenes Beispiel.

3 Begründe dein Einkaufsverhalten für folgende Einkäufe: Snacks und Getränke, Fahrrad, Shampoo.

4 „Marken sind für Jugendliche das wichtigste Kaufkriterium". Diskutiert diese Behauptung.

5 Vergleiche dein Konsumverhalten mit der Grafik. Wo stellst du Gemeinsamkeiten, wo Unterschiede fest?

Wofür geben Jugendliche Geld aus?

Du kennst …

vier unterschiedliche Formen des Kaufverhaltens und kannst eigene Beispiele dafür nennen.

Das prägt unser Kaufverhalten

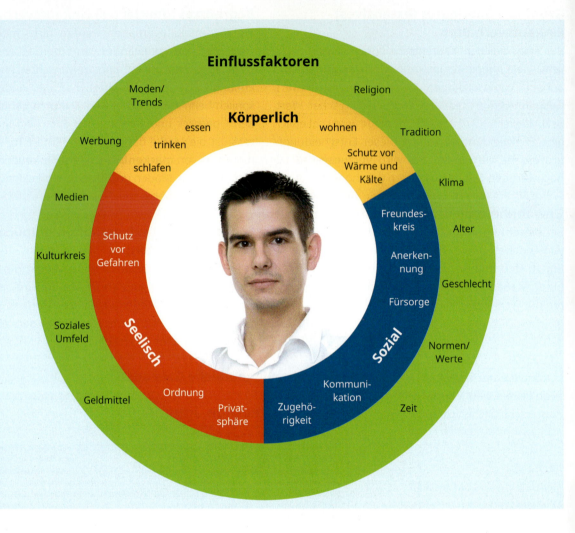

Jeder Mensch hat körperliche, seelische und soziale **Bedürfnisse** und möchte diese durch entsprechende Angebote befriedigen. Dies können materielle Angebote sein wie zum Beispiel Nahrungsmittel und Getränke oder immaterielle Angebote wie das Treffen mit Freunden oder Musik hören.
Wenn ein Bedürfnis zu einem Kaufwunsch wird, nennt man das **Bedarf**. Sobald dieser Bedarf durch einen Kauf gedeckt wird, entsteht die **Nachfrage**.

Medien, Moden und Werbung nehmen zunehmend Einfluss auf unsere Bedürfnisse, um die Nachfrage anzuregen. Oft greift man daher zu materiellen Produkten, auch wenn dahinter eigentlich seelische oder soziale Bedürfnisse stehen. Der Kauf eines T-Shirts kann tatsächlich notwendig sein, weil man zu wenig zum Anziehen hat. Es kann aber auch sein, dass man sich durch den Kauf einfach besser fühlt oder durch das coole T-Shirt Anerkennung in der Clique bekommt.

1 ≡ Ⓐ
Nenne zu den körperlichen, seelischen und sozialen Bedürfnissen jeweils drei Beispiele.

Dem Kaufverhalten auf der Spur

● Meine Familie kommt aus Syrien und wir wohnen seit einem halben Jahr in einer 3-Zimmer-Wohnung. Für mich ist das Warenangebot hier in Deutschland immer noch überwältigend. Beim Einkaufen fällt mir die Auswahl schwer. Ich achte sehr darauf, was in den Produkten drin ist, denn bei uns gibt es religiöse Essvorschriften, an die wir uns halten. Trotz der Vielzahl von Angeboten vermisse ich einiges aus meinem Land. Manches, was bei uns günstig war, ist hier sehr teuer. Vieles können wir uns gar nicht leisten. Wie gut, dass es Tafelläden und Kleiderkammern gibt.

● Ich bin gerne trendy und weiß eigentlich immer, was gerade angesagt ist. Da bin ich mir mit meinen Freundinnen und meiner Clique einig. Wir verbringen viel Zeit miteinander und gehen gerne Burger essen. Marken sind eigentlich auch gar nicht so teuer, seitdem man vieles im Internet bestellen kann. Ich recherchiere oft stundenlang und bin dann echt stolz auf meine Schnäppchen. Trotzdem: Ein gewisser Style kostet Geld. Ich trage am Wochenende Werbung aus und verdiene mir dadurch etwas zu meinem Taschengeld. Das Alltägliche bekomme ich von meinen Eltern. Das finde ich normal.

● Ich bin den ganzen Tag berufstätig und habe zwei Kinder im Alter von 12 und 14 Jahren. Viel Zeit zum Einkaufen habe ich nicht. Daher kaufe ich fast alles in einem Supermarkt ein. Ich mache einen Einkaufszettel und weiß genau, wo ich hingreifen muss. Klamotten für die Kinder bestellen wir meistens im Internet. Seit kurzem nehme ich auch Dienstleistungen in Anspruch. Die Bett- und Tischwäsche bringe ich zum Bügeln und alle 14 Tage kommt eine Putzhilfe.

● Bei uns ist meine Mutter die Geldchefin. Sie kauft alles ein, was wir zum Leben brauchen. Für meine Klamotten bekomme ich einen bestimmten Betrag und kann mir aussuchen, was mir gefällt. Ich mag sportliche und praktische Kleidung ohne Schnickschnack. Für größere Anschaffungen wie einem Handy spare ich das Geburtstags- und Weihnachtsgeld. Bevor ich etwas kaufe, informiere ich mich im Internet, lese Testberichte und spreche mit Freunden.

1 Lies die Fälle und schreibe die Einflussfaktoren auf, die das Einkaufsverhalten beeinflussen.

Du kennst ...
Einflussfaktoren des Einkaufsverhaltens und kannst diese auf Situationen beziehen.

Hilfen für überlegte Kaufentscheidungen

Kriterien für den Kauf von Produkten

Wer kennt das nicht: Es gibt Produkte, die muss man einfach haben, wenn man „in" sein will. Sei es das neueste Smartphone, ganz bestimmte Sneakers oder eine bestimmte Jeans. Der Kauf eines solchen Produkts wird so wichtig, dass wir meinen, ohne das Produkt weniger wert zu sein oder nicht mithalten zu können und in der Clique abgehängt zu sein. Werbung, Moden und Trends beeinflussen uns mehr als wir wollen und wir sind verführbar.

Um dieser Situation nicht völlig ausgeliefert zu sein, sind Kriterien notwendig. Sie helfen, das eigene Konsumverhalten zu reflektieren. Sie können aber auch Orientierung bei Konsumentscheidungen geben. Jede Person setzt unterschiedliche Schwerpunkte. Um selbstbestimmter zu handeln ist es wichtig zu erkennen, was durch Werbung, Moden und Trends beeinflusst wird und welche Schwerpunkte wir selbst setzen.

Emotionaler Wert
- Beliebtheit/Zugehörigkeit zur Clique
- Assoziationen/Erinnerungen
- Gefühle
- ...

Ökologischer Wert
- Ressourcenverbrauch
- Umweltbelastungen durch Herstellung, Transport, Ent-sorgung
- ...

Genusswert
- Geschmack
- Geruch
- Konsistenz
- Aussehen/Design
- Trageeigenschaften
- ...

Sozialer Wert
- Arbeits- und Produktionsbedingungen bei Herstellung, Gebrauch und Entsorgung
- Entlohnung
- ...

Mögliche Beurteilungskriterien für Produktentscheidungen

Eignungswert
- Funktion
- Haltbarkeit
- Pflege/Wartung
- Zeitaufwand
- ...

Gesundheitswert
- Zusatzstoffe
- Textile Ausrüstung
- Nähr- und Wirkstoffe
- Bedeutung für die Gesundheit
- ...

Soziokultureller Wert
- Anerkennung durch andere
- Bedeutung im sozialen Umfeld
- Tradition/Religion
- ...

Ökonomischer Wert
- Preis
- Haltbarkeit
- Verarbeitung
- Lagerung
- Qualität
- ...

1 Menschen haben ständig neue Wünsche. Lies den Text und begründe diese Behauptung.

2 Zeige an einer deiner Kaufentscheidungen auf, welche Beurteilungsschwerpunkte für dich wichtig waren.

Du weißt ...
wovon Konsumentscheidungen abhängig sind und kennst Hilfen zum überlegten Konsum.

ÜBERLEGT KONSUMIEREN

Kriterien für den Kauf einer Dienstleistung

Nicht alles kann oder muss selbst gemacht werden. Gegen Bezahlung kann man bestimmte Leistungen in Anspruch nehmen: Da gibt es z. B. Menschen, die die Wohnung putzen, den Hund Gassi führen, die Pizza ins Haus liefern, die Kleidung reinigen und es gibt Institutionen, die Versicherungen oder Geldberatung anbieten.

Diese Angebote nennt man Dienstleistungen. Für jeden Bedarf gibt es unterschiedliche Angebote, die im Internet, in Kleinanzeigen und im Branchenverzeichnis zu finden sind. Welches Angebot am besten passt, hängt davon ab, was einem persönlich wichtig ist. Folgende Kriterien helfen bei der Entscheidung für ein Dienstleistungsangebot.

Zeitaufwand
- Wie viel Zeit brauche ich, um die Arbeit selbst zu erledigen?
- Wie viel Zeit braucht eine andere Person?
- Wie viel Zeit brauche ich zur Recherche?
- Wie groß ist der Zeitaufwand für die Vor- und Nachbereitung?

Eigenes Können
- Beherrsche ich die Fertigkeit?
- Habe ich selbst Spaß und Freude an der Ausführung?

Qualität der Ausführung
- Wie gut wird das Angebot ausgeführt (Haltbarkeit, Sauberkeit, Geschmack, Aussehen)?
- Wie umfangreich ist das Angebot (z. B. bei Versicherungen, Banken)?
- Entspricht die Qualität meinen Erwartungen?

Mögliche Beurteilungskriterien für Dienstleistungen

Rechtliche Bestimmungen
- Wie sind Unfälle, Beschädigungen usw. abgesichert?
- Welche Vertragsbedingungen gelten?

Kosten
- Was kostet die Dienstleistung?
- Wie teuer ist die Dienstleistung im Vergleich zu anderen Angeboten (Preis-Leistungs-Verhältnis)?
- Was beinhaltet der Preis (Fahrtkosten, Beratung, usw.)?

Umweltverträglichkeit
- Welche Materialien werden eingesetzt (z. B. Gefahrstoffe bei der Reinigung)?
- Wie viel Müll fällt an?

1
Welche Dienstleistungen nehmt ihr zu Hause in Anspruch? Welche Gründe gibt es dafür?

2
Viele sprechen vom Preis-Leistungsverhältnis eines Produkts oder einer Dienstleistung. Was meinen sie damit? Diskutiert darüber.

3
Sucht im Branchenverzeichnis, in Kleinanzeigen oder im Internet nach einem Dienstleistungsangebot in eurer Umgebung (z. B. Fahrschule, Reinigung, Gartenarbeiten oder Änderungsschneiderei). Wählt ein Angebot aus und begründet eure Auswahl. Präsentiert eure Ergebnisse.

4
Erkundet einen Betrieb, der Dienstleistungen anbietet (z. B. Friseur, Pizzaservice, Tierhotel): Betriebsablauf, Kosten, Qualitätssicherung, Aus- und Fortbildung der Mitarbeiter.

Du kennst ...
Kriterien für die Auswahl einer Dienstleistung und kannst diese der Situation entsprechend bewerten.

Vor- und Nachteile
verschiedener Einkaufsmöglichkeiten

Einkaufen kann man an vielen unterschiedlichen Orten. Jede Einkaufsmöglichkeit hat Vor- und Nachteile. Für welche Einkaufsstätte man sich entscheidet, hängt wesentlich von der persönlichen Situation, dem Angebot im Umfeld und dem Produkt ab.

44.1 Hofladen

Online-Shopping
- Einkauf unabhängig vom Ort
- unbegrenztes Angebot für Produkte und Dienstleistungen
- keine persönliche Beratung
- Produkt- und Anbietervergleich schnell und einfach möglich
- zum Teil Bewertungen als Orientierungshilfe
- Produktqualität erst bei Lieferung überprüfbar
- unterschiedliche Formen der Bezahlung möglich ...

Fachgeschäft
- Verkauf von Waren und Dienstleistungen meist aus einer Produktgruppe
- meist professionelle Beratung
- Produkte können teurer sein
- bietet häufig zusätzlichen Service (z. B. Montage)
- Unterstützung bei Reklamationen und Reparaturen ...

Kaufhaus
- unterschiedliche Abteilungen für verschiedene Produktgruppen
- häufig Fachberatung in den Abteilungen
- häufig umfangreicheres Warenangebot als in Fachgeschäften ...

Einkaufscenter
- lange Öffnungszeiten
- unterschiedliche Geschäfte in einem Gebäudekomplex
- Kombination aus hochwertigen Läden und Billiganbietern
- zusätzliche Eventangebote
- große Parkflächen ...

Hofladen
- Produkte meist aus eigener Herstellung
- Informationen über Produkte und deren Herstellung aus erster Hand
- loses Warenangebot
- kaum Transportwege ...

Wochenmarkt
- großes regionales und überregionales Angebot an frischen Lebensmitteln
- meist lose Ware, dadurch große und kleine Mengen möglich ...

Supermarkt
- große Auswahl von Produkten des täglichen Bedarfs, auch innerhalb einer Produktgruppe
- häufig Sonderangebote
- Fachberatung hängt vom einzelnen Supermarkt ab
- versteckte Verkaufsstrategien durch Einkaufswege und Warenplatzierung
- viele verpackte Waren ...

Outlet-Center
- oft preiswerte Angebote
- teilweise Direktverkauf des Herstellers ab Fabrik
- zum Teil fehlerhafte Ware zu günstigen Preisen ...

Discounter
- sehr günstiges Warenangebot
- wenig Verkaufspersonal
- einfache Präsentation von Waren
- eingeschränktes Warensortiment ...

Eine Einkaufsstätte auswählen

Auswahlkriterien:
- Ladenöffnungszeiten
- Wegezeiten zum Geschäft
- Wartezeiten (z. B. an der Kasse, bei der Lieferung)
- Preis
- Beratung
- Möglichkeit, die Qualität gleich zu überprüfen
- Barrierefreiheit
- Serviceleistungen
- Umfang und Gewicht der gewünschten Ware
- Präsentation der Waren
- Zusatzangebote der Einkaufsstätte
- Möglichkeit, essen und einkaufen zu verbinden
- Kinderbetreuung
- …

Frau Grube legt Wert auf Bioprodukte. Sie nimmt dafür auch längere Anfahrtswege in Kauf.

Frau Reichhardt legt großen Wert auf frisches Obst und Gemüse. Sie ist 78 Jahre alt und kann keine weiten Strecken laufen.

Frau Walser benötigt einen Laptop. Sie kennt sich gut aus und möchte ein Schnäppchen machen.

Lukas soll für ein gemeinsames Schulfrühstück einkaufen. Es muss schnell gehen. Er hat wenig Zeit.

1 Ⓐ
Finde Beispiele aus deiner Umgebung zu den verschiedenen Einkaufsstätten. Zeichne sie in den Stadtplan oder die Umgebungskarte eures Schulortes ein.

2 Ⓐ
Schlage den vier Personen Einkaufsstätten vor und begründe deine Vorschläge.

3 Ⓐ
Welche Einkaufsstätten bevorzugst du? Begründe deine Vorlieben.

4 Ⓡ
Führt eine Pro-und-Kontra-Diskussion zum Online-Shopping durch. Bereitet diese durch Internetrecherche und Befragungen vor.

5 Ⓡ
Erstellt einen Flyer mit Regeln und Tipps fürs Online-Shopping.

Du kennst …
die Vor- und Nachteile verschiedener Einkaufsstätten und kannst eine begründete Auswahl treffen.

Wie informiere ich mich?

Für alle angebotenen Waren gibt es Gesetze, die regeln, mit welchen Informationen die Waren gekennzeichnet sein müssen. Daneben gibt es sogenannte freiwillige Kennzeichnungen wie Gütesiegel, Pflegekennzeichen, Markenzeichen. Das Gesetz regelt bei den freiwilligen Angaben, dass sie keine falschen Versprechungen beinhalten dürfen (z. B. „fördert die Gesundheit Ihres Kindes"), welche die Verbraucherinnen und Verbraucher täuschen.

Gesetzliche Kennzeichnungspflicht bei Lebensmitteln

> **TIPP**
>
> Verarbeitete Lebensmittel enthalten häufig Zusatzstoffe (z. B. Konservierungsstoffe, Farb- und Aromastoffe, Emulgatoren, Säuerungs- und Süßungsmittel). Sie werden mit ihrem Namen oder als E-Nummer angegeben. Nicht immer sind sie unbedenklich. Wer wissen will, warum sie zugesetzt werden und welche Beschwerden sie auslösen können, kann sich im Internet darüber informieren.

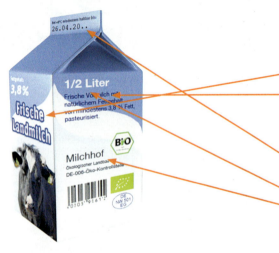

In der Europäischen Union ist einheitlich vorgeschrieben, welche Informationen auf jeder Lebensmittelverpackung grundsätzlich stehen müssen. Dazu gehören:

- die Bezeichnung des Lebensmittels
- die Zutaten des Lebensmittels einschließlich der 14 wichtigsten Stoffe oder Erzeugnisse, die Allergien oder Unverträglichkeiten auslösen können
- das Mindesthaltbarkeitsdatum oder Verbrauchsdatum
- die Nettofüllmenge
- Name/Firma und Anschrift des Lebensmittelunternehmers
- die Nährwertkennzeichnung

Was bedeutet der Code auf dem Ei?

Code für das Haltungssystem
0 = Ökologische Erzeugung
1 = Freilandhaltung
2 = Bodenhaltung
3 = Käfighaltung

Ländercode (Herkunft)
Zwei Buchstaben für den EU-Mitgliedstaat, in dem das Ei produziert wurde, zum Beispiel:
AT = Österreich
BE = Belgien
DE = Deutschland
NL = Niederlande

Info zur Nährwertkennzeichnung auf verpackten Lebensmitteln

Die Tabelle muss Angaben der sogenannten „Big 7" enthalten, die sich jeweils auf 100 g oder 100 ml des Lebensmittels beziehen:

- Energiegehalt
- Fett
- gesättigte Fettsäuren
- Kohlenhydrate
- Zucker
- Eiweiß
- Salz

Vitamine und andere Nährstoffe müssen dann angegeben werden, wenn sie auf der Verpackung herausgestellt werden.

Gesetzliche Kennzeichnung bei Textilien

Das Textilkennzeichnungsgesetz schreibt vor, dass auf Textilien nur die Faser oder Faserzusammensetzung angegeben werden muss. Dabei muss bei Fasermischungen die Faser mit dem höchsten Gewichtsanteil an erster Stelle stehen.

Gesetzliche Kennzeichnung von Geräten

Wenn ein Produkt mit dem CE-Zeichen ausgezeichnet ist, kann man sich darauf verlassen, dass bei der Herstellung des Produkts alle gesetzlichen Sicherheits- und Gesundheitsanforderungen beachtet worden sind. Diese Bestimmungen gelten europaweit.

Preisauszeichnungsgesetz

Die Preise müssen als Endpreis bei verpackten und unverpackten Waren eindeutig ersichtlich sein. Zusätzlich muss bei den meisten Produkten auch der Grundpreis (z.B. für 1 l oder 100 g) angegeben werden.

1
Suche Produkte, auf denen du diese Zeichen findest, fotografiere sie und erstelle ein Plakat.

2
Wähle ein Lebensmittel mit einem Zusatzstoff und finde heraus, was er bedeutet und welche gesundheitlichen Auswirkungen er haben kann.

3
Schreibe die Begriffe für die gesetzlichen Lebensmittelangaben auf Klebezettel und befestige sie auf ausgewählten Lebensmitteln an der richtigen Stelle.

4
Stelle ein Produkt zum Verkauf her (z.B. Kissen, Marmelade). Kennzeichne dieses entsprechend der gesetzlichen Vorgaben.

5
Überlege dir eine Einkaufssituation, in der die gesetzliche Kennzeichnung für dich von Bedeutung war.

6
Begründe, weshalb die Angabe des Grundpreises für 1 l oder 100 g wichtig ist.

Du kannst ...
die gesetzlichen Kennzeichen von Produkten und ihre Bedeutung für dich bewerten.

Freiwillige Kennzeichnung von Produkten
Pflegekennzeichen von Textilien

INTERNATIONALE TEXTILPFLEGESYMBOLE

WASCHEN (Waschbottich)	95	60	60	40	40	40	30	30	30	Hand	Nicht waschen
	Normalwaschgang	Normalwaschgang	Schonwaschgang	Normalwaschgang	Schonwaschgang	Spezialschonwaschgang	Normalwaschgang	Schonwaschgang	Spezialschonwaschgang	Handwäsche	Nicht waschen

Die *Zahlen* im Waschbottich entsprechen den *maximalen Waschtemperaturen*, die nicht überschritten werden dürfen. Der eine *Balken* unterhalb des Waschbottichs verlangt eine milde Behandlung mit reduzierter Waschmenge und geringer Drehzahl beim Schleudern. Der *doppelte Balken* bedeutet eine sehr milde Behandlung mit reduzierter Mechanik (z. B. Wollwäsche).

BLEICHEN (Dreieck)	Chlor- oder Sauerstoffbleiche zulässig	nur Sauerstoffbleiche zulässig / keine Chlorbleiche	Nicht bleichen

TROCKNEN IM WÄSCHETROCKNER (Quadrat mit Kreis)	Trocknen im Wäschetrockner möglich Normale Trocknung	Trocknen im Wäschetrockner möglich Schonende Trocknung	Nicht im Wäschetrockner trocknen

Die *Punkte* kennzeichnen die Trocknungsstufe im Wäschetrockner.

BÜGELN (Bügeleisen)	Heiß bügeln (200 °C)	Mäßig heiß bügeln (150 °C)	Nicht heiß bügeln (110 °C) Vorsicht beim Bügeln mit Dampf	Nicht bügeln

Die *Punkte* kennzeichnen die Temperaturbereiche der Reglerbügeleisen.

PROF. TEXTILPFLEGE (Kreis)	Professionelle Trockenreinigung Normales Verfahren	Professionelle Trockenreinigung Schonverfahren	Professionelle Trockenreinigung Normales Verfahren	Professionelle Trockenreinigung Schonverfahren	Nicht Trockenreinigen

Die *Buchstaben* sind für den professionellen Textilpfleger bestimmt. Sie geben einen Hinweis auf die in Frage kommenden *Lösemittel*. Der *Balken* unterhalb des Kreises verlangt bei der Reinigung nach einer *Beschränkung* der mechanischen Beanspruchung, der Feuchtigkeitszugabe und/oder der Temperatur.

	Professionelle Nassreinigung Normales Verfahren	Professionelle Nassreinigung Schonverfahren	Professionelle Nassreinigung Spezialschonverfahren	Nicht Nassreinigen

Dieses Symbol bezeichnet Artikel, die im *Nassreinigungsverfahren* behandelt werden können. Es wird in der zweiten Zeile *unter dem Symbol für die Trockenreinigung* angebracht. Die *Balken* unterhalb des Kreises verlangen bei der Nassreinigung nach einer *Beschränkung* der mechanischen Beanspruchung. Der *doppelte Balken* kennzeichnet ein noch *milderes Verfahren*.

1 Erläutere die Pflegesymbole eines Kleidungsstücks mithilfe der Tabelle.

2 Sortiere mithilfe der Pflegesymbole Wäschestücke zum Waschen und Bügeln.

3 Recherchiere im Internet die Bedeutung der Symbole für die chemische Reinigung. Wie umweltverträglich ist die chemische Reinigung? Diskutiert darüber.

> **Du kannst …**
> Textilpflegesymbole erläutern und anwenden.

Gütesiegel

Gütezeichen garantieren dem Verbraucher einen Qualitätsstandard. Sie werden von Gütegemeinschaften vergeben (z. B. Wollindustrie) und kontrolliert.

49.1 Wollsiegel Reine Schurwolle

49.2 Baumwolle

49.3 Trevira

49.4 GOTS: Global Organic Textile Standard

Gefahrenzeichen

Auf Reinigungsmitteln, Farben und Chemikalien befinden sich Gefahrenzeichen, die vor unsachgemäßem Gebrauch warnen.

Ätzwirkung: ätzend, reizend

Umwelt: umweltgefährlich

Explodierende Bombe: explosiv

Ausrufezeichen: reizend, gesundheitsschädlich

Gasflasche: komprimierte Gase

Flamme: entzündlich

Gesundheitsgefahr: krebserregend, gesundheitsschädlich

Flamme über einem Kreis: oxidierend

Totenkopf mit gekreuzten Knochen: giftig, sehr giftig

49.7 Gefahrenzeichen

Markenzeichen

Fast alle Hersteller entwerfen für sich ein Markenzeichen (Logo) und lassen dieses gesetzlich schützen. Das Markenzeichen wird an auffälliger Stelle des Produkts angebracht. Viele Menschen sind markenbewusst und orientieren sich hauptsächlich an diesen Logos. Der emotionale und der soziokulturelle Wert des Produkts steht dabei im Mittelpunkt.

49.5 Markenzeichen

Sicherheitszeichen

Produkte, die das Siegel „Geprüfte Sicherheit" (GS-Zeichen) tragen, sind nach gesetzlich geregelten Kriterien geprüft.

49.6 GS-Zeichen

1 Erstelle für die freiwillige Kennzeichnung von Produkten ein Informationsplakat oder einen Flyer.

2 Welche Reinigungsmittel werden bei euch in der Schulküche verwendet? Welche Gefahrensymbole sind abgebildet? Halte in eigenen Worten fest, wovor sie warnen.

Du kennst ...
die Bedeutung der freiwilligen Produktkennzeichen.

Verbraucherzentrale als Informationsquelle

Es gibt in jedem Bundesland eine Verbraucherzentrale. Sie hat die Aufgabe, die Interessen der Verbraucherinnen und Verbraucher zu vertreten, zu informieren, zu beraten und bei Problemen weiterzuhelfen. Alle 16 Verbraucherzentralen sind gemeinnützig und werden vom jeweiligen Bundesland, durch Spenden und durch eigene Einnahmen finanziert. Dadurch sind sie unabhängig von Herstellern und Institutionen. Ihre Preise sind verbraucherfreundlich und teilweise ist die Beratung kostenlos.

Die Verbraucherzentrale findet man unter folgendem Link:
www.verbraucherzentrale-badenwuerttemberg.de
Hier ist die Adresse der Hauptstelle in Stuttgart sowie weiterer Beratungsstellen in Baden-Württemberg zu finden.

So kann man vorgehen, wenn man Informationen oder Beratung braucht:

	Anfrage über Telefon, Mail oder Brief bei einer Beratungsstelle der Verbraucherzentrale • Was will ich wissen? Stichworte aufschreiben • Adresse, Telefonnummer oder Mailadresse herausfinden • anrufen oder schreiben, bei Anruf nebenher Notizen machen • Name, Adresse und Anliegen nennen • am Ende kontrollieren, ob alle Stichworte angesprochen wurden • sich für die Beratung bedanken
	**Besuch der Beratungsstelle** • Was will ich wissen? Stichworte aufschreiben • Adresse und Telefonnummer der Beratungsstelle recherchieren • Öffnungs- und Beratungszeiten beachten, evtl. Beratungstermin vereinbaren • Anliegen nennen • Informationen aus der persönlichen Beratung notieren • schriftliche Informationen kopieren oder Infomaterial kaufen • sich für die Beratung bedanken
	**Bestellung von Informationsmaterial im Internet bei der Verbraucherzentrale** • Was will ich wissen? • Angebot der Verbraucherzentrale recherchieren • Informationsmaterial schriftlich oder im Internet bestellen (Preis beachten)

1 Finde die Adresse und Telefonnummer einer Verbraucherzentrale in deiner Nähe heraus.

2 Recherchiere, welche schriftlichen Informationsmaterialien die Verbraucherzentrale für folgende Konsumwünsche hat: Smartphone, Smoothie, Nagellack, Schuppenshampoo.

> **Du kennst ...**
> die Verbraucherzentrale als unabhängige Informationsquelle und kennst Vorgehensweisen, dich dort zu informieren.

ÜBERLEGT KONSUMIEREN

Testberichte als Einkaufshilfe nutzen

Das ist mir für diesen Kauf wichtig:
Die Aussagen in Testberichten sind vielfältig. Eigene Kriterien an ein Produkt festzulegen, erleichtert das Lesen von Testberichten. Dann hat nicht alles Bedeutung, über was ein Testbericht informiert.

Ich kaufe Vanilleeis ein! Es soll preiswert sein, natürlich und sahnig schmecken. Die Verpackung muss recycelbar sein.

51.1 Tayfun

Testberichte finden und bewerten
- Internetrecherche:
  ➡ in einer Suchmaschine das Produkt eingeben, z.B. „Test Vanilleeis"
- Ergebnisse der Internetrecherche lesen
  ➡ ggf. Hinweise auf aktuelle Testberichte aus Zeitschriften dokumentieren
- überprüfen, ob die gefundenen Informationen den eigenen Anforderungen genügen
- Zeitschriftenrecherche:
  ➡ aktuelle Testberichte der „Stiftung Warentest" und der Zeitschrift „Ökotest" besorgen (Zeitschriftenhandel, Bibliotheken, Verbraucherberatungsstellen)

Informationen aus Testberichten entnehmen
- Testberichte lesen
- überprüfen, ob die eigenen Kaufüberlegungen in den Testberichten getestet wurden
- überlegen, ob unterschiedliche Testergebnisse für dasselbe Produkt die eigene Kaufentscheidung beeinflussen
- die Produkte, die die eigenen Kaufüberlegungen am besten treffen, schriftlich festhalten

Markt erkunden
- das Angebot am Markt für die „Sieger"-Produkte erkunden

test	Eis am Stiel (Vanille)	Gewichtung	mit Schokoladenüberzug				
			Nestlé Schöller Macao Vanilla	Cassie Champion mini	Langnese Magnum Classic	Lidl / Eis Stern Mini Mix	Penny / Rios Gigant Mini Quartett
Eissorte			Eis Vanille[5]	Bourbon-Vanille-Eiscreme	Eis Vanille[5]	Bourbon-Vanille-Eiscreme	Bourbon-Vanille-Eiscreme
Überzugssorten			Milchschokolade	Milch-, Vollmilch-, Vollmilch- mit Mandeln und weiße Schokolade	Milchschokolade	Milch-, Vollmilch- mit Mandeln, Zartbitter- und weiße Schokolade	Milch-, Vollmilch-, Vollmilch- mit Mandeln und weiße Schokolade
Inhalt je Packung			120 ml	12 x 50 ml	3 x 120 ml	12 x 50 ml	12 x 50 ml
Mittlerer Preis in Euro ca.			1,50	2,00	2,50	1,90	1,90
Mittlerer Preis je 0,5 Liter in Euro ca.			6,25	1,65	3,45	1,60	1,60
test-QUALITÄTSURTEIL		100 %	SEHR GUT (1,4)	GUT (1,7)	GUT (2,0)	GUT (2,0)	GUT (2,1)
SENSORISCHE FEHLERFREIHEIT		60 %	sehr gut (1,0)	sehr gut (1,3)	gut (2,0)	gut (2,0)	gut (2,3)
MIKROBIOLOGISCHE QUALITÄT		10 %	gut (2,0)	gut (2,0)	gut (2,0)	gut (2,0)	gut (2,0)
INHALTSSTOFFE		10 %	gut (1,9)	gut (1,8)	gut (2,0)	gut (2,0)	sehr gut (1,4)
Eis(creme)			+	+	+	+	++
			In keinem Produkt wurden künstliches Vanillearoma (Ethylvanillin) oder synthetische				
Überzug			+	+	+	++	++
VERPACKUNG		5 %	gut (2,0)	befried. (3,0)	gut (2,0)	gut (2,0)	befried. (3,0)
DEKLARATION		15 %	sehr gut (1,5)	gut (2,0)	gut (2,0)	sehr gut (1,5)	sehr gut (1,5)

51.1 Ausschnitt eines Eiskrem-Testberichts der „Stiftung Warentest"

Lust auf mehr ...

Erfahrungsbericht von Muttilade über Gutschmeck Bourbon-Vanilleeis
23. Juni 2018

Produktbewertung des Autors: ☆☆☆☆☆

Suchtfaktor: kann gar nicht mehr aufhören
Geschmack: unübertrefflich gut
Schmelzverhalten: mittelmäßig

Pro: schmeckt super
Kontra: Nix

Empfehlenswert? Ja

— Kompletter Erfahrungsbericht —

51.2 Ausschnitt aus einem Eiskrem-Test in einem Internetforum

INFO
Das Angebot an Produktbewertungen im Internet ist sehr groß. Produzenten, Interessenverbände, aber auch Verbraucherinnen und Verbraucher geben auf verschiedenen Plattformen ihre Meinung zu Produkten ab. Es muss genau geprüft werden, ob sich Interessen hinter der Bewertung verbergen und ob die eigenen Anforderungen überhaupt berücksichtigt werden.

Methode

Schülerinnen und Schüler testen Produkte

So könnt ihr vorgehen:

1. Ein Produkt für den Test auswählen
- Ideen sammeln
- Produkt auswählen
  ➡ Zeit, Angebot, Geldaufwand, eigene Interessen

2. Fragestellung und Zielsetzung festlegen
- festlegen, was herausgefunden werden soll
- festlegen, wofür die Ergebnisse wichtig sind

3. Informationen zum Produkt einholen
- allgemeine Informationen zum Produkt recherchieren

4. Produkte bestimmen, mit denen der Test durchgeführt werden soll
- Markterkundung durchführen
- Auswahl der Testprodukte
  ➡ häufig angebotene Marken auswählen
  ➡ Auswahl nach bestimmten Schwerpunkten (z. B. Bio)
  ➡ willkürliche Auswahl
- Produkte einkaufen

5. Beurteilungskatalog entwickeln
- Beurteilungskatalog entwickeln
  ➡ Beurteilungskriterien (Geschmack, Verpackung ...)
  ➡ Beurteilungsmaßstäbe
  (sehr gut, gut, befriedigend, ...)
- Beurteilungskatalog entwerfen, diskutieren, dokumentieren und vervielfältigen

Beispiel Schokolade:

- essen alle gern
- günstig
- es gibt viele Sorten
- testen könnte Spaß machen
- Kann fast überall eingekauft werden

- Wie wird Schokolade hergestellt?
- Woher kommen die Rohprodukte?
- Welche Geschmacksunterschiede gibt es?
- Sind die Verpackungen umweltgerecht?

Unser Ziel: Wir machen einen Info-Stand auf dem Schulhof

52.1 Ausgewählte Schokoladen zum Test

Kriterium	☹	😐	🙂	Bemerkung
Geschmack				

52.2 Beispiel für einen Beurteilungskatalog

ÜBERLEGT KONSUMIEREN

Methode

6. Testmethoden festlegen
- Überprüfungsmethoden zur Bewertung der im Beurteilungskatalog festgelegten Kriterien finden und auswählen
  ➡ praktische Prüfungen
  ➡ eventuelle Entwicklung spezieller Testverfahren
  ➡ sensorische Prüfung
  ➡ chemische oder biologische Untersuchungen
  ➡ Vergleich von Gebrauchsanweisungen und Produktinformationen
  ➡ Einsatz von Testpersonen

7. Durchführen der Tests
- Ablauf organisieren
- Material bereitstellen
- Prüfungen durchführen
- Ergebnisse dokumentieren
- Einzelergebnisse der Prüfungen bewerten

8. Gesamtergebnis dokumentieren und auswerten
- Einzelergebnisse darstellen
- Fehlerquellen und Einschränkungen diskutieren
- Einzelergebnisse zu einer Gesamtbewertung zusammenfassen
- Verbesserungsvorschläge für künftige Tests machen

9. Präsentation und Veröffentlichung des Testergebnisses
- Die Form, wie die Ergebnisse veröffentlicht werden, hängt von der zu Beginn festgelegten Zielsetzung ab. Diese kann sich allerdings auch im Verlauf des Produkttests ändern.
  ➡ Ausstellung/ Infostand
  ➡ Zeitungsartikel
  ➡ Flyer mit Verbrauchertipps
  ➡ Teilnahme am Wettbewerb „Schüler testen"

10. Reflexion des Produkttests
- Zusammenarbeit in der Gruppe
- Zielsetzung und Ergebnis
- Organisation und Ablauf
- Beurteilungskriterien und Ergebnis
- Dokumentation und Präsentation
- eigene und professionelle Testkriterien vergleichen und bewerten

Geschmack:
- Schokoladenstücke auf gleiche Teller legen
- auf der Tellerunterseite festhalten, um welches Produkt es sich handelt
- Augenbinde anlegen
- Schokolade riechen und danach langsam im Mund zergehen lassen
- Bewertung dokumentieren

53.1 Schokolade testen

Bewertungbogen: Teller _____
Geschmack:
Geruch:
...
...

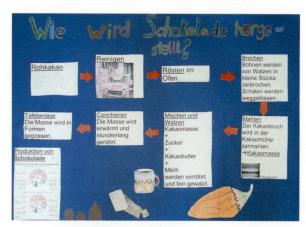

53.2 Schüler informieren über Schokolade

Verkaufsstrategien im Supermarkt

Jeder Supermarkt will so viel wie möglich verkaufen. Fachleute wurden beauftragt herauszufinden, wie dieses Ziel am besten zu erreichen ist. Diese haben beobachtet, dass Kundinnen und Kunden im Supermarkt umso mehr einkaufen, je länger sie sich darin aufhalten und das Einkaufen zu einem Erlebnis wird. Daher haben sie Empfehlungen für die Supermärkte entwickelt, wie dies alles umgesetzt werden kann. Diese Empfehlungen sind in fast jedem Supermarkt umgesetzt.

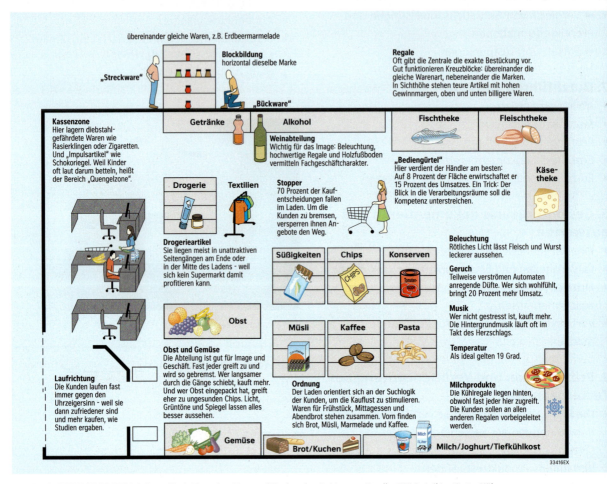

54.1 Nach STERN 27.03.2014, Infografik: A. Timmins, Text und Recherche: L. Herzeg, Quelle: EHI Retail Institute, Köln

1 Ⓐ
Betrachte die Abbildung. Schreibt die Verkaufsstrategien in eigenen Worten auf.

2 Ⓡ
Macht eine Erkundung im Supermarkt.
a) Fertigt eine Skizze vom Supermarkt an. Kennzeichnet darin, wo ihr eine der Verkaufsstrategien erkennt.
b) Führt ein Gespräch mit dem Personal über die Verkaufsstrategien dieses Supermarkts.

3
Diskutiert über Möglichkeiten und Grenzen, Verkaufsstrategien zu umgehen.

> **Du kannst ...**
> Verkaufsstrategien eines Supermarkts darstellen.

ÜBERLEGT KONSUMIEREN

Einkaufsverhalten einüben

Nur wer immer wieder bewusst den Einkauf plant und erledigt, macht neue Erfahrungen und kann bewerten, ob diese zur eigenen Situation passen. Aus diesem Grund ist es wichtig, ab und zu aus Routinen und Gewohnheiten auszusteigen, um Neues auszuprobieren. Wie ein Ausstieg aus der Routine aussehen kann, ist von eurer Situation abhängig. Bevor ihr in die Erprobung geht, sprecht darüber, was ihr erproben wollt.

Einkauf für ein Vorhaben der Lerngruppe
- finanziellen Rahmen festlegen (z. B. 10 € pro Gruppe)
- Gerichte aussuchen (Rezeptbücher, Internet, Schulbuch S. 168)
- Einkaufszettel schreiben
- gemeinsam einkaufen
- Gerichte zubereiten
- Prozess reflektieren

Hilfen zur Reflexion
Einigungsprozesse in der Gruppe
- bei der Vorbereitung
- beim Einkauf
- bei der Zubereitung

Einkauf
- Wonach haben wir die Produkte ausgewählt (Preis, Menge, Inhaltsstoffe, Verpackung)?
- Wie haben uns die Verkaufsstrategien beeinflusst?
- Wie lange waren wir im Geschäft?
- Hat das Geld gereicht?

Zubereitung der Gerichte
- Was hat unser Ergebnis positiv, was negativ beeinflusst?
- Welche Art von Müll ist angefallen?

Fazit
Was habe ich bei der Aktion gelernt?

Auswahl eines T-Shirts
- finanziellen Rahmen festlegen (z. B. 20 €)
- gewünschte Größe, Farbe, Trageeigenschaften festlegen
- Einkaufsstätten zur Erkundung auswählen (Sportgeschäft, Modehaus, Internet, …)
- Erkundungsbogen erstellen (Aussehen, Material, Passform, Preis, Beratung)
- Erkundung durchführen (Erkundungsbogen, Fotoapparat, Schreibzeug)
- Entscheidung für ein T-Shirt treffen und vor der Lerngruppe präsentieren und begründen
- Erkundungs- und Entscheidungsprozess reflektieren

55.1 Ein Rezept zubereiten

55.2 Ein T-Shirt aussuchen

Hilfen zur Reflexion
- Welche Kriterien waren für mich bei der Auswahl wichtig?
- Wie unterscheiden sich die verschiedenen Einkaufsstätten (Angebote, Beratung, Preisniveau)?
- **Fazit:** Was habe ich für mein eigenes Einkaufsverhalten gelernt?

Du kannst …
neue Wege zum Einkaufsverhalten erproben und reflektieren.

Lernbilanz

Überlegt konsumieren

Zeig, was du kannst:

1 a)
Nenne die vier Arten des Einkaufsverhaltens.
b)
Schreibe zu jedem Einkaufsverhalten ein Beispiel auf.

2
Definiere folgende Begriffe:
a) Grundbedürfnisse
b) Luxusbedürfnisse
c) Bedarf.

3
Lies den Fall und überlege dir Einflussfaktoren auf das beschriebene Einkaufsverhalten. Schreibe diese auf und begründe deine Wahl mithilfe des Fallbeispiels.

> **Fall:**
> Ich bin 12 Jahre alt und bekomme monatlich 10 € Taschengeld. Davon kaufe ich mir die Süßigkeiten, die ich in der Werbung sehe, gehe ab und zu ins Kino und mit meinen Freundinnen einen Döner essen. Kleidung kaufe ich immer mit meiner Mutter ein. Wir sind nicht immer einer Meinung, weil sie nicht, wie ich, auf Marken achtet. Das Taschengeld ist knapp, allerdings meint meine Mutter, dass man nur so das Sparen lernt.

4
Ordne der Abbildung folgende Begriffe zu:
- Bezeichnung des Lebensmittels
- Zutaten des Lebensmittels Mindesthaltbarkeitsdatum oder Verbrauchsdatum
- die Nettofüllmenge
- Name/Firma und Anschrift des Lebensmittelunternehmers
- die Nährwertkennzeichnung

5
Nenne oder zeichne je ein Beispiel für eine gesetzliche und eine freiwillige Produktkennzeichnung.

6
Frau Müller geht einkaufen. Sie braucht Brot, Milch und Honig und möchte sich in einem Laden beraten lassen. Wählt eines der Produkte aus und führt ein Verkaufsgespräch. Bereitet ein Rollenspiel vor (Käuferin/Verkäuferin), führt es durch und berücksichtigt dabei die Informationen, die den Produktangeboten zu entnehmen sind.
Bewertet gemeinsam das Rollenspiel (Informationsgehalt, Verhalten der Beraterin).

56.1 Verkaufsgespräch in einer Bäckerei

56.2 Orangensaft

ÜBERLEGT KONSUMIEREN

Lernbilanz

9
Lies den Testbericht, wähle einen Smoothie aus dem Testbericht und begründe deine Auswahl.

TEST Smoothies, Bio-Produkte	Alnatura Smoothie Beerenfrucht	Enerbio Smoothie Red Berry	Rabenhorst Smoothie Apfel-Mango + Acerola	Söbbeke Smoothie Kirsche Pfirsich	Voelkel Trink Smoothie Ananas + Banane + Kokos	Grand Choice Handmade Smoothies Mango & Pfirsich
Anbieter	Alnatura	Rossmann	Rabenhorst	Molkerei Söbbeke	Voelkel (Naturwarenladen)	Grand Choice
Preis pro 250 ml	1,17 Euro	0,99 Euro	2,29 Euro	1,84 Euro	1,36 Euro	2,80 Euro
Kühlware	nein	nein	nein	ja	nein	ja
Fruchteigener Zucker pro Portion	39,9 g in 330 ml	27,8 in 250 ml	27,8 g in 240 ml	26,7 g in 230 ml	47,5 g in 330 ml	26,0 g in 250 ml
Geruch	fruchtig, nach Banane, Himbeere, Waldfrucht	nach Banane und Kirschen	fruchtig nach Mango	nach Kirsche mit Bananen	nach Ananas, Banane, Kokos	fruchtig nach Orange, Mango, Banane
Geschmack	sauer, fruchtig nach Banane, Himbeere, Johannisbeere	süß sauer, nach Banane, Kirsche und Apfel	kräftig nach Mango, harmonisch süß	süß-sauer, schwach fruchtig, sauer nach Kirsche und Banane	süß-sauer, harmonisch, nach Ananas, Banane, Kokos	süß-sauer nach Mango, Orange, Banane
Sensorische Beurteilung	stimmig	stimmig	stimmig	stimmig	stimmig	stimmig
Saftanteil 50 % und mehr	nein	ja	ja	nein	ja	ja
Konzentrat	nein	nein	nein	nein	nein	nein
Belastung mit Pestiziden/ Wachstumsregulatoren	nein	nein	nein	1 x Spuren	nein	**3 x Spuren**
Erhöhte Keimbelastung	nein	nein	nein	nein	nein	nein
Testergebnis Inhaltsstoffe	sehr gut	gut	gut	sehr gut	gut	befriedigend
Weitere Mängel	ja	ja	ja	ja	nein	ja
Testergebnis Weitere Mängel	gut	gut	gut	ausreichend	sehr gut	befriedigend
Anmerkungen	5) 9)	5)	3)	1) 3) 7)		2) 3) 5)
Gesamturteil	**sehr gut**	gut	gut	gut	gut	ausreichend

7
Nenne vier Verkaufsstrategien im Supermarkt. Begründe, warum Verkaufsstrategien wirken.

8
Welche Verkaufsstrategie steckt hinter dieser Grafik?

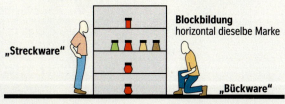

57.1 Verkaufsstrategie

10
Du willst den Geschmack von Schokoaufstrichen testen. Beschreibe eine Versuchsanordnung.

11
Du möchtest ein Rennrad kaufen und willst dich bei der Verbraucherberatung beraten lassen. Wie gehst du vor? Schreibe die Schritte deiner Vorgehensweise auf.

57.2 Schokoaufstrich **57.3** Rennrad

Ein Problem und viele Lösungen

Wie hilfreich sind Ratschläge anderer für die Lösung von Problemen?

Wie entwickeln wir gemeinsam Lösungen, die zu einem Problem passen?

Wie können wir bei der Problemlösung schrittweise vorgehen?

Wie erreichen wir, dass bei einer Entscheidung alle zufrieden sind?

Was heißt, Verantwortung für eine Entscheidung zu übernehmen?

Du kennst das sicher …

Es muss eine Entscheidung für ein Problem getroffen werden. Das kann eine persönliche Entscheidung sein (z. B. die Suche nach einem Praktikumsplatz) oder eine Entscheidung, die in der Familie, der Lerngruppe oder bei den Freunden ansteht. Es ist bequem, sie so zu lösen, wie man es immer gemacht hat. Schade ist nur, dass diese Lösung oft nicht zu der neuen Situation passt. Oft liegt es daran, dass man sich über die Auswirkungen seiner Entscheidung zu wenig Gedanken macht und im Fall des Misslingens auch keine Verantwortung übernehmen möchte.

In diesem Kapitel …
wird eine Vorgehensweise vorgestellt, bei der ihr lernt, zu einer begründeten und auf die Situation abgestimmten Entscheidung zu kommen. Ihr erkennt, dass jede Lösung Vor- und Nachteile hat und wie wichtig es ist, die Verantwortung für eine getroffene Entscheidung zu übernehmen. Ihr lernt auch, wie Entscheidungsprozesse in der Gruppe demokratisch gestaltet werden können. Nach dem Erproben könnt ihr bewerten, ob diese Vorgehensweise für euch geeignet ist.

Unterschiedliche Lösungen für ein Problem

Ronja, 14 Jahre, trifft sich mit ihrer Clique. Sie ist ziemlich geladen, denn es gab mal wieder Streit mit ihren Eltern. Es ist immer dasselbe Problem: Ronja hat ein winziges Zimmer direkt neben dem Wohnzimmer und kann mit ihren Freunden nicht mal in Ruhe Musik hören. Ihre Eltern finden, dass Ronjas Zimmer wie eine Müllhalde aussieht. Außerdem sind sie dagegen, dass Ronja jeden Abend weggehen will. Ronja hat die Nase endgültig voll. Sie ist heute einfach abgehauen, ohne ihren Eltern etwas zu sagen. Sie erzählt ihren Freunden davon. Die Freunde reagieren spontan ganz unterschiedlich.

60.1 Jugendliche unterhalten sich

Vanessa: „An deiner Stelle würde ich mal mit meinen Eltern reden und überlegen, ob ihr nicht einen Kompromiss findet. Man muss ja nicht gleich abhauen. Vielleicht gibt es auch eine andere Lösung. Manchmal unterschätzt man ja auch die eigenen Eltern…"

Fitim: „An deiner Stelle würde ich mein Zimmer einfach abschließen. Ich finde, deine Eltern geht das gar nichts an, wie es da aussieht. Und ich sehe auch nicht ein, warum wir in deinem Zimmer keine Musik mehr hören sollen."

Zelije: „Das kannst du doch nicht bringen – einfach weggehen, ohne etwas zu sagen. Du weißt doch, dass deine Mutter ausflippt, wenn sie nicht weiß, wo du bist. Außerdem ist es immerhin die Wohnung deiner Eltern!"

Maik: „Was regst du dich eigentlich auf? Es ist doch wie in der Schule: Da müssen wir auch Ordnung halten und Regeln einhalten! Und so läuft es auch in der Familie."

1
a) Beschreibe Ronjas Problem in eigenen Worten.
b) Beschreibe in eigenen Worten die unterschiedlichen Lösungsvorschläge der vier Freunde.

2
Welcher Lösungsvorschlag entspricht deiner Einstellung am ehesten? Begründe.

3
Niemand löst ein Problem immer gleich. Überlege, wovon dein Handeln abhängt. Schreibe deine Überlegungen auf und tausche sie mit anderen aus (Gemeinsamkeiten und Unterschiede).

Du kannst …
unterschiedliches Verhalten beim Lösen von Problemen bei dir und anderen Menschen beschreiben.

EIN PROBLEM UND VIELE LÖSUNGEN

Mit Fällen arbeiten

Mit der Methode Fallarbeit kannst du lernen, Probleme zu lösen. Du gehst dabei Schritt für Schritt vor und lernst dadurch eine Möglichkeit kennen, die du auch im Alltag anwenden kannst.

So geht man vor:

1. Fall analysieren: Um was geht es?
- Fallbeschreibung lesen und verstehen:
    - ➡ Was ist das Problem?
    - ➡ Wer ist daran beteiligt?
    - ➡ Welche zusätzlichen Informationen werden benötigt?
- Das Problem erfassen:
    - ➡ Was ist die Ursache für das Problem/den Konflikt?
    - ➡ Wie stellt sich die Situation für die Beteiligten dar?
    - ➡ Welche Ziele haben die Beteiligten?
    - ➡ Welche Bedürfnisse haben die Beteiligten?
- Das Problem in einem Satz zusammenfassen.

2. Informationen einholen, analysieren, bewerten
- Die vorliegenden Informationen werden gesichtet.
- Nach Möglichkeit werden weitere Informationen recherchiert und eingeholt.
    - ➡ Erkundungen, Zusammentragen von Informationen und Meinungen (auch durch Internetrecherchen), Befragen von Experten
- Analyse der Informationen
    - ➡ alle vorhandenen Informationen nebeneinanderstellen und auf Wahrheitsgehalt prüfen
- Bewerten der Informationen
    - ➡ wichtige Informationen von unwichtigen trennen

3. Lösungsvorschläge entwickeln
- Anhand der vorliegenden Informationen wird nun nach verschiedenen Lösungen für das vorliegende Problem gesucht.
    - ➡ Es werden unterschiedliche Alternativen aufgeschrieben, aber noch nicht bewertet.

>> Methode

61.1 Alternativen können über eine Mindmap dokumentiert werden

4. Eine Entscheidung treffen
- für jede Lösungsmöglichkeit Vor- und Nachteile und die möglichen Folgen überlegen
- diese Vor- und Nachteile und Folgen für die einzelnen Betroffenen in einer Entscheidungsübersicht notieren

	Vorteile	Nachteile	Konsequenzen
Lösung 1			
Lösung 2			
Lösung 3			

- Die Lösungsvorschläge mithilfe der Entscheidungsübersicht diskutieren und bewerten: Wie werden die Ziele und Bedürfnisse der Beteiligten berücksichtigt? Welche Nachteile können am ehesten in Kauf genommen werden?
- Auf dieser Grundlage erfolgt dann eine Entscheidung, die begründet und schriftlich festgehalten wird.

Wer sich Vor- und Nachteile einer Entscheidung gut überlegt hat und die Entscheidung begründen kann, hat eine gute Grundlage, dafür auch Verantwortung zu übernehmen.

Fallarbeit einüben:
Eine Einkaufsentscheidung treffen

Sophia (14 Jahre) ist eine Sportskanone und bei jedem Wetter mit ihrem Fahrrad unterwegs. In den Sommerferien möchte sie mit ihren Freundinnen auf eine Wanderfreizeit in die Alpen. Dafür benötigt sie eine neue Outdoorjacke. Sophia will vor allem eine coole und bequeme Jacke. Ihre Eltern geben ihr 130 € für eine Jacke, die leicht, wasserabweisend und gleichzeitig atmungsaktiv ist. Sie soll waschbar sein.

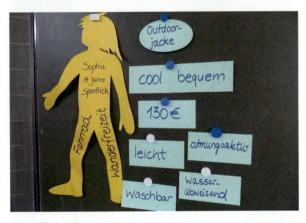

62.1 Fallbeispiel

1. Fall analysieren: Um was geht es?
- wichtige Angaben in der Fallbeschreibung markieren und in den vorbereiteten Papierumriss eintragen
- Rahmenbedingungen auf Karten notieren und anheften
- für das Problem eine passende Überschrift formulieren

2. Informationen einholen, analysieren, bewerten

Erkundung im Fachgeschäft
- Informationen über das Warenangebot einholen: Preis, Aussehen, Materialkennzeichnung, Pflegekennzeichnung
- Informationen dokumentieren (z. B. mit dem Handy fotografieren, Tabelle mit Infos anlegen)

Internetrecherche
- passende Suchbegriffe überlegen, die die Anforderungen beinhalten
- Suchbegriffe eingeben
- passende Produktangebote auswählen
- eventuell Produkt- oder Materialbewertungen recherchieren

Befragung von Experten: Verkäuferin im Fachgeschäft oder Konsumenten
- Preis
- Trageeigenschaften
- persönliche Bewertung
- Informationen dokumentieren: Antworten in vorbereiteten Fragebogen eintragen

Materialeigenschaften und Tragekomfort erproben
- von den Trageanforderungen ausgehend Experimente entwickeln (z. B. Gewicht, Bequemlichkeit, Saugfähigkeit)
- Experimente durchführen und auswerten

Informationen zu Materialeigenschaften in Fachbüchern und Testzeitschriften recherchieren
- Informationen zu Materialeigenschaften dokumentieren

> **TIPP**
>
> Um mehrere Lösungen begründet zu finden, ist es sinnvoll, verschiedene Informationsquellen zu wählen.
> - Wer es gewohnt ist, im Internet zu recherchieren, wählt am besten eine ganz neue Rechercheart aus, z. B. die Expertenbefragung. So erweitert man seine Recherchekompetenz.
> - Als Gruppe kann man die Recherche auch arbeitsteilig durchführen und die Ergebnisse anschließend zusammenführen.

EIN PROBLEM UND VIELE LÖSUNGEN

Wie könnt ihr Informationen bewerten?

Um Informationen für den vorgegebenen Fall bewerten zu können, benötigt ihr die Anforderungen aus der Fallbeschreibung. Zur besseren Übersicht wird eine Tabelle mit den Bewertungskriterien angelegt:
- Angebot (Name des Produkts)
- Anbieter
- Preis
- Material
- Trageeigenschaften
- Pflegeeigenschaften
- Aussehen

3. Lösungsvorschläge entwickeln

Die Tabelle ist eine gute Grundlage, um über Lösungsvorschläge zu diskutieren. Produkte, die nicht den Anforderungen entsprechen, werden aussortiert. Alle anderen Produkte werden bewertet.

4. Eine Entscheidung treffen

Die Lösungsvorschläge werden nun diskutiert und bewertet. Am Schluss muss eine Entscheidung für eine Outdoorjacke begründet gefällt werden. Diese Entscheidung wird der gesamten Lerngruppe präsentiert.

> **TIPP**
>
> Häufig ist es so, dass man bei Entscheidungen nur die persönlichen Bedürfnisse und Ziele im Blick hat und dabei vergisst, dass jede Entscheidung auch Auswirkungen auf die Umwelt und die Gesellschaft (z. B. Entlohnung der Näherinnen) hat. Entscheidungen, die diese Auswirkungen mit berücksichtigen, sind verantwortungsvoller als diejenigen, die nur die persönlichen Bedürfnisse befriedigen.

63.2 Schülergruppe diskutiert

63.1 Schülergruppe gestaltet eine Wandzeitung

A

Bildet Gruppen und löst den vorgegebenen Fall Schritt für Schritt. Eure Kompetenz beim Lösen von Fällen zeigt ihr:
- bei der Zusammenarbeit in der Gruppe
- beim Recherchieren von Informationen
- beim Bewerten
- bei der Entscheidung
- beim Präsentieren

Du kannst ...

bei einer größeren Anschaffung eine Entscheidung nach einer vorgegebenen Struktur treffen und die Entscheidung begründen.

Fallarbeit einüben:
Ein gesundes Pausenfrühstück für die Schule planen

Die AES-Lerngruppe der Albert-Schweitzer-Schule möchte in der großen Pause gesunde Pausenbrote anbieten. Die Vorbereitung soll in den AES-Schulstunden vor der großen Pause stattfinden. Ein belegtes Brötchen oder Brot soll nicht mehr als 1,50 € kosten.

1. Fall analysieren: Um was geht es?
- Rahmenbedingungen auf Karten notieren und an die Tafel anheften
- für das Problem eine passende Überschrift formulieren

2. Informationen einholen, analysieren und bewerten
Internetrecherche
- Hygienevorschriften
- Rezepte
- Regeln für gesunde Ernährung

Erproben
- Tätigkeiten, die für die Durchführung der Aktion notwendig sind, im Unterricht ausprobieren, z. B. Zubereitung unterschiedlicher Pausenbrote
- Preise berechnen
- Zeitaufwand messen
- Pausenbrote fotografieren

Erkunden
- verschiedene Einkaufsstätten erkunden: Angebot, Preis, Menge, Qualität der Produkte

Befragen
- Umfrage bei den Mitschülerinnen und Mitschüler (Preis, Menge, Vorlieben, Allergien, religiöse Essvorschriften, Vegetarier)
- Aktion mit der Schulleitung klären

Informationen zur gesunden Ernährung in Schul- und Fachbüchern einholen
- Informationen zur gesunden Ernährung dokumentieren

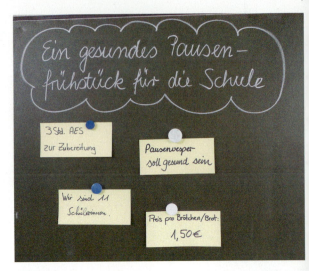

64.1 Tafelbild

64.2 Brotgesichter

Wie könnt ihr Informationen bewerten?
Die Informationen zu den einzelnen Aktionsvorschlägen werden der gesamten Lerngruppe präsentiert und mithilfe der Kriterien bewertet:
- Zeitbedarf
- gesunde Ernährung
- Kosten
- Umfrageergebnisse

Zur besseren Übersicht wird eine Tabelle mit den Fotos der erprobten Pausenbrote und den Bewertungskriterien angelegt.
- Materialbedarf
- Aufwandskosten
- erwarteter Gewinn
- eigene Interessen
- vorhandene Fertigkeiten der Lerngruppe

3. Lösungsvorschläge entwickeln
Die Tabelle ist eine gute Grundlage, um über Lösungsvorschläge zu diskutieren. Pausenbrote, die nicht den Anforderungen entsprechen, werden aussortiert.

4. Eine Entscheidung treffen
Die Lösungsvorschläge werden nun in der gesamten Lerngruppe diskutiert und bewertet. Am Schluss muss eine Entscheidung für das Pausenangebot begründet gefällt werden.

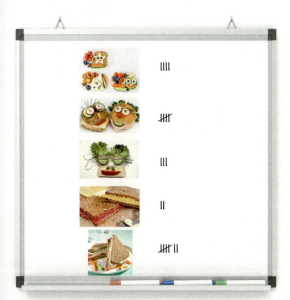

65.1 Bewertungsbeispiel

65.2 Schülergruppe plant

> **TIPP**
>
> Gemeinsame Entscheidungen so zu treffen, dass sie von allen beteiligten Personen verantwortlich mitgetragen und umgesetzt werden, muss gelernt werden.
> Bei dieser Art der Fallarbeit steht die demokratische Entscheidungsfindung im Mittelpunkt. Sie erfordert Einfühlungsvermögen, die Fähigkeit, seine Meinung offen zu sagen, die Meinung anderer anzuhören und die Fähigkeit, Kompromisse einzugehen.

1 Geht bei eurem Vorhaben nach dieser Vorgehensweise vor.

2 Reflektiert eure Vorgehensweise mithilfe der Seite 66 (Fallarbeit bewerten).

3 Begründet, weshalb dieser Entscheidungsprozess ein demokratisches Verfahren ist.

4 Sucht ein Beispiel, bei dem ihr schon ähnlich vorgegangen seid und vergleicht es mit dem vorgestellten Verfahren. Findet Gemeinsamkeiten und Unterschiede.

Ihr könnt ...
in der Lerngruppe einen demokratischen Entscheidungsprozess durchführen und reflektieren.

Fallarbeit bewerten

Es lohnt sich, über folgende Behauptungen und Fragen nachzudenken, um sich selbst eine Meinung zur Methode der Fallarbeit zu bilden.

Fallarbeit fördert die Fähigkeit, Probleme im Alltag zu lösen
- Für welche Alltagsprobleme eignet sich die Vorgehensweise der Fallarbeit?
- Welche Vorteile hat die Fallarbeit?
- Welche Nachteile hat die Fallarbeit?

Fallarbeit fördert die Kreativität, weil mehrere Lösungen für ein Problem gefunden werden
- Wie leicht fiel es mir/uns, vielfältige Lösungen zu finden?
- Was hat mir/uns bei der Lösungssuche geholfen?

Fallarbeit fördert die Fähigkeit, sich Informationen gezielt zu beschaffen und zu bewerten
- Wie leicht fiel es mir/uns, Informationen aus unterschiedlichen Quellen zu beschaffen und auszuwerten?
- Welche Informationsquelle liegt mir am meisten, welche am wenigsten? Welche Gründe könnte es dafür geben?

Fallarbeit fördert die Fähigkeit, Entscheidungen zu treffen
- Was hat meinen/unseren Entscheidungsprozess gefördert/behindert?
- Was kann im Entscheidungsprozess verbessert werden?

Fallarbeit fördert demokratisches Verhalten
- Wie gut ist es mir gelungen, aktiv zuzuhören?
- Wie gut konnten wir Kompromisse schließen?
- Wie gut ist es uns gelungen, alle zu beteiligen?
- Wie sehr berücksichtigen wir/berücksichtige ich die gesellschaftlichen Auswirkungen unserer/meiner Entscheidung?

Fallarbeit fördert die Fähigkeit, Verantwortung für eine getroffene Entscheidung zu übernehmen
- Wie gut kann ich akzeptieren, dass jede Lösung Vor- und Nachteile hat?
- Wie sehr hilft mir die Begründung für eine Entscheidung, hinter dieser Entscheidung zu stehen und Verantwortung dafür zu übernehmen?

> **TIPP**
>
> Nicht alle Fragen müssen reflektiert werden. Es ist sinnvoll, Schwerpunkte zu bilden. Jede Person erlebt einen Prozess anders: Neben den Inhalten spielen immer auch Gefühle, Interessen, Bewertungen, Stärken und Schwächen eine Rolle. Daher hängt die Bewertung eines Prozesses immer von der Person ab. Erst im Austausch mit anderen zeigt sich, wo Gemeinsamkeiten und Unterschiede liegen.

1 ≡ Ⓐ
Wähle zwei bis drei Bereiche aus, die dir wichtig sind und mit denen du die Fallarbeit bewerten willst.

2 ≡ Ⓐ
Bewerte die durchgeführte Fallarbeit.

66.1 Schülergruppe bewertet ihre Fallarbeit

Du kannst …
die Methode Fallarbeit begründet bewerten.

Methoden für die Reflexion des Gruppenprozesses

Stimmungsbild

Jede Lerngruppe erhält ein quadratisches Stück Papier (Tonpapier, ca. 20 x 20 cm). Dieses Papier wird diagonal zerteilt, sodass jedes Gruppenmitglied ein Stück erhält. Jede Person bemalt ihr Stück Papier entsprechend ihrer persönlichen Stimmung während der Zusammenarbeit. Die Teilstücke werden zum Quadrat zusammengelegt. Das so entstandene gemeinsame Bild ist Ausgangspunkt, um über Gemeinsamkeiten und Unterschiede im Erleben zu reden.

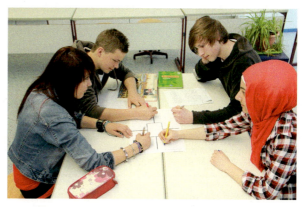

67.1 Schülergruppe erstellt Stimmungsbild

Blitzlicht

Im Sitzkreis nimmt reihum jede Person zu einer vorgegebenen Frage Stellung, z. B. „Welche Erfahrung kann ich aus dieser gemeinsamen Arbeit für meinen Alltag mitnehmen?" oder „Was hat meiner Ansicht nach den Gruppenprozess vorangebracht?" Die Aussagen werden von den anderen zunächst weder kommentiert noch ergänzt. Nach Abschluss der Reihumstellungnahme kann über Gründe von Gemeinsamkeiten und Unterschieden und über mögliche Konsequenzen gesprochen werden.

67.2 Schülergruppe beim Blitzlicht

Sprechende Gegenstände

Eine Frage zur Reflexion wird ausgewählt und an der Tafel notiert. Jede Person wählt einen persönlichen Gegenstand aus (z. B. Uhr, Brille, Bleistift). Der Gegenstand wird „zum Sprechen gebracht", z. B.: „Ich bin die Uhr von Aylin. Heute ist bei uns nichts herausgekommen. Niemand hat sich auf die Aufgabe konzentriert. Der Liebeskummer von Tina war uns wichtiger."

67.3 Beispiele für sprechende Gegenstände

Methode

Mindmap erstellen

Eine Mindmap heißt übersetzt „Gedankenlandkarte" oder „Gedächtnislandkarte". Es ist eine Methode, bei der Gedanken, Informationen und Assoziationen einem Thema zugeordnet werden.

So kann man vorgehen:

1. Schreibt in die Mitte eines Blattes das Thema.

Preis
Zeit
Aufwand
Bedürfnisse der Mitschülerinnen und Mitschüler
Werbung
Gesundheit
Lebensmittelangebot
Einkaufsstätten

2. Sammelt auf einem zweiten Blatt alles, was euch zu diesem Thema einfällt.

<u>Geld:</u> Einkaufspreis, Verkaufspreis, Gewinn
<u>Gesundheit:</u> Hygiene, Nährstoffe, Aussehen
<u>Kunden:</u> Anzahl, Bedürfnisse und Vorlieben
<u>Einkauf:</u> Einkaufsstätten, Angebot, Preise

3. Ordnet die Einfälle in sinnvolle Gruppen und findet zu jeder Gruppe einen passenden Oberbegriff.

4. Die Oberbegriffe werden als Hauptäste um das Thema herum angeordnet.

5. An jeden Hauptast werden die zugehörigen Begriffe in Nebenästen angeordnet.

6. Eventuell Bilder und Symbole anbringen. Sie helfen beim Erinnern.

Wozu kann ich eine Mindmap gebrauchen?
- Ideen zu einem Thema sammeln
- Informationen ordnen
- eine Aktion planen
- einer Präsentation vorbereiten
- ein Themas wiederholen
- eine Klassenarbeit/Prüfung vorbereiten

> **TIPP**
> Mindmaps können auch mit spezieller Software am Computer erstellt werden.

Du kannst ...
eine Mindmap erstellen.

Ein Problem und viele Lösungen

Zeig, was du kannst:

1 a)
Bringe die folgenden Schritte in die richtige Reihenfolge:
- Lösungsvorschläge entwickeln
- eine Entscheidung treffen
- Fall analysieren
- Informationen einholen, analysieren, bewerten

b)
Begründe die Vorgehensweise.

2
Nenne drei Ziele der Fallarbeit.

3
Schreibe aus dem nebenstehenden Fall alle wichtigen Angaben heraus.

4
Finde zu dem Fallbeispiel eine passende Überschrift.

5
Finde für den Fall drei geeignete Suchbegriffe für eine Internet Recherche.

6
Diskutiert über Vor- und Nachteile der Fallarbeit.

7
Leite aus deinen Erfahrungen drei wichtige Ratschläge für die Zusammenarbeit in Gruppen ab.

8
Erstelle eine Mindmap für den folgenden Fall.

Fall:
Am Samstagnachmittag haben alle in der Familie Weiß etwas anderes vor. Allerdings ist Samstag auch der einzige Tag, an dem alle Familienmitglieder Zeit haben, etwas im Haushalt zu erledigen. Frau Weiß (35 Jahre, Bürokauffrau) ist von einer anstrengenden Arbeitswoche erschöpft und sieht nicht ein, dass sie alle anfallenden Arbeiten im Haushalt alleine machen soll. Ihr Mann, Herr Weiß (38 Jahre, Kfz-Mechatroniker), ist nicht gerade begeistert, an seinen freien Tagen auch noch im Haushalt mitanpacken zu müssen. Nadine (15 Jahre) verbringt ihre Freizeit am liebsten mit ihrer Clique auf dem Sportplatz. Sandro (13 Jahre) sieht ein, dass Hausarbeiten gemacht werden müssen, will sich aber nur beteiligen, wenn alle mitmachen. An diesem Samstagmorgen haben alle lange ausgeschlafen. Alle sitzen am Frühstückstisch. Frau Weiß hat alles aufgeschrieben, was zu tun ist und legt den Zettel auf den Tisch mit der Bemerkung: „Wenn wir alle zusammenhelfen, sind wir in einer Stunde fertig".

- Küchenfenster putzen
- 2 Blusen und ein Hemd bügeln
- Gemüsesuppe kochen
- Knopf annähen
- Kuchen backen

69.1 Frau Weiß putzt Fenster

Sich wohlfühlen

Was heißt gesund sein?

Was hat der Lebensstil mit der Gesundheit zu tun?

Was gehört zu einer gesunden Schule?

Welchen Beitrag können wir zu einer gesunden Schule leisten?

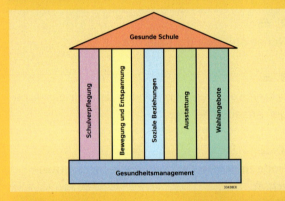

Wie sieht mein Schönheitsideal aus?

Wie kann man den eigenen Körper verändern und gestalten?

Warum kleiden Menschen sich so unterschiedlich?

Wenn wir jemandem zum Geburtstag gratulieren,

so ist damit immer der Wunsch nach Gesundheit dabei. Das hat Gründe. Gesund zu sein und sich wohlzufühlen ist für viele Menschen das Wichtigste überhaupt im Leben. Ob wir uns gesund und wohl fühlen, können wir teilweise auch selbst beeinflussen.

In diesem Kapitel ...
setzt ihr euch am Beispiel Schule damit auseinander, welche Bedingungen in der Gemeinschaft gesundheitsförderlich sein können. Außerdem bekommt ihr Anregungen, welche Gestaltungsräume es für euch in der Schule gibt. Bei der Auseinandersetzung mit Schönheit und der Gestaltung des eigenen Körpers steht ihr selbst als Person im Mittelpunkt. Auch hier bekommt ihr Anregungen, die euer Wohlbefinden stärken können.

Wer ist gesund?

Ich bin gesund. Ich spiele viel Fußball.

Ich bin gesund, mir tut nichts weh.

Ich bin gesund, auch wenn ich manchmal traurig bin.

Ich bin gesund. Ich nehme keine Tabletten und zum Arzt gehe ich auch nie.

72.1 Schülerinnen und Schüler diskutieren

Gesundheit aus Sicht der Weltgesundheitsorganisation (WHO):

„Gesundheit ist ein Zustand vollkommenen körperlichen, seelischen und sozialen Wohlbefindens." (WHO 1948)

Folgende Merkmale gehören dazu: Körperliches Wohlbefinden:

- mit dem eigenen Körper zufrieden sein
- keine Schmerzen haben
- sich leistungsfähig fühlen
- ausgeschlafen und fit sein
- …

Seelisches Wohlbefinden:

- keine Sorgen haben
- Gefühle äußern können, z. B. durch Lachen und Weinen
- sich selbst beschäftigen können
- Möglichkeiten kennen, sich etwas Gutes zu tun
- …

Soziales Wohlbefinden:

- Freunde haben
- gerne etwas mit anderen unternehmen
- sich verstanden fühlen und andere verstehen
- anderen helfen und selbst Hilfe annehmen
- Aktivitäten mit anderen planen und durchführen
- sich gerne mit anderen unterhalten
- Interesse am Leben anderer zeigen
- zuhören können
- …

Gesundheit aus Sicht der Salutogenese

Der Medizinsoziologe Aaron Antonovsky erweiterte die Definition der WHO durch sein Modell der Salutogenese. Demnach ist Gesundheit kein vollkommener Zustand, sondern ein Balanceakt, bei dem das körperliche, seelische und soziale Wohlbefinden stetig ausbalanciert werden muss. So kann sich zum Beispiel ein Mensch mit Allergien trotzdem gesund und wohl fühlen, weil er Freunde hat und ihm sein Beruf Spaß macht. Dies bedeutet, dass jeder Mensch lernen muss, bei sich wahrzunehmen, ob einer der Bereiche geschwächt ist und was er machen kann, um die Balance herzustellen. Antonovsky hat außerdem darauf hingewiesen, dass die Balance dann besser gelingt, wenn Menschen ein „Kohärenzgefühl" haben. Das bedeutet, dass man zuversichtlich ist, unvorhergesehene und belastende Herausforderungen des Lebens eigenständig oder mit fremder Hilfe bewältigen zu können. Ein starkes Kohärenzgefühl entsteht bei Menschen dann, wenn sie durch ihr Verhalten immer wieder erleben, dass sie etwas bewirkt haben und in der Lage sind, auch schwierige Situationen zu bewältigen.

1 Ⓐ
Lies die Aussagen der Jugendlichen. Was heißt für dich gesund sein?

2 ≡ Ⓐ
Vergleiche dein Verständnis mit dem der WHO.

3 ≡ Ⓐ
Vergleiche die beiden Definitionen von Gesundheit und beschreibe die Gemeinsamkeiten und Unterschiede.

4 ≡ Ⓡ
Es gibt verschiedene Gesundheitsmodelle. Wählt eines aus und stellt seine Entstehung dar.

Einflussfaktoren auf die Gesundheit

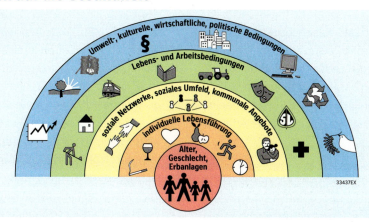

Behauptungen zum Thema Gesundheit

- In jeder Kultur wird unter Gesundheit etwas Anderes verstanden.
- Die Qualität der Umwelt hat Einfluss auf die Gesundheit.
- Gesundheit ist eine Frage des Einkommens.
- Gesundheit wird auch von Medien und dem Medienkonsum beeinflusst.
- Bewegung und Ernährung beeinflussen die Gesundheit.
- Die Bedingungen in Schule und am Arbeitsplatz haben Auswirkungen auf die Gesundheit.
- Rauchen und Alkohol beeinträchtigen die Gesundheit.
- Gesundheit hängt auch von den Erbanlagen ab.
- Die Angebote im sozialen Umfeld (Vereine, Kirchen, Bildungs- und Sportangebote) können die Gesundheit fördern.
- In jeder Lebensphase hat Gesundheit eine unterschiedliche Bedeutung.
- Männer und Frauen achten unterschiedlich auf ihre Gesundheit.
- Zeitdruck und Stress können die Gesundheit beeinträchtigen.
- Gesundheit ist abhängig von politischen Entscheidungen.
- Die Wohnsituation (Stadt/Land, Lage, Ruhe) hat Einfluss auf die Gesundheit.

Jeder Mensch hat ein ganz persönliches Verständnis von Gesundheit. Es gibt veränderbare und unveränderbare Einflussfaktoren. Wer etwas für seine Gesundheit tun will, muss klären, welche der Einflussfaktoren überhaupt veränderbar sind. Veränderungen kann man alleine oder mit anderen bewirken. Man kann auch auf die Politik Einfluss nehmen.

1
Findet Beispiele, die die Behauptungen bestätigen und präsentiert sie.

2
Erkläre in eigenen Worten, weshalb das Verständnis von Gesundheit immer ganz persönlich ist.

3
Welche Einflussfaktoren beeinflussen dein Gesundheitsverständnis? Vergleiche und diskutiere es mit anderen Personen.

4
Was kann und will ich in Zukunft für meine Gesundheit tun? Schreibe einen Brief an dich selbst. Lies ihn nach einer gewissen Zeit noch einmal.

Du kennst ...
unterschiedliche Definitionen von Gesundheit. Du weißt, was Gesundheit beeinflusst und kannst Schlussfolgerungen für dein eigenes Gesundheitsverhalten ableiten.

Lebensweisen analysieren

Jeder Mensch gestaltet sein Leben unterschiedlich. Nicht immer läuft alles rund. Wenn es Probleme gibt, kann es hilfreich sein, die Lebensführung zu analysieren: Welche Faktoren sind gesundheitsförderlich, welche sind eher bedenklich, welche können beeinflusst werden und welche nicht? Eine solche Analyse kann man lernen.

So kann ich eine Lebensweise analysieren:
1. Informationen hinsichtlich der Lebensführung einer Person einholen (z. B. durch Befragung) und schriftlich festhalten.
2. Gesundheitsförderliche und bedenkliche Verhaltensweisen mit unterschiedlichen Farben unterstreichen und die Einschätzung eventuell begründen.
3. Veränderungsvorschläge sammeln.
4. Veränderungsvorschläge bewerten. Kriterien können sein: Zeit, Wille, Können, Geld, Haltungen, Interessen.

Daniela ist 17 Jahre alt und macht eine Ausbildung zur Gesundheits- und Krankenpflegerin. Sie erzählt: „Ich bin jeden Tag froh, wenn ich von der Arbeit nach Hause komme. Meine Ausbildung macht mir viel Freude, doch meine Kollegen finde ich anstrengend, und ich komme mit ihnen nicht klar. Zuhause schalte ich sofort meinen PC an und chatte ausgiebig mit meinen Freunden. Die meisten kenne ich zwar nicht persönlich, aber das sind meine wahren Freunde. Mit ihnen kann ich mich über alles unterhalten, ihnen kann ich meine Sorgen und Nöte mitteilen und sie zeigen Verständnis und unterstützen mich. Oftmals reden wir bis spät in die Nacht, ich esse und trinke nebenher und gehe oft spät in der Nacht ins Bett. Dann bin ich aber richtig glücklich, auch wenn mir am nächsten Morgen meistens etwas Schlaf fehlt. Meine Mutter meint, ich solle doch etwas mehr Sport machen. Aber dazu habe ich nach einem anstrengenden Kliniktag keine Lust. Ich bin immerhin den ganzen Tag auf den Beinen."

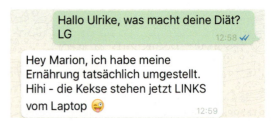

1
Analysiere Danielas Lebensweise. Gehe dabei nach dem vorgegebenen Ablauf vor.

2
Präsentiere und begründe deine Verbesserungsvorschläge.

3
Diskutiert Gründe, weshalb Verbesserungsvorschläge unterschiedlich sein können.

4
Was würdest du Daniela im Hinblick auf ihr Ess- und Bewegungsverhalten raten? Begründe deine Ratschläge.

Du kannst ...
eine Lebensweise im Hinblick auf gesundheitsförderliche und bedenkliche Verhaltensweisen analysieren, Verbesserungsvorschläge entwickeln und begründen.

74.1 Daniela, 17 Jahre, in der Ausbildung zur Gesundheits- und Krankenpflegerin

SICH WOHLFÜHLEN

Gesundheit im Schulalltag

Schule verändert sich. Viele von euch verbringen viel Zeit, oft sogar den ganzen Tag, in der Schule. Acht Stunden am Tag nur lernen, das geht nicht. Der Schulalltag muss für alle Beteiligten so gestaltet werden, dass Schule nicht krank macht. Aber was macht eine gesundheitsförderliche Schule aus?

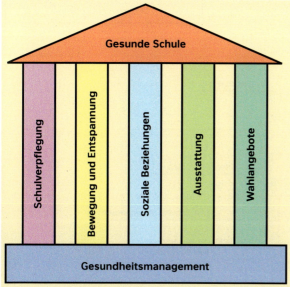

75.1 Schulgebäude

Sicher gibt es noch weitere Dinge, die eine gesunde Schule auszeichnen. Die hier vorgestellten Bereiche sollen euch dazu anregen, euren eigenen Schulalltag unter gesundheitsförderlichen Aspekten zu untersuchen, neue Ideen zu erproben und zu bewerten.

1
Sammelt Beispiele zu den Säulen einer gesunden Schule und erstellt gemeinsam ein Plakat.

2 Ⓐ
Diskutiert in der Lerngruppe, welcher Bereich für euch jeweils von Bedeutung ist und begründet eure Haltung.

3 Ⓡ
Welche Bedeutung haben die Säulen für die anderen am Schulleben Beteiligten (Hausmeister, Lehrkräfte, Schulsozialarbeiter/in, Eltern)? Führt Interviews durch.

4
„Regeln und Rituale sind wesentliche Merkmale einer gesunden Schule." Diskutiert diese Behauptung.

75.2 Wahlangebot an einer Schule

Du kennst …
wesentliche Säulen einer gesunden Schule und kannst Beispiele dazu benennen.

Den Schulalltag gesund gestalten:
Schulverpflegung

Um sich wohl und fit zu fühlen, ist es wichtig, dass es ein ausgewogenes Angebot an Essen und Trinken in der Schule gibt. Allein das Angebot macht es aber nicht aus, dass die Schulverpflegung gut ankommt. Genügend Zeit zum Essen, ein Raum, in dem man sich wohlfühlt und eine angenehme Atmosphäre gehören ebenso dazu.

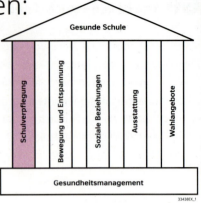

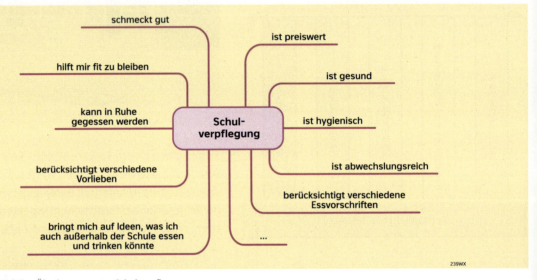

76.1 Mindmap: Wichtige Überlegungen zur Schulverpflegung

76.2 Essensausgabe in der Schulmensa

Nicht alle Menschen haben die gleichen Bedürfnisse und Vorlieben. Dies gilt auch für die tägliche Verpflegung in der Schule und macht die Sache schwierig. Trotzdem sollte jede Schule das Angebot an Essen und Trinken so gestalten, dass sie möglichst viele Kinder und Jugendliche anspricht und diese mit Spaß und Freude das Angebot nutzen.

1

Überlegt, was für jeden von euch die wichtigsten Aspekte für die Schulverpflegung sind. Erstellt Hitlisten. Vergleicht eure Ergebnisse.

2

Sprecht über eure unterschiedlichen Bedürfnisse und stellt Unterschiede und Gemeinsamkeiten fest.

Was macht eine gute Schulverpflegung aus?

Damit die Verpflegung in der Schule sinnvoll gestaltet werden kann, haben sich Experten viele Gedanken gemacht und Hinweise dazu entwickelt. Diese werden nicht an allen Schulen umgesetzt. Wie das an der eigenen Schule aussieht, kann überprüft werden. Folgende Bereiche und Fragen können für die Bewertung des Verpflegungsangebotes hilfreich sein:

Produkte/Angebot
- Wo werden welche Produkte angeboten?
- Entspricht das Angebot einer gesundheitsförderlichen Ernährung?
- Sind die Portionen angemessen?
- Werden Produkte aus der Region angeboten?
- Gibt es Bioprodukte?
- Ist das Angebot in der Woche abwechslungsreich?
- ...

Qualität
- Wird auf ein saisongerechtes Angebot geachtet?
- Wird das Essen frisch zubereitet?
- Gibt es frisches Obst und Gemüse?
- Riecht und schmeckt das Angebot gut?
- ...

Organisation
- Ist ein ruhiges und ungestörtes Essen möglich?
- Gibt es lange Wartezeiten?
- Wird die Verpflegung ansprechend präsentiert?
- Ist das Personal freundlich?
- Wie wird über das Tagesangebot informiert?
- ...

Preis
- Ist der Preis für die Verpflegung angemessen?
- Welches Bezahlsystem gibt es?
- ...

Besondere Anforderungen
- Gibt es ein vegetarisches Angebot?
- Werden religiöse Vorschriften beachtet?
- Werden allergieauslösende Inhalts- und Zusatzstoffe angegeben?
- Gibt es Spezialangebote (z. B. laktosefreie Kost)?
- ...

Atmosphäre
- Wie werden die Speisen und Getränke angerichtet?
- Laden der Raum und seine Einrichtung zum entspannten Essen ein?
- Gibt es genügend Sitzplätze?
- Ist der Raum sauber?
- Ist der Geräuschpegel erträglich?
- ...

INFO
Im Internet könnt ihr euch unter dem Stichwort „Qualitätsstandards für die Schulverpflegung" informieren.

TIPP
Dieses Verpflegungsangebot könnt ihr analysieren und bewerten:
- Mensa
- Pausenverkauf
- Essen und Trinken im Klassenraum ...

Führt eine Recherche (Fotos, Befragung) zur Situation der Schulverpflegung an eurer Schule durch.
Präsentiert eure Ergebnisse und überlegt euch Konsequenzen.

Du kennst ...
Qualitätskriterien für eine gesunde Schulverpflegung und kannst ein Verpflegungsangebot analysieren und bewerten.

Den Schulalltag gesund gestalten:
Bewegen und Entspannen in der Schule

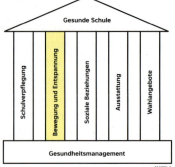

Häufig sitzt man zu lange ohne Unterbrechung, bekommt Muskelverspannungen oder Kopfschmerzen. Damit das volle Leistungsvermögen erbracht werden kann, ist es nötig, dass man sich körperlich bewegt. Bewegung steigert die Sauerstoffversorgung des Gehirns und die Versorgung der Körperzellen mit Nährstoffen. Gelenke und Muskeln bleiben durch Bewegung geschmeidig und ausdauernd. Selbst durch kleine Bewegungspausen in der Schule, bei der Arbeit oder in der Freizeit kann man sein körperliches Wohlbefinden steigern und seine Leistungsfähigkeit erhöhen. Deshalb sollte ein Unterrichtsvormittag zwei bis drei Bewegungs- oder Entspannungspausen haben.

Wohlbefinden und Leistungsfähigkeit erlangt man durch das Pendeln zwischen:

spannen		entspannen
bewegen		ruhen
sich konzentrieren		abschalten

Tipps für die Durchführung von Bewegungsübungen:

Tipp 1: Ausführung der Bewegungen
Bewegungsübungen sollten locker und mit geringem Krafteinsatz ausgeführt werden.

Tipp 2: Bewegungsablauf
Die Bewegungen sollten rund, geschmeidig und harmonisch aussehen.

Tipp 3: Atmung
Das entspannte Einatmen durch die Nase entspricht 1/3 des Atemrhythmus. Das Ausatmen mit Pause macht 2/3 des Atemrhythmus aus.
„Einatmen – Ausatmen – Pause"

TIPP
Weitere Anregungen für solche Übungen gibt es im Sportunterricht oder im Internet.

Bewegungsübungen

Übungen für bewegliche Gelenke
Übung: Serviertablett
Ziel: Mobilisierung der Gelenke und Lösen von Muskelverspannungen

Anleitung: Lege dir ein Buch auf die flache Hand und trage es wie ein Serviertablett. Überlege dir, was du alles mit diesem Tablett machen kannst, ohne die Getränke darauf zu verschütten. Erprobe möglichst viele verschiedene fließende Bewegungen von einer Körperposition in die nächste.
Variation: Mache diese Übung mit zwei Serviertabletts.

78.1 Serviertablett

78.2 Bewegungsübung: Auf der Stelle joggen

Übung: Auf der Stelle joggen
Ziel: Anregung des Kreislaufs und Schärfung der Wahrnehmung

Anleitung: Stelle in etwa einem Meter Abstand einen Stuhl vor dich. Jogge nun locker auf der Stelle. Ein Spielleiter sagt immer wieder ein Körperteil (z. B. rechtes Ohrläppchen, linker Zeigefinger, rechte Zehenspitze, linker Knöchel, ...) an, mit dem du kurz deine Stuhlfläche berührst, bevor du auf der Stelle weiterjoggst.

SICH WOHLFÜHLEN

Übungen für bessere Konzentration

Übung: Geometrie

Ziel: Verbesserung der Koordination und Konzentration auf den eigenen Körper

Anleitung: Stehe aufrecht und bequem. Zeichne mit dem rechten Fußballen ein großes Dreieck auf den Boden. Zeichne gleichzeitig mit deiner linken Handfläche einen großen Kreis auf deinen Bauch.

Variation: Handfläche und Fußballen machen weitere unterschiedliche Bewegungsformen (z. B. Rechteck, Parallelogramm, Drache, …).

79.1 Bewegungsübung: Konzentration

Übungen zur Aktivierung der Muskulatur

Übung: Spinning

Ziel: Aktivierung der Bauchmuskulatur

Anleitung: Setze dich auf die vordere Kante deines Stuhls und beuge den Oberkörper gerade nach hinten, sodass du stabil sitzt. Stell dir vor, du fährst auf einer abwechslungsreichen Strecke Fahrrad: tritt schnell in die Pedale, lehne dich in eine starke Rechtskurve, beschleunige, richte dich auf, …

Variation: Verändere deine Sitzposition und/oder bewege deine Arme dazu.

79.2 Bewegungsübung: Aktivierung der Muskeln

Entspannungsübungen

Den Bauch entspannen: Setze dich aufrecht hin und ziehe den Bauchnabel 20 Sekunden lang Richtung Wirbelsäule ein. Spanne den Bauch dabei an.

Den Rücken entspannen: Neige deinen Rumpf im Stehen nach vorne, bis er fast auf den Beinen liegt. Umfasse die Oberschenkel mit den Armen und drücke den Rücken rund nach oben. Halte diese Position 15 Sekunden lang.

Den Rumpf entspannen:
Setze dich aufrecht hin und stelle deine Füße hüftbreit auf den Boden. Strecke den linken Arm nach oben und halte den Kopf gerade. Ziehe den Arm und Rücken lang nach oben. Atme 3-5 Mal tief ein und aus. Wechsel dann die Armseite.

Brust und Arme entspannen:
Sitze oder stehe aufrecht. Presse deine Handflächen flach und waagerecht fest zusammen. Halte diese Spannung für 20 Sekunden.

---

1 ≡ Ⓐ
Führt die Bewegungsübungen durch und tauscht euch über eure Erfahrungen aus.

2 Ⓐ
Recherchiert nach weiteren Übungen für Bewegungspausen und gestaltet diese an eurer Schule.

Du kennst …
die Bedeutung von Bewegung und Entspannung für die Gesundheit und kannst Übungen dazu durchführen.

Den Schulalltag gesund gestalten:
Soziale Beziehung gestalten

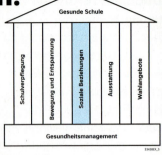

„Was gefällt dir am besten an der Schule?" „Dass ich da meine Freunde treffe!". Diese Aussage hört man häufig. Sie zeigt, wie wichtig soziale Beziehungen in der Schule sind. Gelingen sie, so fördern sie das Wohlbefinden und auch die Gesundheit. Sind sie gestört, so kann das regelrecht krank machen. Gute soziale Beziehungen entstehen nicht von alleine. Alle können etwas dafür tun.

Die Erfahrung zeigt, dass gemeinsame Aktionen, in denen jede Person für das Gelingen der Aktion von Bedeutung ist, den Zusammenhalt stärken können.

80.1 Klassenfest

80.2 Kochen mit Eltern oder Großeltern in der Schule

80.3 Klasse auf Klassenfahrt

80.4 Fitnesstag für die ganze Schule

80.5 Wöchentlicher Klassenrat

80.6 Tauschbörse an der Schule

1 Ⓐ Betrachtet die Ideen und diskutiert, wodurch diese den Zusammenhalt in der Gemeinschaft befördern.

2 Sprecht über eure unterschiedlichen Bedürfnisse und stellt Unterschiede und Gemeinsamkeiten fest.

Für andere kochen

Jemanden zum Essen einzuladen kann die soziale Beziehung stärken. Das gelingt besonders gut, wenn man sich auf die jeweilige Lebenssituation, die Bedürfnisse und Vorlieben seiner Gäste einstellt. Dies erfordert, dass man möglichst viel über die Lebenssituation und das Ernährungsverhalten der Beteiligten weiß. Die folgenden Schritte können bei der Planung, Zubereitung und beim Anrichten des Essens helfen.

81.1 Schülerinnen und Schüler in der Lernküche

So könnt ihr vorgehen:

Vorüberlegen:
Für wen kochen wir? Rahmenbedingungen mit den Gästen abstimmen.

Analysieren:
Fallanalyse durchführen: Analyse der Lebenssituation, des Ernährungsverhaltens und der Wünsche bezüglich des Essens.

Klären:
Voraussetzungen und Organisation klären: Wo wird gekocht (wird das Essen vor Ort zubereitet oder an der Schule)? Wer bezahlt die Zutaten? Wo wird gegessen? Wie wird das Essen präsentiert? ...

Erproben:
Essensvorschläge werden geplant und zubereitet. Die Ergebnisse werden bewertet.

Folgende Faktoren spielen bei der Planung und Zubereitung gesundheitsförderlicher Speisen eine entscheidende Rolle und sollten berücksichtigt werden:

Entscheiden:
- Was wird gekocht?
- Wer erledigt welche Aufgaben?
- Wie werden die Speisen präsentiert und angerichtet?
- Wie werden die Gäste eingeladen?
- ...

Durchführen:
- Die Esssituation wird gestaltet (Tisch decken, Tischdekoration, ...).
- Das Essen wird zubereitet.
- Die Speisen werden angerichtet.
- gemeinsames Essen mit den Gästen ...

Beurteilen und auswerten:
Hinweise zur Auswertung findet ihr auf Seite 187.

> **Hinweis:**
> Die Auswirkungen einer gemeinsamen Aktion auf den Zusammenhalt in der Lerngruppe lassen sich häufig erst nach längerer Zeit bewerten. Ihr entscheidet, wann ihr darüber reden wollt.

Bereitet für eine Personengruppe ein Essen zu und geht dabei nach der vorgegebenen Struktur vor.

Du hast ...
durch eine gemeinsame Aktion Erfahrungen gemacht. Du kannst förderliche Faktoren für das soziale Miteinander benennen.

Den Schulalltag gesund gestalten:
Lernumgebung gestalten

Wir alle haben schon die Erfahrung gemacht, dass Räume unterschiedlich auf uns wirken. Das ist auch im Schulhaus so, obwohl wir dort die Räume und ihre Ausstattung kaum noch bewusst wahrnehmen. Man hat in Untersuchungen festgestellt, dass der Raum eine wesentliche Wirkung auf das Lernen und auf die Gesundheit hat. Eine gesunde Schule achtet auf

- Licht
- Klima
- Farben
- Geräuschpegel
- Raumaufteilung
- Ordnung
- Sauberkeit
- Mobiliar
- Schaffung persönlicher Bereiche

Sich in der Lernumgebung einer Schule wohlfühlen kann heißen:
- Wenn ich meine Ruhe möchte, kann ich mich in eine stille Zone zurückziehen.
- Bei uns wird im Schulhaus auf die Lautstärke geachtet.
- Bei uns gibt es viele Pflanzen.
- In unserem Pausenhof gibt es Platz und viele Geräte.
- Unser Klassenzimmer ist hell und freundlich.
- Unsere Kunstwerke und Werkstücke werden im ganzen Schulhaus ausgestellt.
- Unsere Möbel sind flexibel und verstellbar – je nach Körpergröße.
- Unsere Schulräume werden täglich geputzt.
- Für unseren Klassenraum haben wir ein Ordnungssystem.
- In unserer Klasse gibt es Ordnungsdienste.
- An unserer Schule achten wir auf Höflichkeitsformen.
- In unserer Schule wird regelmäßig gelüftet.
- Bei uns an der Schule stimmt immer die Raumtemperatur.
- Bei uns hat jede Schülerin und jeder Schüler seinen persönlichen Bereich (Sitzplatz, Fächer, Schubladen).
- Unsere Wertsachen und persönlichen Gegenstände können wir in unseren Spind einschließen.

Den persönlichen Arbeitsplatz gestalten (Rechtshänderinnen und Rechtshänder)

(B) Links von der Schreibfläche wird vor Beginn der Arbeit alles hingelegt, was man zum Arbeiten braucht: Hefte, Bücher usw.
Bei Linkshändern befindet sich dieser Platz rechts von der Schreibfläche.

(C) Links oben wird alles abgelegt, was bereits bearbeitet ist.

(D) Stifte, Bleistiftspitzer, Radiergummi, Taschenrechner, Zirkel, Lineal etc. werden griffbereit direkt hinter der Schreibfläche aufgestellt. Dazu eignen sich Gläser, Boxen oder kleine Schachteln.

(E) Rechts oben stehen Wörterbücher und Lernkarteien.
Auch sie müssen griffbereit sein, damit man sie hat, wenn man sie braucht.

(A) In der Mitte ist die eigentliche Schreibfläche. Auf ihr wird gearbeitet. Sie ist grundsätzlich freizuhalten von anderen Dingen. Eine Unterlage aus angenehmem Material (z. B. Pappe, Filz, Kunststoff) erleichtert das Schreiben und umgrenzt klar die Fläche.

AES-Fachräume gestalten

Im Fach AES befinden wir uns mehrere Schulstunden in den gleichen Räumen. Arbeiten, Nahrung zubereiten, essen, aufräumen – alles findet hier statt. Deshalb ist es gerade hier wichtig, die Lernumgebung angenehm zu gestalten. Alle auf der vorigen Seite genannten Aspekte können dabei eine Rolle spielen.

Es gibt Dinge in der Lernumgebung, die wir verändern können, andere nicht. Es ist erstaunlich, welche Wirkung schon kleine Veränderungen auf das Wohlbefinden und Raumgefühl haben.

Ideen

83.1 Sitzkissen herstellen

83.2 Blumengesteck herstellen: Anregungen im Internet

83.3 Persönliche Ordnungskiste

83.4 Tischsets

83.5 Mobile

83.6 Vorhänge

1
Erstellt einen Bewertungsbogen zur Beurteilung der AES-Fachräume. Führt die Bewertung durch.

2
Entscheidet euch, was ihr in den AES-Fachräumen verändern wollt. Berücksichtigt dabei Zeit, Geld, Aufwand, Können. Trefft notwendige Absprachen, setzt die Idee um und bewertet eure Ergebnisse.

3
Gestalte deinen Arbeitsplatz in der Schule oder zu Hause entsprechend der Empfehlung. Überprüfe nach einiger Zeit, was sich für dich verändert hat.

> **Du kennst …**
> Kriterien einer gesundheitsförderlichen Lernumgebung und kannst eine Idee zur Gestaltung der Lernumgebung umsetzen.

Schönheit und Wohlbefinden

Zufrieden mit dem eigenen Körper?

84.1 Collage von Aylin

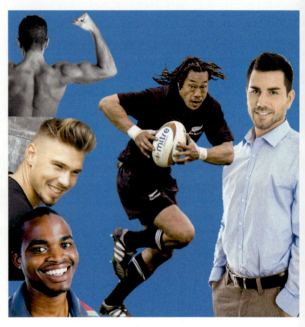

84.2 Collage von Robin

Gaetano, 15 Jahre, 1,78 m, 65 kg
Ich bin echt zufrieden mit mir, aber ich tu auch was dafür. Ich achte sehr auf mein Äußeres – gestylte Frisur, Markenklamotten und das neueste Smartphone gehören bei mir zum Outfit. Ganz cool finde ich Tattoos, vor allem, wenn man auch noch trainierte Muskeln hat. Leider sind meine Eltern total dagegen. Ich bekam schon ziemlich Ärger, als ich mit Piercings an Augenbrauen und Zunge daherkam. Die Mädels finden's klasse.

Osman, 16 Jahre, 1,75 m, 80 kg
Schon als kleines Kind war ich etwas zu dick. Vor einem Jahr musste ich dann zur Kur. Dort habe ich zehn Kilo abgenommen. Das ging eigentlich ganz einfach. Wir haben viel Sport gemacht und viel zusammen unternommen. Das Essen war anders als zu Hause. Es gab viel Obst, Salate und Gemüse, wenig Fleisch und zum Trinken Tee und Mineralwasser. Als ich von der Kur nach Hause kam, gab's zur Begrüßung meinen Lieblingskuchen. Damit fing alles wieder an. Ich habe inzwischen die zehn Kilo wieder drauf. Manchmal bin ich ganz unglücklich und weiß nicht, wie es weitergehen soll. Alleine schaff ich's nicht.

Sabrina, 15 Jahre, 1,68 m, 56 kg
Wenn ich mich vor dem Spiegel anschaue, könnte ich davonlaufen. Ich sehe nur noch Problemzonen. Meine Naturlocken lassen sich kaum bändigen, meine Nase ist viel zu groß und meine Schenkel zu dick. Manchmal weiß ich gar nicht, was ich anziehen soll. Dann könnte ich glatt aus der Haut fahren. Manche können durch geschicktes Schminken Fehler überdecken, aber was willst du bei einer zu großen Nase tun? Meine Freundinnen halten meine Sorgen für völlig abgedreht, aber die haben ja keine Ahnung! Wenn ich einen Wunsch frei hätte, dann würde ich gerne so aussehen wie ein It-Girl.

Emine, 15 Jahre, 170 m, 68 kg
Ich bin Muslima und habe mich entschieden, mich nach den religiösen Vorschriften zu kleiden. In meiner Familie, aber auch bei meinen Freundinnen ist das so üblich. Wir Mädchen und Frauen fühlen uns damit nicht eingeschränkt, wie viele denken. Im Gegenteil: Ich fühle mich wohl und habe das Gefühl, zu meinen Leuten dazu zu gehören. Außerdem gibt es auch für uns so viele Möglichkeiten, sich modisch und sehr persönlich zu kleiden.

SICH WOHLFÜHLEN

Die Macht der Schönheit –
Wer macht die Schönheit?

Jeder Mensch hat eine Vorstellung vom idealen Aussehen einer Frau oder eines Mannes. Dieses Bild ist stark vom Zeitgeist und von kulturellen Einflüssen geprägt. Nicht immer und überall galten schlanke Figuren als schön. Im Barock zum Beispiel war eine runde Figur das Ideal und Ausdruck von Lebenslust, Wohlstand und Fruchtbarkeit. Auch wenn westliche Schönheitsideale durch Film und Fernsehen auf der ganzen Welt verbreitet werden, gibt es immer noch große Unterschiede im Schönheitsideal der einzelnen Kulturen, die oft auch durch die Religion bestimmt werden. In Wirklichkeit gibt es wenige Menschen, die dem Schönheitsideal entsprechen, denn die Natur sieht ein breites Spektrum vor: kurze Beine, lange Beine, dicke Schenkel, breite Waden, schmale Hüften, schmächtige Schultern. Trotzdem orientieren sich viele Männer und Frauen an einem Schönheitsideal. Auffallend ist, dass immer mehr Frauen und zunehmend auch Männer mit ihrem Körper unzufrieden sind.

1 Ⓐ
Erstelle selbst eine Collage mit deinem Schönheitsideal. Vergleicht eure Ergebnisse und diskutiert Unterschiede.

2 ≡ Ⓐ
Lies die Aussagen von Gaetano, Sabrina, Osman und Emine. Womit sind die Personen zufrieden, womit sind sie unzufrieden?

3 ≡ Ⓡ
Stelle mithilfe einer Zeitleiste die historische Entwicklung von Schönheitsidealen dar.

4 ≡ Ⓐ
Finde Beispiele für die Einflussfaktoren auf Schönheitsideale (z. B. Tradition: „Meine Cousine in Bayern trägt an Festtagen ein Dirndl").

5 Ⓟ
Erprobe verschiedene Kopfbedeckungen vor dem Spiegel. Welche passt zu dir am besten? Begründe deine Auswahl.

> **Du kannst ...**
> dein persönliches Schönheitsideal darstellen und mit anderen vergleichen und diskutieren. Du weißt, wodurch Schönheitsideale geprägt werden.

Den Körper gestalten und verändern

Ab dem Jugendalter stehen drei Grundfragen im Mittelpunkt:
- Wer bin ich?
- Wie sehen mich die anderen?
- Wie will ich von den anderen gesehen werden?

Diese Fragen begleiten Menschen ein Leben lang. Jeder Mensch hat die Möglichkeit, seiner Persönlichkeit Ausdruck zu verleihen. Untersuchungen zeigen, dass bei einer ersten Begegnung sekundenschnell das äußere Erscheinungsbild erfasst und die Person bewertet wird. Deshalb ist es verständlich, dass jeder Mensch seinen Körper gestaltet und damit etwas Bestimmtes zum Ausdruck bringen möchte. Es gibt verschiedene Möglichkeiten, seinen Körper zu gestalten und zu verändern.

Den Körper formen

Ich bin zu dick. Seit einer Woche mache ich eine Diät.

Ich gehe fast täglich ins Studio und nehme Muskelaufbaupräparate. Auf Muskeln stehe ich.

Meine Nase war mir und meinem Freund zu groß. Ich habe sie mir verkleinern lassen.

Den Körper schmücken

Bei uns in der Clique hat jeder ein Piercing oder Tattoo. Das ist cool!

Mit meiner Kleidung will ich auffallen. Normalos gibt es genug!

Ich trage Kopftuch und betone besonders meine Augen.

1 Findet weitere Beispiele, wie Menschen ihren Körper gestalten und verändern.

2 Führt Interviews mit Personen, die ihren Körper gestaltet oder verändert haben (eigene Absichten, Reaktionen des Umfeldes, eigenes Wohlbefinden, finanzielle und gesundheitliche Auswirkungen). Präsentiert eure Ergebnisse und diskutiert die Auswirkungen der Maßnahmen auf das persönliche Umfeld, die eigene Gesundheit und das Selbstwertgefühl.

Du kennst ...
Gründe, warum Menschen ihren Körper gestalten und kannst mögliche Auswirkungen benennen. Du verstehst, dass es Unterschiede gibt.

Kleider machen Leute

„Was ziehe ich an?" – diese Frage stellen sich viele von uns. Mit Kleidung kann ich auffallen oder mich verstecken, ich kann provozieren oder zeigen, zu welcher Gruppe ich gehöre.

Welche Kleidung ich wähle, ist nie bedeutungslos. Die Kleidung sagt immer etwas über mich aus – egal, ob ich dies beabsichtigt habe oder nicht.

Kleidung passend auswählen

- Was habe ich vor?
- Was habe ich zum Anziehen?
- Worin fühle ich mich wohl?
- Welche Kleidungsstücke passen zusammen?
- Was erwarten andere von mir (Eltern, Clique, Lehrer, Betrieb)? Kann und will ich diese Erwartungen erfüllen?
- Welche religiösen Vorschriften gibt es? Will und muss ich diese einhalten?
- Mit welchen Konsequenzen muss ich mit der gewählten Kleidung rechnen?
- Was will ich mit der gewählten Kleidung zum Ausdruck bringen?
- Wie kann ich durch Frisur, Schuhe, Accessoires, Schminke meine Absicht unterstreichen?
- …

1
Betrachte die Bilder. Zu welchem Anlass passt welches Outfit? Begründe deine Wahl und diskutiert unterschiedliche Meinungen.

2
Lies die Fragen. Welche der Fragen stellst du dir selbst? In welchen Situationen sind die Fragen für dich von Bedeutung?

3
Wählt aus einem Modekatalog im Internet entsprechende Kleidung für bestimmte Anlässe aus (Sport, Vorstellungsgespräch, Disco, …) oder bringt eigene Fotos von entsprechenden Anlässen mit. Präsentiert und begründet eure Auswahl.

4
„Es ist mir egal, wenn ich in einer bestimmten Situation over- oder underdressed bin. Es kommt auf den Menschen und seine Ausstrahlung an!" Diskutiert die Vor- und Nachteile dieser Aussage.

Du kannst …
Bekleidung anlassbezogen auswählen und bist dir über die Wirkung von Kleidung bewusst.

Bedeutung von Kleidung

Körperliche Bedeutung
- Schutz vor Gefahren
- Schutz vor Witterung
- Tragekomfort

Soziale Bedeutung
- Gruppenzugehörigkeit
- Status

Kulturelle Bedeutung
- Tradition

Religiöse Bedeutung
- Bekleidungsvorschriften

88.1 Schülerin Aylin

Psychologische Bedeutung
- Selbstwertgefühl
- Selbstinszenierung
- Selbstgestaltung

88.2 Skifahren

88.3 Chillen

88.4 Downhillfahren

> Mich ärgert es wahnsinnig, wenn unsere Lehrer an unserer Kleidung rummachen: Käppi im Schulhaus und Anorak anlassen im Klassenzimmer ist verboten

> Wir machen mit der Klasse eine mehrtägige Wanderung von Hütte zu Hütte. Ich brauche noch dringend Wanderstiefel.

> Bei uns in Pakistan gibt es für Frauen keine Badeanzüge. Sie gehen mit ihrer normalen Kleidung ins Wasser.

> Wir haben in Rom eine Kirche besichtigt. Da wurde eine Frau rausgeschickt, weil sie ein ärmelloses Top anhatte.

> Stell dir vor, Nonnen haben in jeder Jahreszeit ihre Tracht an.

> Ich habe im Schuhschrank von meinem Dad alte Turnschuhe entdeckt. Die sind echt retro. Die habe ich mir gleich unter den Nagel gerissen.

> Wir waren am 1. Mai in Bayern. Ich habe mich echt unpassend gefühlt, weil selbst alle Jugendlichen dort in Tracht waren.

1 Ⓐ
Lies die Aussagen. Erkläre mithilfe der Bedeutung von Bekleidung die Verhaltensweisen der Personen.

2
Menschen werden wegen ihres Aussehens bzw. ihrer Bekleidung oft ausgegrenzt. Was könnte helfen, dies zu verhindern? Diskutiert Möglichkeiten.

Du kennst ...
die Bedeutung von Bekleidung und kannst damit erklären, warum Menschen sich unterschiedlich kleiden.

Accessoires selbst gemacht

Gürtel, Tücher, Schmuck, Hüte, Taschen, Schuhe – das alles sind Accessoires, die das Erscheinungsbild einer Person verändern. Accessoires werden stark von der Mode bestimmt. Oft sind es Kleinigkeiten, die einen modischen Trend ausmachen. Mit wenig Aufwand können Accessoires selbst hergestellt und auf den persönlichen Stil abgestimmt werden. Nicht alles muss selbst erfunden werden.

So kannst du vorgehen:

1. Ideen sammeln
- Kreativ-Zeitschriften und Kreativbücher in Büchereien
- Anleitungen zur Herstellung von textilen Accessoires im Internet

2. Sich für eine Idee entscheiden
Folgende Kriterien helfen bei der Entscheidung:
- Was gefällt mir und passt zu mir?
- Wie gut kann ich die Technik umsetzen?
- Welches Material wird benötigt?
- Welche Gefahren und Schutzvorkehrungen muss ich beachten?
- Was kostet es?
- Wie viel Zeit wird zur Herstellung benötigt?

3. Nach einer Arbeitsanleitung vorgehen
Vorbereitung
- Verstehe ich die Arbeitsanleitung und sind mir alle Begriffe und Tätigkeiten klar?
- Beherrsche ich die Technik oder muss ich die Technik noch einüben?
- Wo kann ich mir Hilfe holen?
- Welches Material benötige ich? Habe ich es vorrätig oder muss ich es besorgen?

Arbeitsanleitung für ein textiles Accessoire

Handytasche oder Smartphonetasche

Hi! Heute habe ich eine Handytasche für mein neues Fon selbst genäht. Es ist ganz schön geworden.

Es war auch gar nicht schwer. Darum habe ich gleich eine Anleitung gemacht. Meine Schwester hat es schon ausprobiert. Klappt alles! Das Schnittmuster kannst Du auch herunterladen:
Handytasche_Muster (PDF (458KB)

Ganz viel Spaß damit wünscht euch eure Suse!

Das brauchst Du:
- Das ausgedruckte Schnittmuster
- Verschiedene Stoffe
- Vlieseline H250
- Verzierungen wie Du magst: Spitze, Webband ...
- Und natürlich: Nähmaschine, Nähgarn, Zackenschere, Stoffschere, Sublimatstift oder Schneiderkreide, Bügeleisen

So machst Du es:
- Schnittmuster ausdrucken und ausschneiden (evtl. auf Pappe kleben, ist dann stabiler)
- Schnittmuster auf Stoff und Vlies übertragen, ausschneiden und Spitze/Bänder/Verzierungen zurechtlegen.
- Du brauchst diese Schnittteile:
- Mittelteil: 1x Außenstoff
- Oberteil: 2x Außenstoff
- Futter: 1x im Bruch mit dem Futterstoff, 1x im Bruch mit dem Vlies (ca. 0,5–1cm kleiner als das Schnittmuster)

- Welche Arbeitsgeräte benötige ich?
- Wie muss der Arbeitsplatz eingerichtet werden?

Durchführung
- Arbeitsplatz herrichten
- Material und Arbeitsgeräte richten
- Anleitung Schritt für Schritt umsetzen

1
Stelle selbst ein textiles Accessoire her. Gehe dabei nach der vorgestellten Struktur vor.
Bewertet nach Abschluss der praktischen Arbeit, inwieweit die vorgeschlagene Struktur hilfreich war.

2
Führt eine Pro-Kontra-Diskussion durch.
Thema: „Lohnt es sich heute überhaupt noch, textile Gegenstände selbst herzustellen?"

> **Du kannst ...**
> einen textilen Gegenstand kriterienbezogen auswählen und diesen nach Anleitung herstellen.

Lernbilanz

Sich wohlfühlen

Zeig, was du kannst:

1
Schreibe in eigenen Worten auf, was die WHO unter Gesundheit versteht.

2
Nenne drei Faktoren, die Einfluss auf die Gesundheit haben.

3
In der Salutogenese wird behauptet, dass zur Gesundheit ein „Kohärenzgefühl" gehört. Erkläre den Begriff in eigenen Worten.

4
Nenne drei Verhaltensweisen, die deine Gesundheit fördern und begründe deine Auswahl.

5
Analysiere den nebenstehenden Fall und erstelle eine Tabelle, in der du gesundheitsförderliches Verhalten und gesundheitsschädigendes Verhalten notierst.

6
Nenne die fünf Säulen, die zu einer gesunden Schule gehören.

7
Wähle zwei Säulen aus dem Modell der gesunden Schule aus und nenne Beispiele dafür.

8
Welche Bedeutung haben Entspannungsübungen für die Gesundheit?

9
Bildet Kleingruppen (drei bis vier Personen) und bereitet gemeinsam eine Bewegungseinheit von fünf Minuten für die Lerngruppe vor. Führt diese Übung mit der Lerngruppe durch.

Fallbeispiel Rosario
Rosario kommt morgens schlecht aus dem Bett, denn abends wird es immer spät bei ihm. So reicht es zum Frühstück oft nur zu einem Glas Orangensaft. Zur großen Pause kauft er sich dafür etwas beim Bäcker. Die süßen Teilchen liebt er dabei ganz besonders, auch wenn ihn seine Mutter schon oft ermahnt hat, dass das bei seinem Übergewicht nicht gerade sinnvoll ist. In der Mittagspause geht Rosario mit seinem Kumpel zum Dönerladen. Dort gibt es günstige Schülerangebote. Nach der Schule verbringt Rosario seine Zeit meist mit Zocken am PC. Wenn seine Mutter von der Arbeit kommt, stellt sie ihm oft Obst hin, damit er wenigstens einmal am Tag etwas Frisches isst. Seit Rosario seinen neuen PC hat, der viel schneller läuft als der alte, geht er kaum noch mit seinen Freunden raus, weil er das Spielen am PC so genießt. Die einzige Ausnahme ist das Tischtennistraining am Freitagabend. Das lässt er sich selten entgehen. Hier trifft er auch seine Freunde, mit denen er reden kann, wenn es mal nicht so gut läuft. Aber sie beklagen sich auch, dass er so ein Stubenhocker geworden sei und sich die Woche über kaum blicken lässt.

90.1 Rosario vor dem Computer

SICH WOHLFÜHLEN

Lernbilanz

10
Vanessa ist Linkshänderin. Mache eine Skizze mit der idealen Aufteilung eines Schreibtisches für Vanessa.

11
Nenne drei Kriterien, die bei der Gestaltung einer Lernumgebung wichtig sind.

12
Nenne drei Einflussfaktoren, die das Schönheitsideal prägen.

13
Deine beste Freundin leidet schon immer an ihrer zu großen Nase. Sie denkt an einen operativen Eingriff. Welche Vor- und Nachteile würdest du mit ihr diskutieren?

14
Eine Rektorin hat das Tragen von Hotpants in der Schule verboten. Überlege, welche Gründe die Rektorin für dieses Verbot haben könnte. Nimm Stellung zu der Entscheidung.

91.1 Hotpants in der Schule?

15
Nenne drei Funktionen von Bekleidung.

16
Finde ein aktuelles Beispiel dafür, wie man durch Kleidung die Zugehörigkeit zu einer Gruppe ausdrücken kann.

17
Ein Mitschüler äußert sich abfällig darüber, dass der neue Mitschüler Levi eine Kippa trägt. Was könntest du ihm antworten?

91.2 Levi trägt eine Kippa.

18
Du willst deiner Freundin zum Geburtstag ein Handytäschchen nähen. Wie gehst du vor? Erkläre Schritt für Schritt.

91.3 Handytäschchen

19
Wähle von der Auftaktseite eine Frage aus und beantworte sie schriftlich.

Für andere etwas tun

Was bedeutet ehrenamtliches Engagement?

Für andere etwas tun – was bringt das?

Wie kann ich mich für andere einsetzen?

Was kann ich aus meinem ehrenamtlichen Engagement lernen?

In ihrer Freizeit helfen viele Menschen anderen Menschen ehrenamtlich, ...

d. h. sie unterstützen freiwillig Personen, die Hilfe brauchen oder sie engagieren sich allein oder gemeinsam mit Gleichgesinnten für eine „gute Sache". Und dafür bekommen sie keinen Lohn bezahlt, höchstens eine kleine Aufwandsentschädigung. Warum engagieren sich Menschen? Die Beweggründe, weshalb Ehrenamtliche ihre Zeit, ihre Energie und ihre Kompetenz einbringen und aktiv werden, sind ganz unterschiedlich. Genau so unterschiedlich wie die Art und Weise des Engagements. Das bürgerschaftliche Engagement ist wichtig, denn viele Dinge wären in unserer Gesellschaft ohne Freiwilligenarbeit überhaupt nicht möglich.

In diesem Kapitel ...
lernst du Gründe für freiwilliges, ehrenamtliches Engagement kennen. Bürgerschaftliches Engagement leistet einen wertvollen Beitrag zum Gemeinwohl. Menschen gewinnen viele Erfahrungen und neue Erkenntnisse. Allein oder gemeinsam für andere etwas tun, kann Spaß machen und ein persönlicher Zugewinn sein.
Ihr überlegt gemeinsam in der Lerngruppe, wen ihr durch euer ehrenamtliches Engagement unterstützen möchtet und was ihr gemeinsam für einen bestimmten Personenkreis tun könnt. Ihr plant gemeinsam ein Projekt zum sozialen Engagement, führt es durch und informiert darüber. Ihr reflektiert euer Engagement: Welche Erfahrungen macht ihr im Team? Wie erlebst du selbst dein soziales Engagement? Was nimmst du für dich mit?

Menschen engagieren sich

Etwa jede dritte Person ist in Deutschland freiwillig und ehrenamtlich aktiv. Dieses Engagement nennt man daher auch Freiwilligenarbeit oder Ehrenamt. Menschen jeglichen Alters engagieren sich zum Beispiel für
- ihre Gemeinde und den Ort, an dem sie wohnen,
- Staat und Gesellschaft,
- Umwelt und Natur,
- den Schutz von Tieren,
- das Zusammenleben von Menschen.

Die Engagierten setzen sich in ganz unterschiedlichen Bereichen freiwillig und unentgeltlich ein:

Freiwilliges Engagement stellt immer eine persönliche Herausforderung dar. Doch unabhängig davon, in welchen Bereichen Personen freiwillig und ehrenamtlich aktiv werden – sie berichten, dass ihr Leben dadurch bereichert und ihr Engagement belohnt wird.

Was treibt Menschen an, sich für Natur und Tiere, für die Gemeinschaft oder das Wohl von einzelnen Menschen zu engagieren? Warum „opfern" sie ihre Freizeit und geben, was sie geben können?

Engagierte Personen haben ganz unterschiedliche Motive, sich für ihre „gute Sache" einzusetzen:

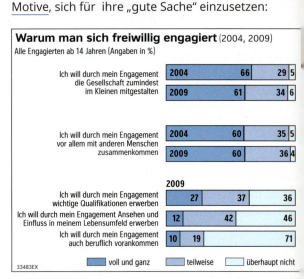

Engagement – gut für Gesellschaft und Staat

Durch ihr Engagement für andere Menschen und das Gemeinwesen übernehmen Menschen Verantwortung. Sie gestalten als aktive Bürgerinnen und Bürger das Miteinander in der Gemeinschaft, die Gesellschaft und den Staat. Dies nennt man auch **bürgerschaftliches Engagement**. Ohne den ehrenamtlichen Einsatz engagierter Menschen wäre vieles nicht möglich. Dies wird dann deutlich spürbar, wenn freiwilliges Engagement entfällt, weil niemand mehr mitmacht. Freiwilligenarbeit leistet damit einen bedeutenden Beitrag für die Gemeinschaft und das Zusammenleben in Staat und Gesellschaft. Menschen, die sich freiwillig für andere einsetzen, sind wichtige Bindeglieder der Gesellschaft.

Engagement durch Freiwilligendienste

Die Bedeutung der Freiwilligenarbeit wurde vom Gesetzgeber erkannt. Um sie zu fördern, wurden verschiedene Freiwilligendienste geschaffen. Im Freiwilligendienst verpflichten sich Menschen vertraglich, sich für eine bestimmte Zeit und für eine bestimmte Aufgabe zu engagieren. Durch den Vertrag werden Versicherungsfragen geklärt (z. B. Krankenversicherung) und geregelt, ob ein Taschengeld bezahlt wird, Arbeitskleidung zur Verfügung gestellt wird, etc. Speziell für junge Menschen wurden die Freiwilligendienste FSJ (freiwilliges soziales Jahr) und FÖJ (freiwilliges ökologisches Jahr) geschaffen, die auch sinnvoll zur beruflichen Orientierung genutzt werden können. Menschen aller Altersstufen können im Bundesfreiwilligendienst (BUFDI) aktiv werden.

Ehrenamtliches Engagement im Alltag

Freiwilliges Engagement im Sportverein

Christian Lüders ist völlig aus dem Häuschen: die Fußballerinnen der C-Jugend haben wieder ein Spiel gewonnen. Seit zehn Jahren trainiert Herr Lüders Jugendmannschaften im örtlichen Fußballverein. Freiwillig und in seiner Freizeit. In seinem Berufsleben ist er Angestellter in einem Versicherungsunternehmen. „Den Job und das Training unter einen Hut zu bringen, das ist schon eine Meisterleistung. Ich arbeite täglich meine acht Stunden bei der Versicherung und zweimal in der Woche ist dann abends Training. Der Samstag ist für die Ligaspiele reserviert, und mit meinen Kindern und meiner Frau möchte ich ja auch noch Zeit verbringen", berichtet Herr Lüders. „Aber wenn die Mädchen nach einem Spiel glücklich und ausgepowert sind, weiß ich, dass ich das Richtige mache. Das Training mit Kindern und Jugendlichen macht richtig Spaß. Und ich kann damit meinen Beitrag für das Miteinander in unserem Ort leisten."

Orientierung für geflüchtete Menschen

Ute Noack ist in der örtlichen Flüchtlingshilfe aktiv und mit Kader, der erst seit wenigen Tagen in der Flüchtlingsunterkunft wohnt, beim Zahnarzt. Da Kader noch kein Deutsch kann und nicht weiß, wo er hin muss, hat sie ihn begleitet und klärt das Organisatorische mit den Angestellten der Arztpraxis. „Die Fernsehbilder der geflüchteten Menschen haben mich sehr bewegt", erzählt Frau Noack. „Ich wollte gerne helfen, aber als Mutter von drei schulpflichtigen Kindern und mit meinem Teilzeitjob im Büro dachte ich, das wird nichts. Ich ging davon aus, dass man sehr viel Zeit investieren muss, um zu helfen. Mein Nachbar hat mich dann eines Besseren belehrt. Da bin ich aktiv geworden und unterstütze nun Geflüchtete in ihrem Alltag. Das geht stundenweise! Ich möchte mich halt einfach einbringen. Einerseits um meinen Kindern ein Vorbild zu sein, aber vor allem auch um ein möglichst gutes Zusammenleben zwischen uns Alteingesessenen und den Neuen zu ermöglichen."

Hilfe im Krankenhaus

Es ist Donnerstagmorgen und Frau Kruse steht, in grünem Polohemd mit Engel-Logo, neuen Patientinnen und Patienten im Krankenhaus zur Seite. Seit sie pensioniert ist, engagiert sie sich als „grüne Dame" und steht Menschen, die sie brauchen, mit Rat und Tat zur Seite. „Manchmal reicht es schon aus, wenn ich neuen Patientinnen und Patienten Orientierung gebe und manchmal helfe ich beim Einrichten im Zimmer. Aber bisher haben wir das noch immer hinbekommen, dass das Telefon funktioniert und Radio und Fernseher laufen." erzählt sie. „Meine Stärke liegt aber darin, Menschen zuzuhören. Und das mache ich, wenn ich Kranke besuche, die einsam sind. Da höre ich zu, tröste und trockne manchmal auch Tränen. „Grüne Dame" zu sein kostet Kraft, aber es hält mich fit und aktiv und zeigt mir immer wieder, dass es mir verdammt gut geht!"

Du kannst …
erläutern, weshalb Menschen sich durch freiwillige und ehrenamtliche Arbeit engagieren und welche Bedeutung dieses Engagement für das Zusammenleben hat. Du kennst Bereiche des ehrenamtlichen Engagements.

1 Ⓐ
Erkläre mit eigenen Worten, was mit „Ehrenamt" oder „Freiwilligenarbeit" gemeint ist.

2 Ⓡ
Betrachte die linke Grafik auf Seite 94 und finde verschiedene Beispiele für die jeweiligen Bereiche. Ergänze deine eigenen Beispiele, indem du drei erwachsene Personen befragst.

3 ≡ Ⓐ
Lies die Fallbeispiele für ehrenamtliches Engagement und erstelle eine Liste mit Gründen, warum sich freiwilliges Engagement für diese Personen lohnt.

4 ≡ Ⓐ
Erstelle eine Tabelle mit Gründen, warum sich
a) ehrenamtliches Engagement für den Einzelnen lohnt,
b) für das Gemeinwesen von Bedeutung ist.

5 ≡ Ⓡ
Informiere dich, welche Gründe gegen Freiwilligenarbeit und Ehrenamt genannt werden. Stelle deine Ergebnisse vor und diskutiere sie mit Mitschülerinnen und Mitschülern.

Junge Menschen engagieren sich

Gründe, die für das ehrenamtliche Engagement junger Menschen sprechen

96.1 Jugendlicher bei der Begleitung einer Körperbehinderten

96.2 Jugendliche bei der Krötenrettung

96.3 Jugendgemeinderat

1. Dienst an der Gesellschaft leisten
Soziales Engagement kann den Blick auf das Leben verändern und ist eine tolle Erfahrung. Die eigene Zeit sinnvoll einzusetzen um Gutes zu tun – in jedem Fall übernimmst du eine wichtige gesellschaftliche Aufgabe und bringst dich ein.

2. Neue Chancen gewinnen
Durch die freiwillige Mitarbeit in z. B. sozialen Projekten kann Neues ausprobiert und gewagt werden. Zusätzlich kann dein freiwilliges Engagement für die eigene Bewerbung von Vorteil sein.

3. Das Leben kennenlernen
Durch das Engagement in der Freizeit kannst du den eigenen Horizont erweitern und ganz praktische Erfahrungen machen. Vielleicht erkennst du sogar besondere persönliche Stärken oder entdeckst neue berufliche Möglichkeiten.

4. Impulse erhalten – Erfahrungen sammeln
Das ehrenamtliche Engagement in der Freizeit kann ein Ausgleich zu Schule und Alltag sein. Jugendliche können sich ohne Leistungsdruck mit ihrer ganzen Person einbringen. Die neuen Tätigkeiten und die gewonnenen Erfahrungen können deine Persönlichkeit stärken.

5. Soziale Kompetenzen erweitern und einbringen
Soziale Kompetenzen sind für das ganze Leben bedeutend. Auch in der Arbeitswelt entscheiden sie über den Erfolg. In der Freiwilligenarbeit kannst du z. B. Teamfähigkeit und Kommunikationsfähigkeit trainieren und sie sogar anderen beibringen.

6. Anerkennung erhalten
Die wertvollste Rückmeldung erhalten Freiwillige durch ihr Tun, z. B. durch erreichte Erfolge oder durch das Lächeln oder das „Danke" einer betreuten Person. Vielleicht wird dein ehrenamtlicher Einsatz sogar noch durch eine Aufwandsentschädigung belohnt.

7. Menschen kennenlernen – Abwechslung erleben
Soziales Engagement ist abwechslungsreich und herausfordernd, weil ganz unterschiedliche Menschen aufeinander treffen. Du kannst neue Kontakte knüpfen und mit verschiedenen Generationen zusammenarbeiten. Manchmal entstehen wertvolle Kontakte, die für den weiteren Lebensweg hilfreich sind.

1 Ⓐ
Betrachtet die Fotos: Diskutiert Gemeinsamkeiten und Unterschiede bezüglich des sozialen Engagements.

2
Welches ehrenamtliche Engagement interessiert dich? Beschreibe und begründe.

3
Dich sozial engagieren, was heißt das für dich?

4 ≡ Ⓡ
Befrage eine ehrenamtlich aktive jugendliche Person zu den Gründen für ihr freiwilliges Engagement.

Du kannst …
begründen, warum sich soziales Engagement für Jugendliche lohnt.

Soziales Engagement in der Schule

In fast jeder Schule sind Ehrenamtliche aktiv. Sie engagieren sich für die Schule und die Schülerinnen und Schüler. Mit ihrem sozialen Engagement leisten sie einen wichtigen Beitrag für die Schulgemeinschaft.

„Ich bin Mitglied und Vorsitzender des Fördervereins der Schule. Mitmachen kann jeder! Wir unterstützen die Schule bei besonderen Anschaffungen, einzelne bedürftige Schülerinnen und Schüler bei der Finanzierung von Klassenaktivitäten und engagieren uns bei Schulaktivitäten. Wir suchen Sponsoren aus Unternehmen und erwirtschaften beim Schulfest und bei Pausenverkäufen Geld."

„Seit letztem Jahr studiere ich an der Universität Umwelttechnik. Am Mittwochnachmittag bin ich hier an der Schule und Forscherpatin für eine Gruppe interessierter Schülerinnen und Schüler. Gemeinsam forschen und tüfteln wir mit Chemikalien aus dem Haushalt. Wir experimentieren z. B., wie Putzmittel funktionieren und manchmal kracht und stinkt es gewaltig. Es macht Spaß, bei motivierten Jugendlichen Interesse für mein Fachgebiet zu wecken."

„Wenn es unter Mitschülerinnen und Mitschülern zu Streit kommt, kann man auf uns zukommen und eine Streitschlichtung mit uns vereinbaren. Wir sind insgesamt 12 Mädchen und Jungen aus unterschiedlichen Klassen und Klassenstufen, die dafür extra von unserer Schulsozialarbeiterin und einem Lehrer ausgebildet wurden. Wir machen das freiwillig – auch wenn eine Streitschlichtung ganz schön herausfordernd sein kann."

„An unserer Schule gibt es einen Schulsanitätsdienst. Interessierte Schülerinnen und Schüler wurden für diese Aufgabe vom Deutschen Roten Kreuz extra ausgebildet. Wenn sich jemand verletzt, können wir helfen und wenn ein Unfall passiert, übernehmen wir die Erstversorgung am Unfallort, bis der Rettungsdienst bzw. die Ärztin oder der Arzt kommt. Uns erkennt man an der Rettungsweste."

1 Ⓐ
Beschreibe das in den Beispielen dargestellte soziale Engagement und stelle einen Zusammenhang zur Schulgemeinschaft her.

2 Ⓡ
Erstellt eine Übersicht des sozialen Engagements an eurer Schule. Befragt dazu möglichst viele Personen.

3 ≡
Diskutiert die Bedeutung sozialen Engagements für eure Schule.

4 ≡
Bewertet die Freiwilligenarbeit an eurer Schule und begründet eure Bewertung.

Du kannst …
soziales Engagement an deiner Schule beschreiben und kennst Möglichkeiten, wie Schülerinnen und Schüler sich freiwillig an der Schule engagieren können.

 **Projekt**

Für andere etwas tun

In AES führt ihr gemeinsam ein Projekt durch. Als Projekt zum sozialen Engagement hat es einen Bezug zum Fach und kann mit einem oder sogar mit mehreren der folgenden Bereiche in Zusammenhang stehen:

Gesundheit **Lebensgestaltung** **Ernährung** **Einkauf und Konsum**

Es ist möglich, das Projekt zum sozialen Engagement so zu planen, dass vor allem bereits Gelerntes zur Anwendung kommt und ihr eure vorhandenen Fertigkeiten einbringen könnt. Es ist aber auch möglich, dass ihr euch für eine Engagementidee begeistert, für die ihr euch erst mal ganz neues Wissen und zusätzliche Fähigkeiten aneignen müsst. Ihr benötigt für so ein Projektvorhaben dann wahrscheinlich mehr Zeit und Energie und ihr stellt euch zusätzlichen Herausforderungen. In jedem Fall macht ihr durch euer soziales Engagement vielfältige Erfahrungen, lernt Neues dazu und trainiert und erweitert eure Kompetenzen.

Kennzeichen für soziales Engagement

Das Projekt orientiert sich an einem echten Bedarf. Wir übernehmen eine sinnvolle und nützliche Aufgabe.

Unser Projekt ist Teil des Unterrichts und wird mit AES-Inhalten verknüpft.

Die während des Projektes gemachten Erfahrungen werden regelmäßig gemeinsam reflektiert.

Das Projekt findet nach Möglichkeit außerhalb der Schule statt.

Mögliche außerschulische Engagementpartner

… aus dem sozial-pflegerischen Bereich
- Kindergärten, Kindertagesstätten
- Kinder- und Familienzentren
- Kinderwohnheime
- Tagesbetreuung für Senioren
- Seniorenwohnheime, Pflegeheime
- Krankenhäuser
- Behindertenwohnheime, Behindertenwerkstätten, Lebenshilfe
- Wohlfahrtsverbände (z. B. Deutsches Rotes Kreuz, Arbeiterwohlfahrt, Caritas/Diakonie)
- Stadt- und Bahnhofsmission
- Anlaufstellen für obdachlose Menschen (Notunterkünfte, Essensausgaben, …)
- Sozialkaufhäuser, Kleiderkammern
- Flüchtlingsunterkünfte
- …

… aus dem Bereich Nachhaltigkeit
- Umwelt-, Natur- und Tierschutzorganisationen (z. B. BUND, Greenpeace)
- Umwelt-, Natur- und Tierschutzgruppen in der Region
- Verbraucherorganisationen
- Verbraucherzentrale
- Eine-Welt-Läden
- …

… zur Förderung des Gemeinwesens
- Bürgerinitiativen, Bürgervereine
- Ehrenamtsbeauftragte, Freiwilligenagenturen
- Kirchen, Moscheen
- Hilfsorganisationen, Interessenvertretungen
- Vereine
- Migrantenvereinigungen, Beratungsstellen für Migrantinnen und Migranten
- …

FÜR ANDERE ETWAS TUN

🟦 Projekt

Projektskizze

Für Projekte stehen fast immer begrenzte Ressourcen (Zeit, Geld, ...) zur Verfügung. Um ein Projekt für alle Beteiligen zum Erfolg zu machen, ist es hilfreich, sich das Vorhaben gut zu überlegen und sorgfältig zu planen. Insbesondere bei sozialem Engagement ist es bedeutsam, dass der Bedarf geklärt wird.

1. Idee entwickeln
- Für welche Bereiche möchten wir uns engagieren?
- Wo können wir uns zum Helfen einbringen?
- Welche Einrichtungen und Institutionen kennen wir, die wir mit unserem Engagement unterstützen können?
- ...

2. Bedarf prüfen
- Wen oder was unterstützen wir konkret?
- Wird unser Engagement tatsächlich gebraucht?
- Wie können wir sicherstellen, dass unsere Interessen und die unserer Kooperationspartner ausgewogen sind?
- ...

4. Projektablauf planen
- Wo kann ich mich mit meinen Stärken einbringen?
- Was will ich Neues lernen?
- Welche neuen Erfahrungen möchte ich machen?
- Wie organisieren wir uns?
- Wann macht wer was?
- ...

3. Thema festlegen
- Was interessiert uns?
- Welche Idee können wir tatsächlich umsetzen?
- Was wissen und können wir zum Thema?
- Was müssen wir noch lernen?
- Wie können wir uns einigen?
- ...

5. Projekt durchführen
- Was läuft wie geplant?
- Wo müssen wir nachsteuern?
- Welche Rückmeldungen erhalten wir?
- Welche Erfahrungen mache ich während des Projektes? Wie fühle ich mich?
- ...

6. Projekt abschließen
- Was lief gut? Was würden wir beim nächsten Mal anders machen?
- Was haben wir gelernt?
- Was konnten wir für unsere Schule und/oder die Gemeinschaft bewirken?
- ...

Während des gesamten Projektverlaufs baust du deine Kompetenzen aus und erwirbst neue Fähigkeiten:

Für ein Projekt zum sozialen Engagement ist es sehr wichtig, dass regelmäßig reflektiert wird. Dann kann dein Engagement zum vollen Erfolg für dich werden!

Neues lernen, Unterstützung suchen
- Wie kann ich mir zusätzlich notwendiges Wissen aneignen?
- Wie kann ich meine Fähigkeiten und Fertigkeiten trainieren?
- Wer kann mir helfen? Wo hole ich mir Unterstützung?
- ...

Reflektieren
- Wie schätze ich mein soziales Engagement ein?
- Welche Erfahrungen konnte ich sammeln?
- Welche Verbesserungsvorschläge mache ich?
- Was lerne ich durch mein soziales Engagement?
- ...

 **Projekt**

Engagementideen entwickeln

Rahmenbedingungen klären

Können wir das Thema frei wählen?
Das Projekt muss mit den AES-Themen in Zusammenhang stehen. Werden unsere Ideen durch weitere Vorgaben eingeschränkt?

Steht uns Geld zur Verfügung?
Durch unser Engagement entstehen vielleicht Kosten. Wie viel können wir ausgeben? Wer bezahlt das?

Können wir selbst bestimmen, für wen und wofür wir uns engagieren?
Die Schule oder die Lehrkraft kann entsprechende Rahmenvorgaben machen. Sollen wir für eine bestimmte Einrichtung o. Ä. aktiv werden? Gibt es schon Vorüberlegungen, mit welchem Thema wir uns engagieren sollen?

Sind wir zeitlich flexibel?
Das Projekt ist zeitlich begrenzt. Wann steht uns für das Projekt Zeit zur Verfügung?

Weitere Rahmenbedingungen?
Bestehen weitere Vorgaben durch Eltern, Schule oder Lehrkräfte?

Engagementideen sammeln

Bevor ihr euch nun daran macht, erste konkrete Projektideen zu entwickeln, ist es hilfreich, Folgendes zu tun:
- Erforscht eure Fähigkeiten und Stärken.
- Schreibt die euch bekannten AES-Themen auf und macht ein erstes Brainstorming, in welchen Bereichen ihr aktiv werden könntet.
- Findet heraus, welche AES-Themen ihr noch nicht kennt und was hinter ihnen steckt.
- Erkundet euren Ort und überlegt, wo ihr durch soziales Engagement ehrenamtlich aktiv werden könnt.
- Stellt eine Liste mit Orten und Einrichtungen zusammen, an denen ein Projekt zum sozialen Engagement stattfinden könnte.
- Befragt Personen an eurem Ort, wo sie sich soziales Engagement wünschen.
- Interviewt Menschen aus sozialen Institutionen, Vereinen, ... und findet heraus, wo Unterstützung gebraucht wird.
- ...

So könnt ihr vorgehen:

Fähigkeiten, Stärken und Interessen prüfen
↓
Personen befragen
↓
Interessen herausfinden
↓
Ergebnisse sortieren
↓
Ideen zum sozialen Engagement formulieren

100.1 Befragung

FÜR ANDERE ETWAS TUN

Bedarf klären

Projekt

101.1 Gruppenarbeit

Ideen prüfen

Dies ist die zentrale Phase des Engagement-Projekts. Zunächst muss die Idee geprüft werden, indem der Bedarf analysiert wird. Sonst besteht die Gefahr, dass das Engagement
- vielleicht nicht wirklich gebraucht wird oder erwünscht wird,
- kein soziales Ziel verfolgt und das Projekt zum Event wird,
- an Interessen vorbeigeht (z. B. von Engagementpartnern, den unterstützten Menschen, euch).

Bei der Bedarfsanalyse der Projektidee wird recherchiert, wie die Perspektiven der Beteiligten aussehen. Besteht die Engagement-Idee bei der Bedarfsanalyse, kann sie konkret formuliert und dokumentiert werden.

Ergebnisse einer Bedarfsanalyse

Beispiel 1: Smartphone-Kurs für Senioren

Rechercheergebnis:
Die Leiterin des Seniorentreffs berichtete, dass immer mehr ältere Menschen ein Smartphone haben und überhaupt nicht damit zurecht kommen.

Bedarfsanalyse:
- Schülerinnen und Schüler:
  Sie können ihre Kenntnisse im Umgang mit Smartphones und Apps einbringen.
- Engagementpartner Seniorentreff:
  Seniorinnen und Senioren werden unterstützt.
- Schule/Lehrkraft:
  Die Schülerinnen und Schüler werden für das Thema „Zusammenleben verschiedener Generationen" motiviert.

Beispiel 2: Wir organisieren einen Flohmarkt

Rechercheergebnis:
Beim Thema „Überlegt konsumieren" sind wir auf das Problem gestoßen, dass viel zu viel gekauft wird und manches oftmals völlig funktionsfähig in den Müll geworfen wird.

Bedarfsanalyse:
- Schülerinnen und Schüler:
  Aufpeppen alter Sachen und die Organisation des Flohmarktes macht Spaß.
- Engagementpartner Bürgerverein:
  Ein Flohmarkt ist ein zusätzliches attraktives Event für die Gemeinde.
- Schule/Lehrkraft:
  Die Schülerinnen und Schüler wenden im Unterricht Erlerntes an.

FÜR ANDERE ETWAS TUN

 Projekt

Projektthema festlegen

Den Test, dass euer Engagement wirklich gebraucht wird, haben hoffentlich mehrere Projektideen bestanden. Für welche Projektidee entscheidet ihr euch nun? Wo wollt ihr euch engagieren?

Folgende Überlegungen helfen euch bei der Entscheidungsfindung:

Wie schätzen wir die Engagementidee ein?
- Was können wir durch diese Projektidee bewirken?
- Was sind die Stärken dieser Projektidee?
- Wo liegen die Schwächen?

Ist die Engagementidee realisierbar?
- Haben wir genügend Zeit, das Projekt zu planen und durchzuführen?
- Haben wir die Kompetenzen, die für das Projekt nötig sind? Was müssen wir noch lernen und üben?
- Wer unterstützt uns? Wer hilft mit?
- Benötigen wir für das Projekt Geld? Wer könnte uns finanziell unterstützen?

Was lernen wir?
- Was hat das Projekt mit unserem AES-Unterricht zu tun?
- Können wir unsere Kenntnisse erweitern?
- Welche Fähigkeiten und Fertigkeiten können wir aufbauen, erweitern und trainieren?

Wie wichtig ist uns die Engagementidee?
- Können wir etwas verändern, das uns am Herzen liegt?
- Können wir unsere Interessen und Vorlieben einbringen?
- Sind wir bereit, das Projekt motiviert anzugehen und uns Hürden und Herausforderungen zu stellen?

Eine Entscheidung treffen

Ihr müsst nun gemeinsam entscheiden, welche Idee von euch als Projekt zum sozialen Engagement umgesetzt wird. Dazu bewertet ihr die Engagementideen mithilfe von Kriterien und einigt euch.

So könnt ihr vorgehen:

Hitliste erstellen

1. Ihr schaut die Engagementideen an und streicht Ideen, die mehrfach genannt wurden und Ideen, die die bisherigen Checks nicht bestanden haben.
2. Die übrig gebliebenen Ideen werden auf Karten geschrieben und aufgehängt oder ausgelegt.
3. Alle Schülerinnen und Schüler erhalten eine bestimmte Anzahl Klebepunkte und bestimmen ihre Favoriten. Die Klebepunkte können nach Belieben verteilt werden, eine Idee kann von einer Schülerin oder einem Schüler auch mehrere Klebepunkte bekommen.
4. Mithilfe der Bepunktung wird nun ein Ranking erstellt. Die Engagementidee mit den meisten Punkten wird umgesetzt.

Wachsende Gruppen

1. Alle Schülerinnen und Schüler erhalten zwei Zettel. Jede Person denkt nun erst mal nach und schreibt dann die eigenen zwei Favoriten auf – pro Idee ein Zettel.
2. Jetzt treffen sich zwei Personen und stellen sich ihre Favoriten gegenseitig vor. Sie tauschen sich aus und einigen sich auf zwei Ideen. Die Zettel mit den anderen Ideen werden zur Seite gelegt.
3. Nun treffen sich zwei Zweierteams mit ihren Engagementideen, stellen sich die Ideen vor und tauschen sich aus. Auch die Viererguppe einigt sich nun auf zwei Ideen.
4. Der Prozess setzt sich fort, bis nur noch zwei Gruppen mit jeweils zwei Ideen übrig sind. Die zwei Ideen werden der anderen Gruppe vorgestellt. Im Konsens wird nun gemeinsam entschieden.

FÜR ANDERE ETWAS TUN

Ablauf planen und Projekt durchführen

Projekt

Den Ablauf planen

1. Ziele formulieren

- Ihr beschreibt, was ihr genau mit eurem Engagement erreichen möchtet. Dazu formuliert ihr mehrere Ziele, mit deren Hilfe ihr den Erfolg des Projektes später bewerten könnt.
- Ihr begründet, wem euer soziales Engagement nützt. Auch diese Begründungen helfen euch nachher, das Projekt zu bewerten.
- Ihr beschreibt, was ihr gemeinsam und was jede Person individuell erreichen möchte. Anhand dieser Aussagen könnt ihr nach Projektende überprüfen, ob diese persönlichen Ziele erreicht werden konnten.

Ziele	
Unser Projektthema:	
Unser soziales Engagement hilft anderen, weil …	
Unsere messbaren Ziele:	

2. Aufgaben verteilen

- Ihr kommt euren Kompetenzen auf die Spur. Wer kann was besonders gut?
- Mithilfe der Seiten 104–105 könnt ihr eure persönlichen Kompetenzen für die Teamarbeit einschätzen.
- Ihr analysiert, welche Aufgaben im Projekt erledigt werden müssen und welche Kompetenzen man dazu braucht. Ihr stellt Teams zusammen und verteilt die Aufgaben kompetenzorientiert.
- Mithilfe der Seiten 104–105 könnt ihr eure Teamarbeit genauer planen.
- Ihr legt fest, wie ihr euch gegenseitig helfen könnt und sucht Personen, die euch im Projekt unterstützen.

3. Zeitplan erstellen

- Ihr erstellt einen genauen Zeitplan, was wann von wem gemacht wird. Am besten fangt ihr „von hinten" (vom Projektabschluss) an und plant „nach vorne" (zum Projektstart). Tragt als erstes die Termine ein, die bereits sicher sind (z. B. Zwischenreflexion, Abschlusspräsentation).

Zeitplan		
Wann?	Was?	Wer?
1. Woche		
2. Woche		
3. Woche		

Das Projekt durchführen

Ihr führt das Projekt zum sozialen Engagement nun entsprechend eurer Vorüberlegungen und eurer Planung durch. Dabei nehmt ihr euch immer wieder Zeit, um zu reflektieren, z. B. über

- die gesetzten Ziele (z. B.: Wie entwickelt sich der Projektverlauf hinsichtlich der Ziele? Welche Ziele konnte ich für mich erreichen?)
- die Aufgabenverteilung (z. B.: Wo besteht noch Unterstützungsbedarf? Wie kann ich mich besser einbringen?)
- den Zeitplan (z. B.: Warum benötigen wir mehr Zeit?)
- Die Projektskizze auf Seite 99 kann euch beim Reflektieren unterstützen.

103.1 Projektdurchführung in der Kindertagesstätte

Die persönlichen Kompetenzen für die Teamarbeit einschätzen

Bereits beim Profil-AC haben Lehrkräfte, Schülerinnen und Schüler Kompetenzen überprüft und bewertet. In welchen Bereichen die eigenen Stärken liegen und welche Kompetenzen gezielt ausgebaut werden sollten, darüber sind alle Beteiligten informiert.
Um gelungen in Teams zusammenarbeiten zu können, ist es wichtig, immer wieder zu überprüfen und zu hinterfragen, wo Stärken und Schwächen des Einzelnen für die Teamarbeit liegen.

Konnten Fähigkeiten und Fertigkeiten bereits weiterentwickelt werden? Welche Kompetenzen sollen noch erworben bzw. ausgebaut werden?

Seine Teamkompetenzen aufgrund von Selbst- und Fremdeinschätzung ehrlich selbst einordnen zu können, ist auch für die Wahl eines geeigneten Berufsfeldes wichtig und wird häufig bei Bewerbungen nachgefragt.

Für die Teamarbeit wichtige Kompetenzen

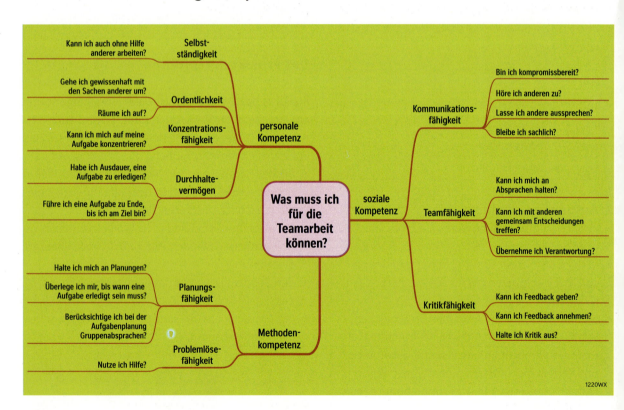

1. Schritt: Was kann ich gut?
Überlege dir, was du beim Zusammenarbeiten mit anderen Menschen gut kannst.
- Beurteile dich selbst:
  - Wo liegen deine Schwächen?
  - Woran solltest du noch arbeiten?

So kannst du vorgehen
- Erinnere dich an Situationen, in denen du im Team gearbeitet hast. Überlege, was du kannst und wo du Schwächen hast anhand deiner Erlebnisse und Erfahrungen.
- Erstelle dazu am besten eine Mindmap.

2. Schritt: Liege ich richtig?

- Hole eine Fremdeinschätzung ein, indem du dich von anderen beurteilen lässt.
- Was bestätigt deine Selbsteinschätzung?
- Frage nach, wenn du etwas nicht verstanden hast.
- Wo stimmen die Einschätzungen nicht überein?

So kannst du vorgehen

- Erstelle auf der Rückseite deiner Mindmap eine Grundstruktur für den Feedbackgeber (z. B. Wo habe ich den anderen besonders stark erlebt? Woran sollte noch gearbeitet werden?).
- Geh mit deiner Mindmap auf jemanden zu, der dir ein Feedback geben soll. Dies kann ein/-e Lehrer/-in oder ein/-e Mitschüler/-in sein.

3. Schritt: Mein Kompetenzprofil

- Erstelle aus deiner Selbstwahrnehmung und der Fremdeinschätzung dein persönliches Kompetenzprofil, indem du beide Einschätzungen vergleichst und überlegst, wie ausgeprägt deine Kompetenzen in den verschiedenen Bereichen sind.

So kannst du vorgehen

- Entwirf einen Profilbogen und trage dein Kompetenzprofil ein. Zum Beispiel:

Sozialkompetenz					
Kommunikationsfähigkeit	1	2	3	4	5
Teamfähigkeit	1	2	3	4	5
Kritikfähigkeit	1	2	3	4	5

4. Schritt: Welche Stärken kann ich in ein Team einbringen?

- Was fällt dir leicht, was kannst du gut?
- Welche deiner Stärken sind für ein Team wichtig?
- In welchen Situationen hast du festgestellt, dass deine Stärken wichtig sind?
- Überlege dir für alle deine Teamstärken Situationen.

So kannst du vorgehen

- Notiere deine Teamstärken auf Karten.
- Beschreibe deinen Mitschülern Situationen, in denen du diese Stärken im Team einbringen kannst.
- Hefte deine Karten nach der Vorstellung zu deinem Namen an die Tafel.

5. Schritt: Welche Kompetenzen will ich im Team erweitern?

- Überlege dir, welche Kompetenzen du bei der Zusammenarbeit im Team erweitern möchtest.
- Sammle und erarbeite Kompetenzziele:
  - Was fällt mir schwer?
  - Woran möchte ich arbeiten?
  - Wie kann mir das Team dabei helfen?
  - Bis wann möchte ich mein Ziel erreichen?
- Woran erkenne ich, dass ich mein Ziel erreicht habe?

So kannst du vorgehen

- Erinnere dich an Situationen, in denen du im Team gearbeitet hast. Überlege dir, wie du im Team eingesetzt werden musst, um stärker an der Erweiterung deiner Kompetenzen zu arbeiten.
- Setze dir Ziele und notiere diese:
  - Was will ich erweitern?
  - Wie will ich dies erreichen?
  - Wer kann mir dabei helfen?
- Erfolgskontrolle: Habe ich meine Kompetenzen im Team erweitern können?

 Projekt

Reflektieren

Von der ersten Ideensammlung bis zum Projektabschluss ziehen sich Reflexionsphasen wie ein roter Faden durch das ganze Projekt zum sozialen Engagement. Während des gesamten Verlaufs wird gezielt reflektiert. Mithilfe von Reflexionsphasen können
- wichtige Fragen geklärt,
- Erlebtes aufgearbeitet,
- Lernen angeleitet,
- Fehlentwicklungen vermieden werden.

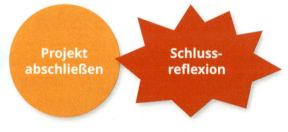

Über sich selbst und seine Erfahrungen gezielt nachzudenken, erfordert ehrlich zu sich selbst zu sein und sich den Spiegel vorzuhalten. Das kann eine Herausforderung sein. Es bedeutet aber auch Verantwortung für sich, andere und für Prozesse zu übernehmen. Diese Fragen sollen dir bei der Selbstreflexion helfen:
- Was gelang mir richtig gut? Was konnte ich?
- Was hat mir Spaß gemacht?
- Welche Gefühle hatte ich? Wie ging ich mit ihnen um?
- Worauf habe ich mich gefreut? Was befürchtete ich?
- Welche Rolle spielte ich im Team?
- Was brachte ich ins Team ein?
- Was wurde von mir erwartet? Was erwartete ich?
- Konnte ich meine Ziele erreichen?
- Wie ging ich mit Erfolgen um? Und wie mit Schwierigkeiten?
- Was habe ich gelernt?
- ...

Was heißt „reflektieren" im Projekt?
Reflektieren im Projekt ist ein angeleitetes Nachdenken. Reflexionsaufgaben sollen dich zum Nachdenken über eine bestimmte Fragestellung anregen. Du tauschst dich mit deinen Mitschülerinnen und Mitschülern darüber aus. Wenn es um deine Person, deine Gefühle und Empfindungen geht, entscheidest du, was du anderen berichten möchtest.

FÜR ANDERE ETWAS TUN

Methoden zum Reflektieren

 Projekt

Mit diesen Methoden kannst du gezielt über dich selbst, die Arbeit im Team und Arbeitsprozesse nachdenken:

Allein nachdenken – gemeinsam reflektieren
Beim Reflektieren brauchst du immer erst mal Zeit, alleine nachzudenken. Erst dann tauschst du deine Gedanken mit anderen aus.

Fünf Finger
Du legst eine Hand auf einen Bogen DIN A4-Papier und umfährst mit einem Stift den Umriss deiner Hand.
In deinem Handumriss schreibst du dann deine Gedanken auf:
- im Daumen: Das fand ich gut …
- im Zeigefinger: Darauf möchte ich hinweisen …
- im Mittelfinger: Das fand ich blöd …
- im Ringfinger: Das ist mir wichtig …
- im kleinen Finger: Das kam zu kurz …

Gefühle auf hoher See
Ein großer Bogen blaues Papier, der das Meer symbolisiert, wird ausgehängt oder ausgelegt. Darauf werden einige runde grüne Zettel als ‚Emotionsinseln' gepinnt. Auf den grünen Zetteln haltet ihr Gefühlslagen fest, die beim Arbeiten aufkommen konnten, z. B. Frust, Freude, Begeisterung, Angst… Pro Zettel ein Gefühl! Nun faltest du aus buntem Papier ein kleines Schiffchen und lässt es zu Wasser.
- Welche Route segelt es?
- Wo wirft es Anker?

Wetterrückblick

Auf einen großen Bogen Papier zeichnest du eine Landkarte. Die verschiedenen Regionen der Karte stellen die unterschiedlichen Phasen deiner Arbeit dar oder verschiedene Fragestellungen, über die du nachdenken möchtest. Du überlegst, welchen Wetterlagen (z. B. Sonnenschein, Starkregen, Blitzeis, Sturm…) die Regionen ausgesetzt waren und zeichnest entsprechende Wettersymbole in deine Landkarte ein.

Gruppentagebuch

Ihr führt gemeinsam ein Tagebuch. Es liegt an einem Ort aus, der für euch alle zugänglich ist. Die Beteiligten halten die eigenen Gedanken, Ideen, Erwartungen, Befürchtungen, Erfahrungen… im Tagebuch fest. Auch Fotos, Briefe, Zeichnungen etc. können das Tagebuch ergänzen. Die Tagebucheinträge dürfen gegenseitig schriftlich kommentiert werden. In Reflexionsphasen wird das Tagebuch gemeinsam angeschaut und darüber gesprochen.

Zielscheibe
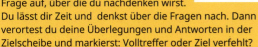
Du erhältst ein Arbeitsblatt mit einer Zielscheibe. Die Zielscheibe ist in verschiedene Reflexionsbereiche untergliedert. Zu jedem Bereich schreibst du eine Frage auf, über die du nachdenken wirst. Du lässt dir Zeit und denkst über die Fragen nach. Dann verortest du deine Überlegungen und Antworten in der Zielscheibe und markierst: Volltreffer oder Ziel verfehlt?

Baum der Erkenntnis

Du erhältst farbige, runde Karten:
- rot = reife, leckere Früchte (positive Erfahrungen, tolle Rückmeldungen, Lernerfolge, Bestätigung, …)
- grün = unreife Früchte, die noch Zeit zum Reifen brauchen (offene Fragen, nicht beendete Arbeit, Verbesserungsmöglichkeiten, …)
- braun = Fallobst (schlechte Erfahrungen, negative Rückmeldungen, Schiefgelaufenes, Konflikte, …)

Auf einem großen Bogen Papier wird ein Baum mit Krone und Stamm eingezeichnet. Das Obst wird nun am Baum verteilt und die Erfahrungen thematisiert.

Projekt abschließen

Das Projekt beenden

Durch soziales Engagement bringen sich Menschen mit ihrer Energie, ihrer Zeit, ihren Kompetenzen und mit viel Herzblut ein. Auch Schülerinnen und Schüler leisten in Projekten zum sozialen Engagement viel. Bereits während des Projektes habt ihr durch die Reflexionsphasen immer wieder Bestätigung erhalten und wurdet in eurem Tun bestärkt. Um das Projekt zu beschließen, sollte das Engagement von allen Beteiligten gewürdigt werden. Euren Erfolg stellt ihr durch eine gemeinsame Schlussbewertung fest.

Anerkennung durch Öffentlichkeit

Eure Unterstützung von anderen Menschen oder euer Einsatz für eine gute Sache bewirkt etwas. Indem ihr das Projekt zum Abschluss in der Schule präsentiert oder außerhalb der Schule darüber informiert, könnt ihr zeigen, was ihr bewegen konntet. Ihr ermöglicht Außenstehenden eure Leistungen wahrzunehmen und sie euch gegenüber anzuerkennen.
Gleichzeitig richtet sich durch die Veröffentlichung des Projektes der Blick auf eure Engagementpartner und auch sie erhalten Anerkennung und Wertschätzung.

Wertschätzung durch Dank

Während eures sozialen Engagements habt ihr sicherlich manchmal ein Dankeschön erhalten. Wenn nicht in Worten, dann vielleicht durch kleine Zeichen und Gesten anderer Personen. Gemeinsam habt ihr Großes geleistet, daher könnt ihr euch nun auch gegenseitig dafür Danke sagen.
Bei der Projektvorbereitung und der Durchführung haben sich wahrscheinlich auch andere Personen für euch eingesetzt und euch unterstützt. Oder ihr habt während eures Engagements Menschen getroffen, die euch viel gegeben haben. Eure Wertschätzung könnt ihr zeigen, indem ihr euch bedankt.

Gemeinsamer Projektabschluss

Während des sozialen Engagements habt ihr Persönliches investiert und es sind zwischenmenschliche Beziehungen entstanden. Um das Engagement bewusst zu beenden und damit ihr euch würdig von den Menschen verabschieden könnt, die ihr unterstützt habt, lohnt es sich, eine Abschlussveranstaltung durchzuführen. Auch von euren Engagementpartnern könnt ihr euch damit verabschieden.

Das könnt ihr tun:

108.1 Schüler bedankt sich bei einem Senioren

Das Erreichte auswerten

Zum Abschluss des Projektes wird nochmals reflektiert:
über sich selbst
- Welche Kompetenzen konnte ich in das soziale Engagement einbringen?
- Welche neuen Kompetenzen konnte ich entdecken und entwickeln?
- Welche Einstellungen und Haltungen habe ich nun? Was ist mir wichtig?
- …

das Engagement
- Was konnte ich mit meinem sozialen Engagement bewirken?
- Wie bewerte ich freiwilliges und ehrenamtliches Engagement?
- …

den Projektverlauf
- Wie bewerte ich unsere Teamarbeit? Wie beschreibe ich meine Rolle im Team?
- Was lief gut? Was könnte anders gemacht werden?
- …

das Lernen
- Welche neuen Kenntnisse konnte ich gewinnen?
- Welche Fähigkeiten konnte ich einsetzen und erweitern?
- Wo habe ich noch Nachholbedarf?

Nach der Auswertung der Projektergebnisse werden diese präsentiert. Zur Auswertung kannst du die Seite 187 (Die eigene Arbeit bewerten) zu Hilfe nehmen.

Projektpräsentation
Die Präsentation eures Projektes zum sozialen Engagement ist Teil des Projektabschlusses. Ihr könnt die Ergebnisse anderen Mitschülerinnen und Mitschülern vorstellen, eure Eltern als Publikum wählen oder andere Zielgruppen bestimmen.
Je nach Zielgruppe und Präsentationsrahmen wird verabredet, ob
- jede Schülerin und jeder Schüler eine Projektpräsentation erstellt,
- in Teams verschiedene Präsentationen erarbeitet werden,
- ihr als Großgruppe eine gemeinsame Präsentation erstellt.

In die Zukunft schauen
Vielleicht hat dich dein soziales Engagement motiviert, dich auch weiterhin zu engagieren. Frage bei den Engagementpartnern nach, ob deine Unterstützung auch außerhalb des Unterrichtsprojekts gefragt ist. Du kannst auch in vielen anderen Bereichen aktiv werden. Manche Städte oder Kommunen haben Freiwilligenagenturen, dort kannst du erfahren, wo du in deiner Umgebung gebraucht wirst. Im Internet findest du viele Seiten, auf denen du dich informieren kannst.

> **INTERNET-TIPP**
>
> http://www.planet-beruf.de → Suchwort: soziales Engagement
> http://www.bmfsfj.de → freiwilliges Engagement → FSJ/FÖJ
> http://www.freiwilligenarbeit.de/

> **TIPP**
>
> Du hast erkannt, dass deine Kompetenzen im sozialen Bereich liegen? Du möchtest dich gerne beruflich sozial engagieren? Recherchiere, welche Ausbildungsberufe es in diesem Bereich gibt und führe ein Praktikum durch.

> **Du kannst …**
> - Ideen zum sozialen Engagement in AES nennen,
> - deine Projektideen begründen,
> - erklären, warum Engagementpartner wichtig sind,
> - mögliche Engagementpartner finden,
> - beschreiben, wie Projekte zum sozialen Engagement gestaltet werden,
> - gemeinsam mit Mitschülerinnen und Mitschülern ein Projekt zum soziales Engagement entwickeln und durchführen,
> - deine Stärken und Grenzen beschreiben,
> - erklären, weshalb beim Engagement das Reflektieren eine große Bedeutung hat,
> - Möglichkeiten zum Reflektieren beschreiben,
> - gezielt nachdenken und Schlussfolgerungen ziehen,
> - dein persönliches soziales Engagement bewerten,
> - das gemeinsame Projekt zum sozialen Engagement bewerten,
> - das Projekt präsentieren.

Ideensammlung

Die Engagementideen anderer Schülerinnen und Schüler regen euch vielleicht an, für euch passende Ideen zu entwickeln:

Reparaturtreff an der Schule

Beim Besuch des Wertstoffhofs und im Gespräch mit einer Expertin der Verbraucherzentrale wurde festgestellt, dass es im Ort noch keine Möglichkeit gibt, Sachen gemeinsam zu reparieren. An der Schule soll nun an vier Nachmittagen ein Reparaturtreff angeboten werden. Die Schülerinnen und Schüler konnten den Gewerbeverein des Ortes als Engagementpartner gewinnen. Sie werden nun von Expertinnen und Experten aus dem Handwerk unterstützt.

Unterstützung von behinderten Menschen

Der Onkel einer Schülerin ist geistig behindert. Er verbringt viel Zeit mit Menschen, die sich bei der Lebenshilfe engagieren. Das ist ein Verband, der behinderte Menschen und ihre Familien unterstützt. Die Schülerinnen und Schüler recherchieren, wie sie bei der Lebenshilfe aktiv werden können. Sie bringen ihre Kompetenzen nun in Zweier-Teams sechs Wochen lang einmal in der Woche in verschiedenen Bereichen ein: gemeinsam Shoppen, am Computer spielen, gemeinsam ins Kino gehen, ...

Patenschaften für betagte Menschen

Die Schule kooperiert bereits mit dem Alten- und Pflegeheim. Daher soll das soziale Engagement auch dort eingebracht werden. Die Pflegedienstleiterin schlug gemeinsame Sing- und Bastelnachmittage vor – das konnten sich die Jugendlichen aber nicht vorstellen. Nach zwei Nachmittagen im Seniorenheim einigen sie sich: sie übernehmen Patenschaften für betagte Seniorinnen und Senioren. Sie werden sechs Wochen einmal pro Woche nachmittags im Altenheim sein, um sich um „ihren Senior" oder „ihre Seniorin" zu kümmern.

Lesen und Entspannen im Kindergarten

Bei der Suche nach einer Engagementidee waren Schülerinnen und Schüler im Kindergarten. Ihnen wurde berichtet, dass bereits viele kleine Kinder zu Hause vor dem Fernseher sitzen und ihnen niemand vorliest. Gleichzeitig fiel ihnen auf, dass einige Kinder kaum still sitzen konnten. Der Engagementpartner stand schnell fest: sie werden vier Lese- und Entspannungsnachmittage im Kindergarten durchführen. Das Vorlesen trainieren sie und Entspannungsübungen für kleine Kinder bringt ihnen eine Expertin vom Jugendamt noch bei.

Veggie-Woche im Jugendhaus

Den Schülerinnen und Schülern war klar: das Thema sollte was mit Tierschutz zu tun haben. Durch eine Veggie-Woche im Jugendhaus soll nun über „Fleischkonsum und Folgen" informiert und durch ein leckeres Essensangebot für vegetarische Ernährung geworben werden.

Lernhilfe für Flüchtlingskinder

In der Gemeinde gibt es einige Flüchtlingsfamilien mit Kindern im Grundschulalter. Viele Schülerinnen und Schüler der Klasse haben selbst einen Migrationshintergrund und möchten Flüchtlinge unterstützen. Bei der Befragung einer Sozialarbeiterin des Flüchtlingsheim ergab sich, dass viele Eltern ihre Kinder beim Lernen nicht richtig unterstützen können. Dies bestätigte eine ehrenamtliche Helferin der Flüchtlingshilfe, die interviewt wurde. Die Schülerinnen und Schüler übernehmen nun für drei Monate Patenschaften für Flüchtlingskinder im Grundschulalter und unterstützen sie bei ihren schulischen Aufgaben.

Spendenlauf

Im Fernsehen wurden schreckliche Bilder von den Erdbebenopfern in Asien gezeigt. Die Lerngruppe möchte gerne Geld spenden. Durch Kuchenverkauf Geld einzunehmen, wurde abgelehnt. Da sich die Schülerinnen und Schüler als nächstes AES-Thema mit ihrer Gesundheit und ihrem Wohlbefinden beschäftigen werden, wurde die Idee geboren, einen Spendenlauf zu organisieren und durchzuführen. Sie konnten den Sportverein zum Mitmachen überzeugen und als wichtiger Engagementpartner steht ihnen der Bürgermeister zur Seite.

Für andere etwas tun

Zeig, was du kannst:

1
Beschreibe in deinen eigenen Worten, was mit „Ehrenamt", „Freiwilligenarbeit" und „sozialem Engagement" gemeint ist.

2
Nenne fünf Gründe, warum Menschen sich freiwillig und ehrenamtlich engagieren.

3
Führt eine Pro- und Kontra-Diskussion durch, indem ihr eine „Talkshow" simuliert:
a) Legt drei Charaktere fest, die für ehrenamtliches Engagement argumentieren und bereitet ihre Rollen vor.
b) Legt drei Charaktere fest, die ehrenamtlichem Engagement kritisch gegenüber stehen und bereiten ihre Rollen vor.
c) Führt die „Talkshow" durch und wertet sie aus.

111.1 TV-Talkshow

4
Erstelle eine Tabelle:

Die Bedeutung sozialen Engagements für Einzelne	Die Bedeutung sozialen Engagements für die Gesellschaft

5
- Schreibe zehn verschiedene freiwillige, ehrenamtliche Tätigkeiten auf.
- Schreibe die dir bekannten freiwilligen, ehrenamtlichen Tätigkeiten auf jeweils einen Zettel. Sortiere die Ergebnisse in verschiedene Bereiche und finde Überschriften für die Bereiche.
- Erstelle eine Mindmap mit den dir bekannten freiwilligen, ehrenamtlichen Tätigkeiten.

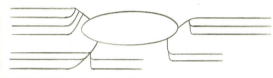

111.2 Mindmap

6
Lies dir die Ideen der Ideensammlung (Seite 110) durch.
- Finde die jeweiligen Engagementpartner heraus und begründe deine Antwort.
- Bewerte die Ideen
a) hinsichtlich ihres Nutzens für die Schule
b) hinsichtlich ihres Nutzens für die Gesellschaft.
Begründe deine Bewertungen.

7
Befrage Expertinnen und Experten zum Zusammenhang zwischen demographischen Wandel und sozialem Engagement. Stelle deine Ergebnisse der Lerngruppe vor.

8
Deine Lerngruppe hat verschiedene Ideen für Projekte zum sozialen Engagement gefunden und das Projektthema bestimmt. Ihr möchtet nun reflektieren, ob die Entscheidung teamorientiert getroffen wurde. Wie könntet ihr vorgehen?

Alltag gestalten

Wie sieht mein Alltag aus?

Wie gestalten andere ihren Alltag?

Warum gestalten Menschen ihren Alltag unterschiedlich?

Wie kann ich meinen Alltag verändern?

Wie stelle ich mir meine Zukunft vor?

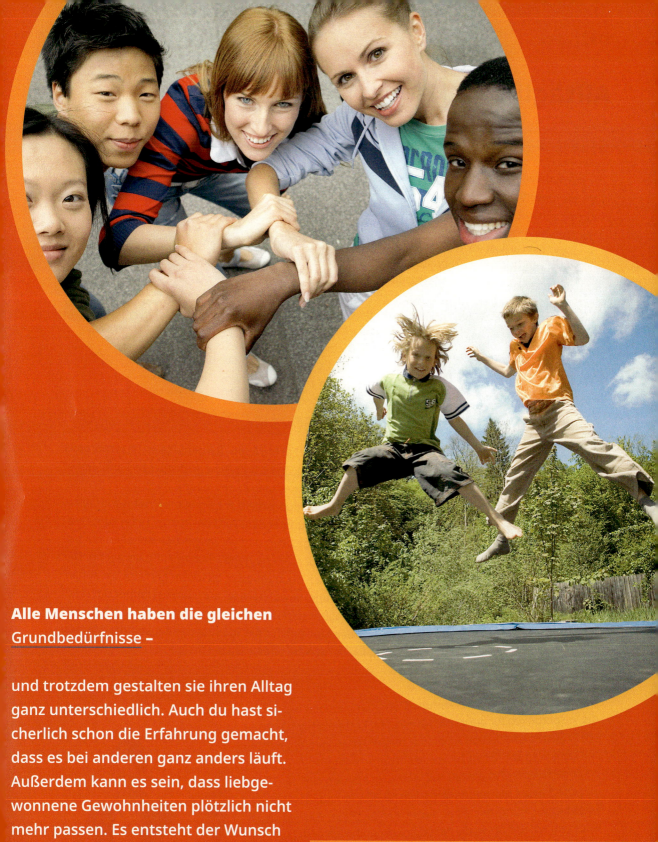

Alle Menschen haben die gleichen Grundbedürfnisse –

und trotzdem gestalten sie ihren Alltag ganz unterschiedlich. Auch du hast sicherlich schon die Erfahrung gemacht, dass es bei anderen ganz anders läuft. Außerdem kann es sein, dass liebgewonnene Gewohnheiten plötzlich nicht mehr passen. Es entsteht der Wunsch nach Veränderung. Menschen malen sich alle ihre Zukunft aus und suchen nach Wegen, wie diese Visionen sich umsetzen lassen.

In diesem Kapitel ...
beschäftigst du dich mit deinem Alltag, dem Alltag anderer Menschen sowie deinen Zukunftsvisionen. Du kannst herausfinden, was dir wichtig ist und wie du Veränderungen angehen kannst.

Alltägliches Handeln

● Normalerweise klingelt der Wecker um 6.45 Uhr, dann stehe ich auf und mache mein Bett. Ich werfe einen Blick in die Küche, schaue, wer schon wach ist und verschwinde unter der Dusche. Immer wenn ich mich total schlapp fühle, dusche ich mich eiskalt ab. Frühstücken kann ich nicht, daher schnappe ich mir die vorbereitete Vesperbox und renne zum Bus. Meine Freundinnen begrüße ich mit einem Küsschen auf die Backe. Wenn der Tag bei Herrn Siefert beginnt, müssen wir zur Begrüßung aufstehen. Beim gemeinsamen Mittagessen in der Mensa haben wir immer viel Spaß. Wann immer es geht, beschäftige ich mich mit meinem Smartphone. Nach der Schule füttere ich meinen Hund und gehe mit ihm Gassi. Abends schauen wir gemeinsam fern und gegen zehn gehe ich ins Bett und höre Musik, wenn ich noch nicht schlafen will.

114.1 Lena

114.2 Fabian

● Bei mir klingelt der Wecker um 6 Uhr. Ich genieße es, dass morgens noch niemand wach ist und ich in Ruhe frühstücken kann. Punkt 7 Uhr holt mich mein Kumpel ab und nimmt mich mit in den Betrieb. Meinen Ausbildungsmeister begrüße ich mit Handschlag. Wenn jemand Geburtstag hat, wird das ganze Team zum zweiten Frühstück eingeladen und wir lassen den Kollegen hochleben. Dreimal in der Woche gehe ich zum Fußballtraining. Das läuft immer gleich ab: trainieren, duschen, gemeinsam abhängen. Meine Kumpel bewundern an mir, dass ich immer gut drauf bin und erst mal alles positiv betrachte. Zuhause bin ich für die Getränke, für den Müll und für die Spülmaschine zuständig. Mindestens zweimal in der Woche schaue ich bei meinen Großeltern vorbei.

● Bei uns klingelt der Wecker um 6 Uhr, dann stehen wir auf. Ich richte die Vesperboxen für die ganze Familie und setze mich an den gedeckten Frühstückstisch. Das Frühstück beginnen wir mit einem Gebet. Auf dem Weg zur Arbeit bringe ich unsere Tochter in die Kita. Ich beginne meinen Arbeitstag mit dem Hochfahren des Rechners und checke erst mal meine Mails. Um 10.30 Uhr haben wir immer Teambesprechung mit einer Tasse Kaffee. Beim Kaffeekochen wechseln wir uns ab. In der Mittagspause gehe ich in die Kantine. Ich brauche ein warmes Mittagessen. Bei mir muss alles gut organisiert ablaufen, damit ich mich nicht gestresst fühle. Pünktlich um 16.30 Uhr hole ich meine Tochter ab und kaufe ein. Abends essen wir gemeinsam meist nur eine Kleinigkeit.

114.3 Frau Richter

Bei allen Menschen wiederholen sich alltägliche Verhaltensweisen, wie zum Beispiel essen, schlafen, arbeiten. Diese Verhaltensweisen nennt man **Verhaltensmuster**, da sie immer wiederkehren. Sie entstehen in unserem Alltag und geben uns Sicherheit, regeln das Zusammenleben und den normalen Ablauf des Tages. Sie helfen uns, nicht alles neu bedenken und entscheiden zu müssen. Gleichzeitig verhindern sie aber auch häufig, andere Wege zu gehen und neue Lösungen zu suchen.

Die Verhaltensmuster kannst du analysieren:

Gewohnheit
Von Gewohnheit spricht man, wenn für das Denken, Fühlen und Handeln in gleichartigen Situationen automatisch und ohne nachzudenken dasselbe Muster ausgewählt wird.
Beispiel:
Gewohnheit im Fühlen: sich immer verantwortlich fühlen
Gewohnheit im Denken: alles positiv betrachten
Gewohnheit im Handeln: abends fernsehen

> **INFO**
>
> Grundsätzlich neigen Menschen dazu, Gewohnheiten, Routinen und Rituale über lange Zeiträume beizubehalten. Unsere Gesellschaft befindet sich jedoch in einem ständigen Wandel, der Auswirkungen auf alle Lebensbereiche hat:
> - Einkaufen rund um die Uhr und weltweit über das Internet
> - die Möglichkeit, jederzeit und kostengünstig über vielfältige Medien zu kommunizieren
> - die elektronische Steuerung von Prozessen in Haushalt und in Unternehmen
> - ...
>
> Das Bedürfnis nach Beständigkeit und der schnelle Wandel stehen häufig in Widerspruch zueinander. Vor allem dann, wenn an alten Verhaltensmustern festgehalten wird, ohne diese zu hinterfragen.

Routine
Von Routinen spricht man, wenn eine Tätigkeit ohne nachzudenken automatisch ausgeführt wird.
Beispiel:
Tisch decken, duschen und Zähneputzen

Rituale
Von Ritualen spricht man, wenn sich hinter einer wiederkehrenden Verhaltensweise ein Sinn verbirgt. Dieser kann von religiösen, sozialen oder kulturellen Aspekten geprägt sein.
Beispiel:
religiöses Ritual: Beten zu bestimmten Gebetszeiten
sozial-kulturelles Ritual: Wangenkuss zur Begrüßung

1
Erstelle eine Tabelle, in der du das alltägliche Handeln der beschriebenen Personen den Begriffen Gewohnheiten, Routinen und Rituale zuordnest.

2
Dokumentiere, welche Verhaltensmuster du in deinem Alltag hast.

3
Überlege, welche Gewohnheiten, Routinen und Rituale du beibehalten und welche du verändern willst. Begründe deine Überlegungen und tausche dich darüber mit einer Person deines Vertrauens aus.

4
Gewohnheiten, Routinen und Rituale können neue Verhaltensmuster verhindern. Dies hat Vor- und Nachteile. Findet Beispiele und zeigt auf, welche positiven und negativen Konsequenzen dies für Einzelne und für die Gesellschaft haben kann. Stellt eure Ergebnisse vor.

Du kannst ...
Gewohnheiten, Routinen und Rituale unterscheiden, bist in der Lage, sie bei dir und anderen Menschen zu benennen und du kannst Vor- und Nachteile von Verhaltensmustern beschreiben.

Verhaltensmuster entwickeln sich

Verhaltensweisen entwickeln sich im Laufe unseres Lebens. Sie werden besonders in der Kindheit und Jugendzeit erlernt, prägen das Verhalten sehr langfristig und können nur mit viel Energie verändert werden.

Sichtbar werden sie im Alltag, zum Beispiel:
- beim Essen,
- bei der Kleidung,
- bei der Freizeitgestaltung,
- im Zusammenleben,
- ...

Petra erzählt: Ich bin eine gewordene Esserin

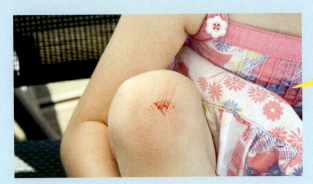

116.1 Petra als Kleinkind

Hier bin ich hingefallen. Das kam bei mir häufig vor. Meine Mutter verarztete mich und gab mir oft etwas Süßes zum Trost. Wenn ich mich heute mies fühle, greife ich auch zu Süßem und stopfe alles wahllos in mich hinein.

116.2 In der Kita

Das Frühstücken in der Kita war immer sehr wichtig. Wir hatten eine große Auswahl an Obst, Gemüse, Brot und Joghurt. Wir mussten sitzen bleiben, bis alle fertig waren. Das brachte mich echt unter Druck, weil ich nicht schnell essen konnte. Noch heute esse ich gerne vom Buffet und hasse Zeitdruck!

116.3 Lieblingsspeise

Spaghetti mit Tomatensoße war meine Lieblingsspeise. Gab es Spinat mit Spiegelei, wurde mir schlecht. Meine Mutter bestimmte, was auf den Tisch kam: gesundes Essen war ihr wichtig, Pommes gab es nie. Es hat mir gefallen, wenn alle zusammensaßen und der Tisch schön gedeckt war. Noch heute habe ich Lieblingsspeisen und stehe auf eine schöne Atmosphäre.

ALLTAG GESTALTEN

> Von meinem ersten Taschengeld hab ich das gekauft, was es bei uns zu Hause nie gab: Cola, Gummibärchen und Pommes. Werbung fand ich cool. Auf Werbung falle ich heute immer noch rein – da muss ich echt aufpassen.

117.1 Gummibärchen, vom Taschengeld gezahlt

> Mit 14 fand ich gemütliche Gemeinsamkeit beim Essen ätzend. Es war viel besser, meine Freunde beim Burgerladen zu treffen. Essen auf die Schnelle, labern und blödeln – das hat Spaß gemacht!

117.2 Burger essen mit Freunden

> Nun bin ich in meinem letzten Ausbildungsjahr und es hat sich einiges verändert. An das frühe Aufstehen habe ich mich immer noch nicht gewöhnt. Den Kaffee hole ich mir unterwegs. Eigentlich wäre es gesünder, zu Hause ordentlich zu frühstücken. Aber das schaffe ich einfach nicht!

117.3 Petra im Ausbildungsbetrieb

1
Erstelle eine Zeitleiste für Petras Essverhalten.

2
Analysiere, wodurch Petras Essverhalten verändert wird.

3
Vielen Menschen geht es so: sie wissen, dass sie zu süß, zu fett, zu viel und zu schnell essen. Trotzdem ändern sie nichts.
Diskutiert, woran das liegen könnte.

Du kannst ...
am Beispiel des Essverhaltens aufzeigen, wodurch Verhaltensmuster entstehen.

Methode

Biografisches Lernen

Unsere Erlebnisse prägen unser Verhalten. Willst du etwas verändern, ist es sinnvoll dir deine Erlebnisse und Erfahrungen bewusst zu machen. Du kannst erkennen, was alles dazu beigetragen hat, dass du so geworden bis, wie du bist. Weil du die eigene Biografie genauer unter die Lupe nimmst und dabei neue Erkenntnisse gewinnst, spricht man vom biographischen Lernen.

118.1 Arbeiten an der Biographie

Phasen beim biografischen Lernen:

1. Thema und Methode klären
- Die Lehrkraft stellt uns das Thema vor und erklärt, mit welcher Methode wir uns erinnern.
- Wir vereinbaren, welche persönlichen Erfahrungen nur mit vertrauten Personen und welche mit der ganzen Klasse besprochen werden.

Blick ins Klassenzimmer:

118.2 Zeitleiste

2. Methode anwenden und Erinnerungen dokumentieren
- Erinnern braucht Zeit!
- Bilder, Geräusche, Gerüche, Gespräche, Sätze wecken Gefühle und Gedanken. Sie können angenehm, aber auch unangenehm sein.
- Halte das fest, was dir heute noch wichtig ist.

3. Ergebnisse vorstellen
- Jeder Mensch hat seine Geschichte – sie kann nicht diskutiert werden.
- Erinnerungen zu teilen setzt Vertrauen voraus.
- Du stellst deine Ergebnisse in einem dir vertrauten Rahmen vor. Verständnisfragen sind erlaubt – wertende Kommentare verboten.
- Niemand darf gezwungen werden.

118.3 Schülerin erinnert sich.

4. Erfahrungen besprechen
- Wir besprechen, welche Erfahrungen ähnlich oder gleich sind und wo wir Unterschiede erkennen.

5. Erkenntnisse und Vorhaben schriftlich fest halten
- Eine Merkhilfe stützt das Lernen. Sie hilft dir, deine Erkenntnisse und Vorhaben im Alltag umzusetzen.

118.4 Schüler schreibt Erkenntnisse auf.

ALLTAG GESTALTEN

Erinnerungsmethoden

Biografische Zeitleiste

Dinge, die eine persönliche Bedeutung in Bezug auf ein ausgewähltes Thema haben, z. B. Fotos, Zeichnungen, Bücher oder Briefe, werden mitgebracht. Auf den Boden wird eine lange Schnur als Zeitstrahl gelegt. Die mitgebrachten Gegenstände werden entlang des Zeitstrahls dem Lebensalter zugeordnet. Jede Person erzählt nun über ihre eigenen Erfahrungen und bezieht dabei die Gegenstände mit ein. So können persönliche und gemeinsame Erfahrungen deutlich gemacht werden. Sie sind Ausgangspunkt für die Auseinandersetzung mit neuen Zielsetzungen.

119.1 biografische Zeitleiste

119.2 Collage

119.3 Bildkartei

Collage

Aus einer Sammlung von Bildern zu einem bestimmten Thema aus Zeitschriften oder Katalogen wählt eure Lerngruppe solche Bilder aus, mit denen Erinnerungen verbunden sind. Aus ihnen wird eine Collage hergestellt. Die fertigen Collagen sind Ausgangspunkt, um persönliche und gemeinsame Erfahrungen deutlich zu machen. Sie dienen dazu, sich mit neuen Zielvorstellungen auseinanderzusetzen.

Bildkartei

Gesammelte Bilder aus Zeitschriften werden im Raum ausgelegt. Zu einem vorgegebenen Thema wählt jede Person das Bild aus, das sie am ehesten in Verbindung mit sich selbst bringt. Dabei darf nicht gesprochen werden. Im Sitzkreis erzählt jede Person mithilfe ihres Bildes über persönliche Erinnerungen und Erfahrungen.

Lebensbaum

Mithilfe eines gezeichneten Baumes wird verdeutlicht, was die persönlichen Wurzeln in Bezug zum Thema sind und über den Stamm, wie sich das Thema in der Gegenwart darstellt. Die Äste können die Gegenwart näher beschreiben oder zeigen gewünschte zukünftige Entwicklungen.

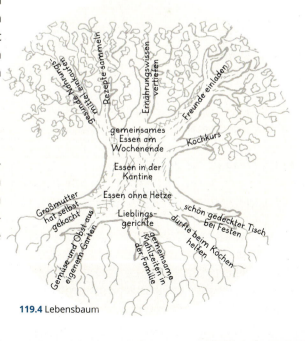

119.4 Lebensbaum

Verhalten und Lebensstil

Die Art und Weise, wie Personen leben, wird als Lebensstil bezeichnet. Zum Lebensstil gehören neben den Verhaltensmustern auch die Art des Zusammenlebens, Wissen, Können und Werthaltungen eines Menschen. Der Lebensstil prägt zum Beispiel das Ernährungsverhalten, das Freizeitverhalten, den Umgang mit Gesundheit, die Konsumwünsche und -gewohnheiten und das Engagement für andere. Im Laufe des Lebens entwickeln und verändern sich die Lebensstile von Personen. Jugendliche sind in besonderer Weise auf der Suche nach dem eigenen Lebensstil. Forscherinnen und Forscher haben viele verschiedene Jugendliche beobachtet und befragt und dabei typische Lebensstile herausgefunden. Sicher lassen sich nicht alle Jugendlichen eindeutig zu einem Lebensstil zuordnen. Es ist auch möglich, dass z. B. „der kreative Typ" mit einem anderen Lebensstil-Typ kombiniert ist.

Lebensstile der Jugendlichen

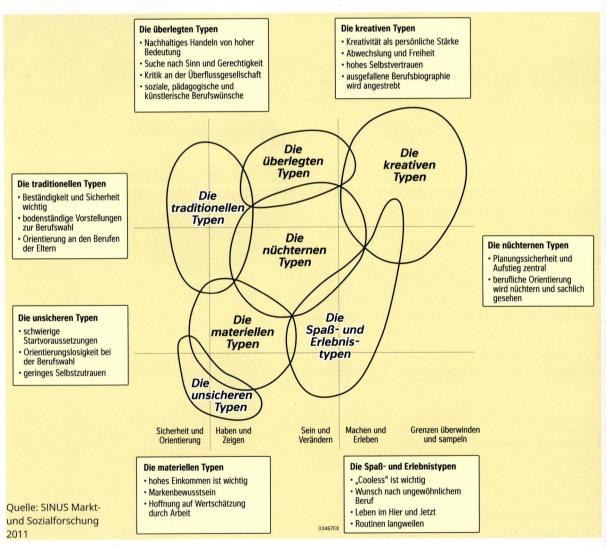

Quelle: SINUS Markt- und Sozialforschung 2011

1 🅐

Finde Beispiele für die Lebensstile von Jugendlichen und begründe deine Zuordnung.

Du kannst ...

erklären, was man unter einem Lebensstil versteht und kennst Einflussgrößen auf die Lebensführung.

ALLTAG GESTALTEN

Wie kann ich mein Verhalten ändern?

Vorsätze, das Verhalten zu ändern, sind schnell gefasst. Diese in die Tat umzusetzen gelingt häufig nicht. Oft sind die Ziele zu hoch gesteckt und berücksichtigen zu wenig den großen Einfluss des Lebensstils. Auch wird häufig nicht bedacht, dass Verhaltensänderungen die ganze Person betreffen, also das Denken, Fühlen und Handeln verändern. Außerdem können Verhaltensänderungen besser durch soziale Unterstützung erreicht und durchgehalten werden. Es ist sinnvoll, die geplante Verhaltensänderung wann immer möglich zu erproben, um herauszufinden, ob sie sinnvoll ist.

Wollen
Menschen ändern ihr Verhalten nur dann, wenn es sich für sie lohnt. Es gibt unterschiedliche Motive und Ziele, sein Verhalten zu ändern, z. B.
- anerkannt werden,
- sich körperlich wohl fühlen
- gesund zu bleiben
- Geld zu sparen.

Nur wer will, schafft es auch.

Können
Wer sich anders verhalten möchte, muss oft neue Vorgehensweisen, Arbeitstechniken und Verfahren erlernen.
- Wer Fertiggerichte erwärmen kann, ist noch lange nicht im Stande eine Mahlzeit aus regionalen und saisonalen Lebensmitteln zuzubereiten.
- Wer auf seinen kleinen Bruder aufpasst, ist noch lange nicht in der Lage, mit einer ganzen Gruppe von Kindern zu basteln.

Soziale Unterstützung
Wer andere über seine Verhaltensziele informiert und sie als Unterstützung gewinnt, erhöht die Wahrscheinlichkeit des Erfolgs. Sie können helfen, schwierige Situationen zu meistern.

Wissen
Wissen schärft den Blick. Wer sich auskennt und weiß, wo man sich informieren und beraten lassen kann, hat eine gute Grundlage zu werten und zu entscheiden. Wissen verändert sich, man muss bereit sein, sich ständig auf dem Laufenden zu halten, z. B. durch
- Expertinnen und Experten,
- Radio, TV, Internet,
- Beratungsstellen,
- Fachbücher,
- Gespräche,
- Erprobungen.

1 A
Berichte über eine gelungene oder misslungene Verhaltensänderung aus deinem Alltag und zeige, welche Rolle das Können, Handeln, Wissen und die soziale Unterstützung gespielt haben.

2 R
Befrage Personen, wie es ihnen gelungen ist, ihr Verhalten zu ändern. Dokumentiere die Ergebnisse.

3
Überlege dir eine Verhaltensweise, die du ändern willst. Lege schriftlich ein klares Ziel fest. Zeige einen Weg auf, der Wollen, Wissen, Können und die soziale Unterstützung berücksichtigt. Schreibe auf, wann und woran du deinen Erfolg erkennst.

Du kannst ...
beschreiben, was für eine dauerhafte Verhaltensänderung berücksichtigt werden muss.

Lebensentwürfe – Zukunftsvisionen entwickeln

● Ich hätte gerne ein Leben mit einem gut bezahlten, sicheren Job und geregelten Arbeitszeiten. Ich wünsche mir eine Familie mit mindestens zwei Kindern. Wichtig ist für mich, dass ich Freunde habe und anerkannt bin. Für mich sind Urlaub, Klamotten, ein tolles Auto, eine schöne Wohnung bedeutend! Dafür beteilige ich mich gerne an der Schnäppchenjagd. Für Moden und Marken interessiere ich mich besonders.

● Ich möchte einen Beruf, in dem ich sozial aktiv sein kann. Mein Leben muss zu mir passen, was andere von mir denken ist mir nicht so wichtig. Auf oberflächliche Freundschaften kann ich verzichten: mit meinen Freunden will ich Freud und Leid teilen können. Ein Leben im Überfluss ist für mich unmoralisch, ich will bewusst auf Vieles verzichten. Spannend finde ich ein Leben mit Menschen aus anderen Kulturen. Für Musik und Filme kann ich mich begeistern.

● Heiraten und Kinder bekommen – das ist für mich wirklich das, was ich am liebsten machen würde. Schön wäre es, wenn ich dabei auch beruflich tätig sein könnte. Familie und Verwandtschaft bedeuten mir viel. Ich kann mir ein Leben ohne sie und meine Freunde eigentlich nicht vorstellen. Gerne würde ich auch in der Zukunft hier am Ort wohnen und mich bei der freiwilligen Feuerwehr und in der Kirchengemeinde engagieren.

● Wie meine Zukunft aussehen soll? Das kann ich jetzt noch nicht sagen. Ich bin neugierig, was meine Zukunft mir bringt. Für mich muss es abwechslungsreich und abenteuerlich sein. Ich will Vieles ausprobieren und Neues entdecken. „Das gehört sich" oder „Das macht man so" – mit solchen Sätzen kann ich nichts anfangen. Ich will auf jeden Fall etwas erreichen und kann mir vorstellen, dass ich Chancen nutze, wenn sich Chancen bieten.

Alle Menschen haben Vorstellungen von ihrer Zukunft. Diese Zukunftsvisionen nennt man **Lebensentwurf**. Sie sind von Person zu Person sehr verschieden und spiegeln die individuellen Einstellungen und Überzeugungen wider. Sie beinhalten Vorstellungen über

- Arbeit,
- Zusammenleben mit anderen Menschen,
- Freizeit,
- Wohnen,
- Mobilität,
- Medienverhalten,
- Konsum.
-

Lebensentwürfe geben Orientierung und haben Auswirkung auf die Alltagsgestaltung. Die Auseinandersetzung mit dem eigenen Lebensentwurf ermöglicht, eigene Vorstellungen zu erkennen und Wege zu finden, diese zu erreichen.

1
Schreibe in Stichworten auf, wodurch sich die Aussagen der Personen unterscheiden.

2
Beschreibe mit drei Sätzen deine Zukunftsvisionen.

3
Wodurch könnten diese Zukunftsvisionen beeinflusst sein? Nenne drei Einflussfaktoren und begründe sie. (Tipp: Buch S. 73, Einflussfaktoren)

Du kannst ...
den Begriff Lebensentwurf erklären und erläutern, warum Zukunftsvisionen für das Handeln im Alltag wichtig sind.

ALLTAG GESTALTEN

Visionsarbeit

> Methode

Visionen sind Vorstellungen, die in der Zukunft liegen. Sich mit ihnen zu beschäftigen, heißt Bilder, Gefühle und Gedanken ernst zu nehmen, die mit ihnen verbunden sind.

Den eigenen Visionen auf die Spur zu kommen, ist schwer, da sie oft nicht mit Worten zu fassen sind. Bilder, Farben, Gerüche und Gegenstände können Zugang zu den eigenen Vorstellungen schaffen. Sie anderen zu präsentieren, setzt Vertrauen voraus. Gemeinsamkeiten und Unterschiede zu erkennen, kann Verständnis fördern. Die Visionen sollten nicht diskutiert und bewertet werden.

Die Methode kann im Unterricht umgesetzt und zur Klärung persönlicher Visionen genutzt werden. Sie ist in verschiedene Phasen gegliedert.

Fantasiephase
Jede Person wählt Stifte, Papier, Bildmaterial, etc. aus und stellt sich vor, wie das eigene Leben in zehn Jahren aussehen soll. Dabei kann es hilfreich sein, die folgenden Aspekte einzubeziehen:
- Arbeit,
- Zusammenleben mit anderen Menschen,
- Freizeit,
- Wohnen,
- Konsum.

Alles ist von Bedeutung und sollte nicht bewertet werden. Es können z. B. Bilder gemalt, Begriffe gesammelt oder Stichwörter aufgeschrieben werden.

Galeriephase
Die Ergebnisse werden gezeigt. Beim Betrachten werden alle Ergebnisse angeschaut und es wird nicht gesprochen.

123.2 Fantasiephase

Phase der Klärung
Nun können Verständnisfragen gestellt werden, z. B.
- Wie hast du das gemeint?
- Welche Bedeutung hat die Farbe rot für dich?
- ...

In dieser Phase können auch Gemeinsamkeiten und Unterschiede herausgestellt werden ohne zu bewerten.

Umsetzungsphase
In dieser Phase überlegt sich jede Person zwei bis drei Konsequenzen, die sich aus dieser Auseinandersetzung für sie ergeben. Diese werden schriftlich festgehalten oder mit Personen des Vertrauens ausgetauscht.

123.1 Visionen sind Vorstellungen, die in der Zukunft liegen.

Rollenspiel

Im Rollenspiel lassen sich Handlungsweisen gut erproben. Wie beim Theaterspielen gibt es eine Handlung und verschiedene Rollen. Diese werden gemeinsam entwickelt. Durch das Spiel wird erfahrbar, wie unterschiedlich man sich verhalten kann und wie diese Verhaltensweisen auf andere wirken. Aus diesem Grund ist das Rollenspiel gut geeignet, neue Verhaltensweisen auszuprobieren und Anregungen für die Gestaltung des eigenen Alltags zu bekommen.

So geht ihr in der Klasse vor

Vorbereitungsphase
- Alltagssituation, die gespielt werden soll, mit eigenen Worten beschreiben.
- Rollen klären, d. h. die Akteure der Alltagssituation werden näher beschrieben. Dabei werden die unterschiedlichen Sichtweisen herausgearbeitet.
- Die Lerngruppe teilt sich in verschiedene Gruppen. Jede Gruppe beschäftigt sich mit einer Person und deren möglichen Verhaltensweisen.
- Jede Gruppe bestimmt, wer die Rolle in der Durchführungsphase spielen wird. Die anderen Gruppenmitglieder sind dann Beobachtende.
- Die Lerngruppe entwickelt gemeinsam einen Beobachtungsbogen, der sich auf das Verhalten im Rollenspiel bezieht.

Durchführungsphase
- Am Anfang des Spiels stellt sich jede Person in ihrer Rolle kurz vor. Tipp: Requisiten helfen, in die Rolle zu schlüpfen.
- Nun wird gespielt. Während des Spiels machen sich die Beobachtenden Notizen.
- Zum Schluss der Spiels verabschieden sich die Spielerinnen und Spieler aus ihrer Rolle. Tipp: Requisiten ablegen und den eigenen Namen nennen helfen, aus der Rolle zu schlüpfen.

Auswertungsphase
- Die spielenden Personen sprechen über ihr eigenes Erleben während des Rollenspiels. Dabei berücksichtigen sie auch, ob es ihnen gelang, die Rolle zu übernehmen.

Situationsbeschreibung

Es ist 7.00 Uhr am Morgen. Emilia belegt bereits se einer halben Stunde das Badezimmer. Ihr Bruder N und die Mutter sitzen am Frühstückstisch. Die Tür auf, die Mutter sieht Emilia: „Wie siehst du denn au Wie aus dem Farbtopf." „Wie ich mich schminke un anziehe ist meine Sache! Ich brauche Geld, denn h Mittag lasse ich mir die Haare blondieren." Niklas: brauche auch Geld für den Frisör. Ich lass mir eine Undercut schneiden. Und alle in meiner Klasse hab die neuen Sneaker, die brauche ich auch." Mutter: bleibt mir echt die Luft weg! Denkt ihr ich bin eine druckmaschine? Und im Übrigen lauft ihr so nicht

124.1 Situationsbeschreibung für ein Rollenspiel

Rollenkarte Mutter: 38 Jahre

Sie arbeitet ganztägig im Supermarkt. Es ist ihr wichtig, dass ihre Kinder sich anständig benehmen und dass sie auch anständig aussehen. Sie verwaltet das Haushaltsgeld und rechnet mit jedem Euro. Sie kleidet sich selbst modisch, aber es müssen keine Marken sein.

Rollenkarte Emilia: 14 Jahre

Es macht ihr Spaß, durch Kleidung und Schminken aufzufallen. Ihren zwei Freundinnen geht es genauso. Dass ihre Mutter sich in ihr Aussehen einmischt und dass sie vom Geld der Eltern abhängig ist, geht ihr auf den Geist.

Rollenkarte Niklas: 16 Jahre

Er möchte immer cool aussehen. In seiner Clique ist es wichtig, die richtigen Marken zu tragen. Klar – das kostet Geld, aber das ist eben so! Die Streitereien zu Hause nerven ihn.

- Anhand von Beispielen äußern sich die Beobachtenden über ihre Wahrnehmungen.
- Gemeinsam wird diskutiert, welche Schlussfolgerungen aus dem Rollenspiel gezogen werden können und was auf den Alltag übertragbar ist. Eventuell werden ausgewählte Verhaltensweisen im erneuten Spiel erprobt und ausgewertet.

ALLTAG GESTALTEN

Alltagskultur wahrnehmen

Im Alltag haben wir viele Verhaltensmuster, die als Routinen ablaufen. Sich diese bewusst zu machen, kann hilfreich sein, um sie zu bestätigen oder um neue zu entwickeln. Hier findest du ein Angebot, Verhaltensmustern auf die Spur zu kommen.

Filmdokumentation

Filmt und präsentiert **Rituale** aus dem Schulalltag.

125.1 Schüler melden sich

Fotodokumentation

Fotografiert und präsentiert **Routinen** aus dem Schulalltag.

Tafeldienst: Carlos

Blumendienst: Nora

Ordnungsdienst: Can

125.3 Ämterplan der Klasse 8

Rollenspiel

Macht **Einflussfaktoren des Verhaltens** in einem Rollenspiel sichtbar.

125.2 Rollenspiel

Ausprobieren

Wählt eine **Verhaltensweise** aus, an der ihr Interesse habt, sie auszuprobieren, z.B. Essen/Mahlzeitengestaltung, Kleidung/ Körpergestaltung.

125.4 Schülerin probiert die Wirkung einer neuen Frisur aus

Alltag gestalten

Zeig, was du kannst:

1
Definiere folgende Begriffe:
a) Rituale
b) Routinen
c) Gewohnheiten

2
Nenne jeweils drei
a) Rituale
b) Routinen
c) Gewohnheiten
aus deinem Tagesablauf.

126.1 Situationen aus dem Schulalltag

3
Auch im Schulalltag gibt es typische Verhaltensweisen.
a) Charakterisiere fünf Rituale.
b) Diskutiere ihre Vor- und Nachteile.

4
Du gehst dem Widerspruch zwischen dem Bedürfnis nach Beständigkeit und dem schnellen Wandel nach:
a) Führe eine Befragung durch.
b) Präsentiere dein Ergebnis.

5
Erkläre am Beispiel des Essens, was Verhaltensmuster sind und wodurch sie entstehen.

6
Du zeigst mit der Methode Biografisches Lernen, wie sich deine Verhaltensweisen entwickelt haben. Wähle einen Bereich aus:
a) Essen
b) Kleidung
c) Freizeitverhalten
d) Zusammenleben
e) Medienverhalten

7
a) Dokumentiere deine Essbiographie.
b) Analysiere, was dein Essverhalten beeinflusst.

8
Beschreibe an Beispielen, wodurch dein Bekleidungsverhalten beeinflusst wird.

9
Viele Menschen schmücken ihren Körper mit Tattoos. Zu welchen Lebensstiltypen passt dieses Verhalten? Begründe deine Zuordnung.

126.2 Körpergestaltungen

ALLTAG GESTALTEN

Lernbilanz

10
Benenne die Faktoren, die für eine Verhaltensänderung wichtig sind.

11
Du willst dich im Alltag mehr bewegen. Formuliere Fragen zu den Bereichen Wollen, Wissen und Können, die dir helfen, dein Vorhaben umzusetzen.
Zum Beispiel:
Warum will ich mehr Bewegung im Alltag?

12
Nenne ein Beispiel, bei dem das Können Voraussetzung für eine Verhaltensänderung ist.

13
Diskutiert an Beispielen, warum es oft nicht möglich ist, das vorhandene Wissen im Alltag umzusetzen.

127.1 Informationen im Alltag

14
Tim liebt Fleisch. Aufgrund einer TV-Dokumentation über Massentierhaltung möchte er Vegetarier werden. Entwickle fünf Ratschläge, die ihm helfen sein Verhalten langfristig zu ändern und schreibe ihm einen Brief.

15
Zeinab ist total unordentlich und vergisst vieles. So gerne wollte sie sich verändern – nur hat es wieder nicht geklappt. Entwickelt und präsentiert ein Rollenspiel, das Lösungswege aufzeigt.

16
„Wer nichts kann, hat keine Wahl." Diskutiert diesen Satz und zeigt Konsequenzen auf.

17
Erkläre den Begriff Lebensentwurf.

18
Nenne drei Gründe, weshalb Zukunftsvisionen wichtig sind.

19
Zeige an einem Beispiel, wie dein Lebensentwurf deinen Alltag beeinflusst.

20
Erläutere an einem Beispiel, wie verschiedene Lebensentwürfe Ursachen für Konflikte im Zusammenleben darstellen können.

21
Schreibe die Phasen der Visionsarbeit auf und erkläre, was zu tun ist.

22
Du nimmst einen Lebensweg unter die Lupe, befrage dazu eine dir vertraute erwachsene Person. Dokumentiere dein Ergebnis.

127.2 Wie sieht mein Lebensentwurf aus?

Nachhaltig handeln

Was ist eigentlich nachhaltiges Handeln?

Was sagt der ökologische Fußabdruck aus?

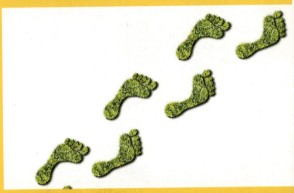

Wo begegnet mir nachhaltiges Handeln im Alltag?

Welche Möglichkeiten habe ich, mich nachhaltig zu verhalten?

Einkaufen und konsumieren macht Spaß.

Wir können aus einer Fülle von Angeboten auswählen. Je günstiger das Angebot, desto leichter greifen wir zu. Der Preis, die Marke und Gewohnheiten bestimmen wesentlich unser Einkaufsverhalten. Noch nie war die Freiheit zu wählen so groß. Vermehrt hören wir, dass diese Freiheit auch ihren Preis hat: überquellende Müllberge, unmenschliche Arbeitsbedingungen bei der Textil- und Lebensmittelproduktion, Massentierhaltung und Zunahme von Allergien sind nur einige Beispiele.

In diesem Kapitel …
kannst du lernen, deine Konsumentscheidungen und dein Verhalten im Alltag zu überprüfen. Du kannst entdecken, wo es dir möglich ist, dein Verhalten so zu verändern, dass du dich nachhaltig verhältst.

Nachhaltigkeit: Mir und der Mitwelt zuliebe

Nachhaltigkeit – was ist das?

Überall begegnet uns der Begriff der Nachhaltigkeit und nicht immer ist dasselbe damit gemeint. In Bezug auf das Konsumverhalten und den Umgang mit unserer Umwelt hat Nachhaltigkeit immer damit zu tun, wie sozialverträglich, wirtschaftlich und umweltverträglich ein Produkt ist. Dies bezieht sich aber nicht nur auf den Herstellungsprozess, sondern auch auf den Konsum und die Entsorgung des Produkts.

Sozialverträglichkeit
Damit sind menschenwürdige Arbeitsbedingungen, eine gerechte Entlohnung und die Mitbestimmung der Arbeitnehmerinnen und Arbeitnehmer im Betrieb gemeint.

Wirtschaftlichkeit
Dazu zählen die Qualität und die Kosten der Produkte. Kosten fallen an für Löhne, Energie, Rohstoffe, Geräte, Maschinen, Transport und Entsorgung.

Umweltverträglichkeit
Diese bezieht sich auf die möglichst geringe Belastung von Luft, Boden, Wasser und Mensch sowie einen niedrigen Energie- und Rohstoffverbrauch.

Nachhaltigkeitssteckbrief eines „vorbildlichen" Apfels

Darf ich mich vorstellen? Ich bin ein Apfel der Sorte Topaz aus der Bodenseeregion. Angebaut wurde ich auf einem Biohof. Das heißt, dass ich ohne chemische Behandlung angebaut wurde. Die Erntehelfer wurden nach Mindestlohn entlohnt. Ihre Arbeitszeit war klar geregelt. In einer Holzkiste wurde ich auf dem Wochenmarkt der Umgebung verkauft. Der Preis für mich liegt etwas höher als bei anderen Äpfeln auf dem Wochenmarkt. Die Kundin hat mich in einem Einkaufskorb auf dem Rad nach Hause transportiert. Abfall habe ich keinen produziert – lediglich mein Kerngehäuse landete auf dem Kompost.

INFO
Der Begriff der Nachhaltigkeit wurde auf der UN-Umweltkonferenz von Rio de Janeiro 1992 geprägt. 172 Staaten unterzeichneten die „Agenda 21" - das weltweite Aktionsprogramm für eine dauerhaft nachhaltige Entwicklung. Nachhaltige Entwicklung ist wesentlich abhängig von der Politik, der Wirtschaft und den Finanzmärkten und muss deshalb auf internationaler und nationaler Ebene angegangen werden.
Allerdings hat sich auch gezeigt, dass die Verbraucherinnen und Verbraucher durch ihr Verhalten Einfluss auf die nachhaltige Entwicklung nehmen können. Z. B. nahm die Produktion von Bio-Produkten aufgrund der größeren Nachfrage zu.

1 Lies den Steckbrief des Apfels und ordne die Aussagen den drei Segmenten des Kreises zu.

NACHHALTIG HANDELN

Der ökologische Fußabdruck

In den 1980er-Jahren entstand in der breiten Öffentlichkeit erstmals eine Diskussion über Umweltzerstörung und Ausbeutung der Erde. Es wurde deutlich, dass mit unserem Lebensstil die Ressourcen der Erde irgendwann zur Neige gehen und das Klima gefährdet ist. In der Folge hat sich die Wissenschaft damit beschäftigt, welche Spuren unsere Lebensweise auf unserem Planeten hinterlässt. Es wurde errechnet, wie viel Rohstoffe, Wasser, Energie und Luft der Erde wir jeweils mit unserem Lebensstil verbrauchen. Für die Berechnung werden folgende Bereiche berücksichtigt:
- Wohnen und Energieverbrauch
- Konsum
- Ernährung
- Fortbewegung

Um die erhobenen Daten zu veranschaulichen, werden sie in Hektar (1 ha = 10.000 m²) ausgedrückt. Diese „Spur", die wir alle hinterlassen, nennt man den „ökologischen Fußabdruck". Diese Berechnung ist sehr kompliziert, aber im Internet gibt es Programme zur Bestimmung des persönlichen ökologischen Fußabdrucks (www.footprint-deutschland.de oder www.latschlatsch.de). Du erfährst, wie viel Bodenfläche du für deinen Lebensstil benötigen würdest und ob dein Lebensstil umweltverträglich ist. Außerdem bekommst du Tipps, wie du durch dein Verhalten deinen ökologischen Fußabdruck vermindern kannst.

Die Biokapazität eines Landes gibt an, wie viel der Fläche ökologisch nutzbringend ist. Dabei wird auch die ökologische Entsorgung der Produkte mitberechnet.

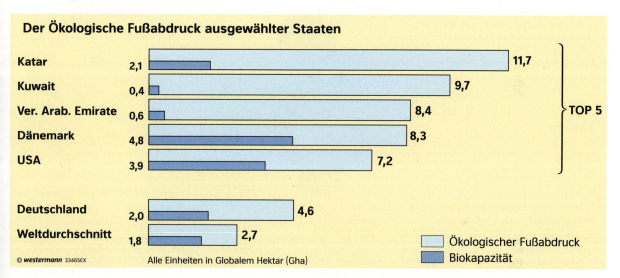

1
a) Berechne mithilfe einer der angegebenen Internetseiten deinen persönlichen ökologischen Fußabdruck.
b) Vergleicht eure Ergebnisse und findet heraus, woraus sich die Unterschiede ergeben.

2
a) Sammle Ideen, was du tun könntest, damit sich dein ökologischer Fußabdruck verringert.
b) Diskutiert die Möglichkeiten, die zur Verringerung des ökologischen Fußabdrucks führen.

3
Vergleiche den ökologischen Fußabdruck der Länder in der Grafik. Überlege dir Gründe, weshalb der Fußabdruck so unterschiedlich ausfällt.

Du weißt ...
was man unter einem ökologischen Fußabdruck versteht und kannst ihn für dich berechnen. Du kennst Möglichkeiten, ihn zu verringern.

Nachhaltigkeit an einem Beispiel

Wer sich nachhaltig verhalten will, muss auf mehr achten als nur auf Geschmack und Geld. Es müssen auch die sozialen, ökologischen und wirtschaftlichen Bedingungen berücksichtigt werden, die bei der Herstellung, beim Konsum und der Entsorgung des jeweiligen Produkts eine Rolle spielen. Das ist für eine einzelne Person im Alltag nicht zu leisten, denn es stellt eine Überforderung dar. Es gibt Organisationen, die sich dies zur Aufgabe gemacht haben. Sie bewerten einzelne Produkte von der Herstellung bis zur Entsorgung und machen Unternehmen sowie Verbraucherinnen und Verbrauchern Verbesserungsvorschläge. Am Beispiel der Milch kann man sehen, wie viele Aspekte dabei berücksichtigt werden müssen.

Produktion

- Wie werden die Kühe gehalten?
- Ist die Tierhaltung artgerecht?
- Wie sind die Arbeitsbedingungen?
- Entsprechen die Arbeitsbedingungen dem Arbeitsschutzgesetz?
- Wie viel Milch wird täglich produziert und wie viel Geld erhält der Landwirt dafür?
- Können mit dem Milchpreis die Produktionskosten und ein Gewinn erwirtschaftet werden?

Konsum

- In welchen Verpackungseinheiten wird diese Milch angeboten?
- Entspricht die Menge meinen Verbrauchsmöglichkeiten oder muss ich den Rest wegschütten?
- Welchen Fettgehalt hat die Milch?
- Entspricht der Fettanteil meinen gesundheitlichen Vorstellungen?
- Was kostet die Milch?
- Bekomme ich eine gleichwertige Milch auch billiger?

Herkunft

- Woher kommt die Milch?
- Wie hoch ist der Energieverbrauch für den Transportweg?
- Wer produziert die Milch?
- Wird auf die Gesundheit der Mitarbeiter geachtet?
- Wie lange ist die Milch von der Produktion bis zum Verkauf unterwegs?
- Kann durch ein anderes Transportmittel der Preis reduziert werden?

Entsorgung

- Ist die Milch verpackt?
- Kann diese Verpackung mehrmals verwendet werden?
- Wie wird die Verpackung entsorgt?
- Wie viel Energie (Strom) wird zur Entsorgung benötigt?
- Wie groß ist der Aufwand für die Entsorgung?
- Habe ich die Zeit, die Verpackung zu entsorgen?

Umweltverträglichkeit   Sozialverträglichkeit   Wirtschaftlickeit

---

1 Lies die Fragen durch. Welche sind auch für dich wichtig? Schreibe sie auf und begründe.

2 Formuliert gemeinsam Fragen für ein anderes Produkt (z. B. T-Shirt, Apfelsaft).

3 Recherchiert, welche Informationen ihr über euer ausgewähltes Produkt im Handel oder im Internet bekommen könnt. Präsentiert eure Ergebnisse.

> **Du kannst ...**
>
> zu einem Produkt Fragen stellen, um herauszufinden, wie nachhaltig es ist.

Menschen setzen unterschiedliche Schwerpunkte

„Es geht nicht darum, bei jedem Apfel aus Südafrika zu überlegen, ob du ihn essen darfst. Besser, du änderst ein paar grundlegende Dinge, um auf der sicheren Seite zu sein."
(Fluter, 35/2010, S. 16)

Wer sich nachhaltig verhalten will, muss informiert sein, weil in den Medien ständig neue Hintergrundinformationen zum Herstellungsprozess, zum Konsum und zur Entsorgung von Produkten veröffentlicht werden: Umweltbelastung durch Massentierhaltung, Arbeitsbedingungen in asiatischen Textilfabriken und zunehmende Allergien durch Lebensmittel sind nur einige Beispiele. Trotzdem kann man im Alltag nicht alle Aspekte von Nachhaltigkeit berücksichtigen. Jeder Mensch setzt je nach Lebenssituation und Lebensstil andere Schwerpunkte. Die folgenden Beispiele zeigen, dass es vielfältige Wege gibt, sich nachhaltig zu verhalten.

Ich kaufe ausschließlich Bioprodukte. Sie sind etwas teurer. Dabei achte ich jedoch auf kurze Fahrwege.

Ich kaufe nicht ständig neue Klamotten, nur weil meine alten out sind.

Ich bin Mitglied in einer Tauschbörse. Dinge, die ich nicht mehr brauche oder die mir nicht mehr gefallen, tausche ich.

Wenn bei uns in der Familie etwas kaputt geht, dann wird zuerst probiert, ob man es reparieren kann.

Mir macht es Spaß, aus alten Sachen neue Dinge herzustellen. Im Internet gibt es super Foren dazu!

Tomaten im Winter gibt es bei mir nicht. Ich kaufe das ein, was bei uns in der Region in der entsprechenden Jahreszeit wächst.

Schokolade zum Preis von 50 Cent – da muss was faul sein! Ich kaufe, wenn möglich, Fairtrade-Produkte.

Ich muss aufs Geld achten. Allerdings versuche ich, wo immer es möglich ist, unverpackte Lebensmittel einzukaufen.

133.1 Menschen setzen verschiedene Schwerpunkte

1 Lies die Beispiele durch und ordne Schlagworte den dargestellten Verhaltensweisen zu. Du kannst folgende Begriffe verwenden: Müllvermeidung, Preisbewusstsein, saisonale Produkte, regionale Produkte, Wiederverwertung, Weiterverwertung, Reparatur, Bioprodukte, Fairtrade-Produkte, Konsumverzicht.

2 Schreibe deine eigenen nachhaltigen Verhaltensweisen auf je eine Karte. Präsentiert diese und stellt Gemeinsamkeiten und Unterschiede fest.

Du kannst …
nachhaltige Verhaltensweisen benennen.

Essen, was **Region und Saison** zu bieten haben

Erdbeeren zu Weihnachten – muss das sein? Das ganze Jahr über können wir Obst und Gemüse kaufen, auch wenn es bei uns nicht angebaut wird. Es kommt aus unseren Nachbarländern oder aus anderen Erdteilen. Was niemand sieht: Diese Lebensmittel werden meist unreif geerntet und für den Transport besonders chemisch behandelt. Außerdem sind sie aufwendig verpackt und benötigen viel Treibstoff für den Transport. Nachhaltig einkaufen heißt zum Beispiel, möglichst Produkte einzukaufen, die in der entsprechenden Jahreszeit aus der Region stammen.

Saisonale Produkte

Obst/Gemüse	Jan.	Feb.	März	Apr.	Mai	Juni	Juli	Aug.	Sep.	Okt.	Nov.	Dez.
Äpfel								🍎	🍎	🍎	🍎	🍎
Birnen								🍐	🍐	🍐		
Erdbeeren					🍓	🍓	🍓					
Himbeeren							🍓	🍓				
Kirschen						🍒	🍒	🍒				
Pflaumen							🍑	🍑	🍑	🍑		
Bohnen, grün							🫛	🫛	🫛	🫛		
Erbsen						🫛	🫛	🫛				
Gurken							🥒	🥒	🥒	🥒		
Kartoffeln						🥔	🥔	🥔	🥔	🥔		
Kohlrabi							🥬	🥬	🥬	🥬	🥬	
Kürbis									🎃	🎃		
Möhren					🥕	🥕	🥕	🥕	🥕	🥕	🥕	
Porree/Lauch							🌿	🌿	🌿	🌿	🌿	
Spargel					🥬	🥬	🥬					
Weiß-/Rotkohl	🥬	🥬								🥬	🥬	🥬
Tomaten							🍅	🍅	🍅	🍅	🍅	
Zucchini							🥒	🥒	🥒	🥒	🥒	
Zwiebeln						🧅	🧅	🧅	🧅	🧅	🧅	

134.1 Saisonkalender

1 ≡ **A**
Ermittelt mithilfe des Saisonkalenders, welches Obst und Gemüse zurzeit bei uns geerntet wird.

2 ≡ **P**
Plant ein jahreszeitliches Gericht mit Produkten aus der Region. Kauft die Produkte ein und bereite das Gericht zu.

3 ≡
Aus jedem Produkt können unterschiedliche Gerichte zubereitet werden. Sammelt unterschiedliche Rezepte zu einem Produkt.

4 ≡ **R**
Sammelt Rezepte für unterschiedliche Jahreszeiten (Suppen, Eintöpfe, Salate) und stellt ein Jahreszeitenkochbuch zusammen.

Regionale Produkte

Regionale Produkte – dieser Begriff ist nicht genau definiert. Manche verstehen darunter Produkte aus einem Umkreis von 50 km, für andere ist regional, was aus dem eigenen Bundesland stammt. Für wie- der andere gelten Produkte nur dann als regional, wenn sie in der Nachbarschaft hergestellt wurden. Grundsätzlich gilt, dass der Weg vom Erzeuger zum Verbraucher kurz sein soll.

Woran man regionale Produkte erkennen kann

135.1 Label

135.2 Angabe der Herkunft

135.3 Hofladen

Gute Gründe, regionale Produkte zu wählen

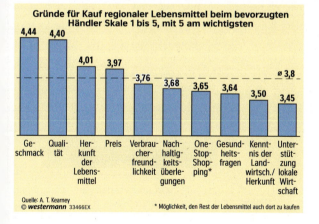

- Diese Produkte müssen nicht weit transportiert werden. Das spart Sprit und Abgase.
  Beispiel: Bei einem Transport mit dem Flugzeug ist der Energieverbrauch 520mal höher als mit dem Schiff oder Lkw.
- Regionale Produkte sind meist sehr frisch und haben daher noch alle Vitamine.
- Sie werden häufig unverpackt angeboten. Das spart Verpackungsmüll.
- Sie werden meist reif geerntet und schmecken deshalb besser.
- Sie sichern Arbeitsplätze in der Region.

1 Beschreibe mithilfe einer Landkarte, was für dich zur Region gehört.

2 Lies die Angabe auf Verpackungsaufschriften. Welche davon stammen aus deiner Region? Begründe deine Auswahl.

3 „Fortschritt heißt für mich, das ganze Jahr über alles zu bekommen. Warum sollte ich darauf verzichten?" Führt eine Pro-und-Kontra-Diskussion oder ein Rollenspiel durch.

> **Du kannst …**
> mithilfe des Saisonkalenders saisonale Produkte auswählen. Du kennst Gründe für den regionalen und saisonalen Einkauf.

Bioprodukte kaufen

Informationen zur Produktion und Kennzeichnung von Bio-Lebensmitteln

Um ökologisch hergestellte Produkte von konventionell hergestellten unterscheiden zu können, führte Deutschland bereits 2001 das staatlich kontrollierte „Bio-Siegel" ein. Seit 2010 gibt es auch ein europäisches Bio-Siegel.

Diese Siegel erhalten nur landwirtschaftliche Betriebe, deren Produkte nicht gentechnisch verändert wurden und die ohne Einsatz konventioneller Pflanzenschutz- und Schädlingsbekämpfungsmittel, Kunstdünger oder Abwasserschlamm angebaut wurden. Tierische Bio-Produkte stammen von Tieren, die (entsprechend der EU-Verordnung) artgerecht gehalten und in der Regel nicht mit Antibiotika und Wachstumshormonen behandelt wurden. Außerdem dürfen Bio-Produkte nicht ionisierend bestrahlt oder mit Lebensmittelzusatzstoffen versetzt werden.

Die Siegel werden durch regelmäßige Kontrollen überwacht. Die Kontrollnummer auf der Lebensmittelverpackung gibt Auskunft, welche Öko-Kontrollstelle das Lebensmittel überprüft hat. Manche Zusatzstoffe und genetische veränderte Zusätze in geringem Prozentsatz lässt das Gesetz zu.

Die meisten ökologisch produzierenden Betriebe haben sich in Dachverbänden organisiert, welche neben den Öko-Richtlinien der EU weitere strenge Auflagen an die Herstellung der Produkte stellen. Bei Einhaltung dieser Richtlinien werden die Produkte mit einem Verbandssiegel gekennzeichnet.

Lebensmittel, die aus der ökologischen Landwirtschaft stammen, werden als „Bio-Lebensmittel" oder „Öko-Produkte" bezeichnet. Die Begriffe „bio" und „öko" sind durch eine EU-Verordnung gesetzlich definiert und geschützt. Die EU-Öko-Verordnung definiert, welche landwirtschaftlichen Produkte seit 2010 als „Öko"- oder „Bio"-Produkte gekennzeichnet werden dürfen. Für Textilien gibt es bisher noch keine verbindliche Ökoverordnung.

136.1 Deutsche Kennzeichnung für biologisch hergestellte Lebensmittel

136.2 Europäische Kennzeichnung für biologisch hergestellte Lebensmittel

1
Lies den Text und halte in Stichworten schriftlich fest, was bei der Produktion von Öko-Lebensmitteln beachtet werden muss.

2
Suche nach weiteren Öko-Kennzeichen auf Lebensmitteln. Finde ihre Bedeutung heraus und dokumentiere das Ergebnis schriftlich.

3
Es gibt auch Ökolabels für Textilien. Recherchiere im Internet, wie sie aussehen und was sie aussagen.

Du kennst ...
Ökosiegel für Lebensmittel und kannst erklären, was sie bedeuten.

Bio gut – alles gut?

137.1 Umsatzsteigerungen bei Bio-Lebensmitteln

Die Nachfrage nach Bio-Lebensmitteln ist in den letzten Jahren stetig gestiegen. Dies hat dazu geführt, dass selbst herkömmliche Supermärkte und Discounter Bioprodukte anbieten. Oft sind diese Produkte jedoch nicht saisonal, haben einen weiten Transportweg hinter sich und sind aufwendig verpackt. Außerdem haben viele Unternehmen eigene Biokennzeichen geschaffen, die aber nicht unbedingt den gesetzlichen Anforderungen entsprechen. Deshalb ist es wichtig, sich nicht nur auf die Bezeichnung „Bio" zu verlassen, sondern zu schauen, ob das Biosiegel glaubwürdig ist. Grundsätzlich ist zu überlegen, wie hilfreich Biosiegel für Menschen sind, die sich nachhaltig verhalten wollen.

Frau Liebig (34 Jahre)
Seit es Bio-Produkte auch beim Discounter gibt, kaufe auch ich öko ein. Der Preisunterschied ist nicht so groß und meine Gesundheit ist mir wichtig. Wo die Produkte herkommen, interessiert mich eigentlich nicht. Ich orientiere mich nur am Bio-Siegel.

Frau Birzele (64 Jahre)
Bio-Produkte kaufe ich nur im zertifizierten Bio-Hofladen, der alles selbst produziert oder von Herstellern aus der direkten Umgebung bezieht. Also sind alle Waren saisonal und regional. Mir schmecken sie auch besser.

Herr Simsek (43 Jahre)
Bio-Produkte kaufe ich immer ein. Ich weiß, dass ich dafür etwas mehr Geld ausgeben muss. Diesen Sommer habe ich Bio-Kartoffeln und Bio-Möhren aus Israel gesehen. Da frage ich mich schon, ob das noch bio ist.

Frau Heck (56 Jahre)
Beim Einkauf von Lebensmitteln genügen mir die Bio-Siegel nicht. Ich achte auf Siegel, bei denen neben der Umweltverträglichkeit auch die Sozialverträglichkeit geprüft ist. Tee oder Kaffee, der von Kindern gepflückt wurde, kann ich nicht genießen.

---

1 Betrachte die Statistik und lies die Aussagen der Personen. Finde Gründe, weshalb immer mehr Bio-Lebensmittel gekauft werden.

2 Was könnte dich veranlassen, Bio-Lebensmittel zu kaufen? Sprecht darüber.

3 Befrage verschiedene Personen, weshalb sie Bio-Lebensmittel kaufen bzw. diese ablehnen. Stelle deine Ergebnisse vor.

4 Recherchiere im Internet zwei verschiedene Biosiegel für Textilien. Finde heraus, was sie bedeuten und worin sie sich unterscheiden.

Du kannst ...
Argumente nennen, warum man bei Bioprodukten kritisch nachfragen muss.

Fair gehandelte Produkte bevorzugen

Kauf von fair gehandelten Produkten

Die Auswahl von fair gehandelten Produkten wird immer größer:

- Lebensmittel
- Spielzeug
- Reisen
- Sportartikel
- Textilien

Fair gehandelte Produkte gibt es:
- im Supermarkt
- im Versand- und Naturkosthandel
- in Weltläden

Fair gehandelte Waren sind in der Regel teurer. Bei der Verpackung wird darauf geachtet, dass sie umweltverträglich ist.

Siegel von fair gehandelten Produkten

138.1 Siegel für fair gehandelte Produkte

Es gibt viele Siegel für fair gehandelte Produkte. Allerdings sollte man bei jedem Siegel recherchieren, wer das Siegel anbietet und welche Ziele die Organisation verfolgt.

Was ist fair am fairen Handel?

- Der garantierte Mindestpreis deckt die Produktionskosten und Löhne der Erzeuger. Er liegt deutlich über dem Weltmarktniveau.
- Erlöse aus dem Verkauf kommen den Erzeugern zu Gute, indem z. B. Schulen oder Trinkwasserbrunnen gebaut werden.
- Die Arbeitenden haben das Recht, sich zu organisieren und das Recht auf Mitbestimmung.
- Die Erzeuger in den Ländern werden weitergebildet, um den Anbau und den Verkauf zu verbessern.
- Neue Projekte der Erzeuger können durch eine Vorfinanzierung unterstützt werden.
- Es wird darauf geachtet, dass das Arbeitsumfeld sozial- und gesundheitsverträglich ist.
- Ausbeutung durch Kinder- und Sklavenarbeit ist verboten.
- Die Gleichberechtigung von Frauen wird durch gleiche Bezahlung und Stärkung ihrer Position innerhalb der Gemeinschaften gestärkt.
- Für einen fairen Handel ist eine transparente Geschäftsführung aller Beteiligten grundlegend.
- Eine ökologische Landwirtschaft ist nicht zwingend vorgeschrieben, wird jedoch gefördert.

1
Lies die Informationen zum Fairtrade-Handel. Warum werden die Produkte als „fair" bezeichnet? Sammle Begründungen und schreibe sie auf.

2
Erkundige dich vor Ort, welche Waren mit einem Fair-Siegel gekennzeichnet sind und halte dein Ergebnis fest (Tabelle, Fotos).

3
Wähle ein Produkt (z. B. Schokolade) aus und vergleiche das fair gehandelte Produkt mit vergleichbaren Angeboten (Preis/Menge, Aussehen/Geschmack/Geruch, Verpackung, Verarbeitung, Kennzeichnung).

4
Führt eine Pro-Kontra-Diskussion zu der Aussage durch „Ein guter Mensch kauft fair gehandelte Produkte".

Du weißt ...
was fair gehandelte Produkte bedeuten.

Fleischkonsum reduzieren

Täglich Fleisch und Wurst zu essen ist für viele Menschen eine Selbstverständlichkeit. Dies ist heute möglich, weil Fleisch und Wurst billig sind. In den letzten Jahren hat sich der Verbrauch jedoch leicht verändert. Berichte über die nicht artgerechte Behandlung von Tieren, die Auswirkungen der Massentierhaltung auf die Umwelt und die Belastung von Fleisch und Wurst durch Arzneimittelrückstände haben viele Verbraucherinnen und Verbraucher aufgeschreckt. Die Deutsche Gesellschaft für Ernährung empfiehlt, mehr auf die Fleischqualität zu achten und lediglich 2–3-mal in der Woche Fleisch oder Wurst zu verzehren. Das veränderte Verbraucherverhalten und die vielfältigen Aktionen des Tier- und Umweltschutzverbände haben bereits zu ersten Veränderungen in der Tierhaltung und -produktion geführt (Hühnerhaltung).

Immer mehr Tiere werden in Massentierhaltung aufgezogen und gemästet:
- artgerechte Haltung ist nur eingeschränkt möglich,
- hoher Wasserverbrauch,
- hohe Hygienestandards,
- Zukauf von Futtermitteln nötig (z. B. Soja aus Brasilien),
- Einsatz von Medikamenten und Antibiotika erlaubt,
- bei Rindermast Klimabelastung durch Methangase aus dem Verdauungstrakt,
- Export von Fleischüberschüssen in die Entwicklungsländer zerstört deren heimische Fleischproduktion,
- hoher Maschineneinsatz bei geringem Personaleinsatz.

INFO
Bei einem täglichen Verbrauch von 250 g Fleisch oder Wurst beträgt der ökologische Fußabdruck 9 m².

Die weitreichenden Folgen des übermäßigen Fleischkonsums

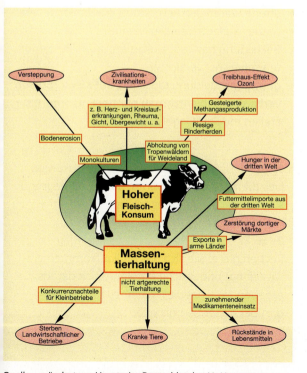

Quelle: verändert aus Vegetarier Deutschlands e.V., Hannover

1 Sprecht über euren Fleischkonsum. Stellt Unterschiede und Gemeinsamkeiten fest.

2 Lies die Informationen über die Auswirkungen des Fleischkonsums. Was ist dir bekannt, was ist dir neu? Erstelle eine Tabelle.

3 Ermittle, welche Fläche eingespart werden kann, wenn täglich nur 100 g Fleisch verzehrt werden.

4 Erprobt pikante vegetarische Brotaufstriche.

Du kannst ...
Gründe für einen reduzierten Fleischkonsum nennen.

Abfall vermeiden und Abfall sortieren

Unsere Müllberge werden immer höher. Das heißt, Menschen kaufen immer mehr ein und werfen Dinge schneller fort. Auch viele Jugendliche haben diesen konsumorientierten Lebensstil. Es muss immer etwas Neues sein, es soll billig sein und nach Außen Eindruck machen. Dieser Lebensstil schädigt die Umwelt, verbraucht Ressourcen und hat Auswirkungen auf die Gesundheit.

Abfall sortieren und entsorgen

- Mülltrennverfahren und Entsorgungsstellen im Müllkalender lesen
- Abfall entsprechend sortieren
- Termine der Müllabfuhr beachten

So macht man den Materialtest zur Müllentsorgung:
Verbundkarton ➡ Reißprobe (wenn Schichten sichtbar werden, darf diese Verpackung nicht mit dem Altpapier entsorgt werden)
Kork ➡ Brennprobe (Kunststoffkorken schmelzen)
Kunststoffe ➡ Kunststoffart ist auf der Verpackung aufgedruckt (PE, PS, PP, PET) und muss in einigen Gemeinden getrennt sortiert werden.
Metall ➡ Magnet (Eisen ist magnetisch, Alufolie nicht)

Abfall vermeiden
Kennzeichnungsverordnung beachten

Das Mindesthaltbarkeitsdatum

- ... steht auf allen verpackten Lebensmitteln.
- ... gibt an, bis zu welchem Tag, Monat oder Jahr das ungeöffnete und richtig gelagerte Lebensmittel seine Eigenschaften behält (Geschmack, Geruch, Farbe, Konsistenz).
- ... ist kein Verfallsdatum, das Produkt ist nach Ablauf des Datums meist noch mehrere Tage oder Wochen genießbar (überprüfen durch Sehen, Riechen, Schmecken).
- Abgelaufene Lebensmittel dürfen noch als Sonderangebote verkauft werden.

Das Verbrauchsdatum

- ... steht nur auf leicht verderblichen Lebensmitteln (Hackfleisch, Geflügel, Fisch)
- ... gibt an, bis wann das Lebensmittel verzehrt werden muss und welche Temperatur bei der Kühlkette eingehalten werden muss.
- ...ist ein Verfallsdatum, d.h. das Produkt darf danach auf keinen Fall mehr verkauft oder verzehrt werden.

Tipps zur Vermeidung von Abfall

- mit Einkaufszettel und Korb oder Tasche einkaufen gehen
- begrenzt Lebensmittelvorräte anlegen und diese immer wieder überprüfen
- ältere Vorräte zuerst aufgebrauchen
- offene Waren den verpackten Waren vorziehen
- wieder aufladbare Akkus kaufen
- Bekleidung bewusst einkaufen, auf Billigklamotten möglichst verzichten
- getragene Kleidung tauschen, auf Kleiderbörsen verkaufen und entsorgen nur bei Entsorgungsstellen mit Fair-Siegel

1
Lies die Tipps zur Müllvermeidung und begründe sie schriftlich. Finde weitere Tipps.

2
Recherchiere, wie sich das Müllaufkommen entwickelt hat und welche Probleme sich daraus ergeben. Was hat dies mit dir zu tun? Redet darüber in der Lerngruppe.

Du kannst ...
Möglichkeiten zur Abfallvermeidung anwenden.

Reste verwerten

„Essen wirft man nicht weg!" Früher hat man diesen Ausspruch oft gehört. Es wurde kaum etwa weggeworfen, obwohl man häufig gar keine Kühlschränke und Kühltruhen hatte. Heute halten viele diese Haltung für überholt, weil wir es uns leisten können, ständig frische Lebensmittel zu haben. Alle kennen das: Von der Mahlzeit bleiben Reste übrig, weil zu viel gekocht wurde, der Appetit nicht so groß war oder es nicht geschmeckt hat. Schnell landet alles im Müll. Nachhaltig handeln heißt, Essensreste weiter zu verwenden.

Richtig portionieren – Reste vermeiden

Lebensmittel	Menge pro Person
Rohkost/Salat	70 – 100 g
Salatsoße	1 – 2 EL
Fleisch	125 g
Gemüse (Beilage)	150 – 200 g
Gemüse (Hauptgericht)	300 – 500 g
Nudeln/Reis	50 g roh 150 g gegart

1 A
Was ist deine Meinung zum Umgang mit Lebensmittelresten? Tauscht euch in der Lerngruppe darüber aus.

2 R
Recherchiert beim Bäcker, im Supermarkt und in Restaurants, was mit Lebensmittelresten geschieht. Präsentiert euer Ergebnis.

3 P
Sammelt und erprobt Rezepte zu folgenden Speiseresten:
- gekochte Penne
- gekochte Pellkartoffeln
- gekochter Blumenkohl
- Tomatensoße
- braune Bananen
- trockenes Brot

Du kannst ...
Möglichkeiten nennen und anwenden, Reste zu vermeiden und Reste zu verwerten.

Textilien pflegen

Wer gelernt hat, Pflegeetiketten zu lesen, Wäsche zu sortieren, Waschmittel richtig zu dosieren, Geräte richtig zu bedienen, spart Wasser, Energie und Waschmittel. Das schont die Textilien und die Umwelt.

Etiketten lesen

Wäsche vorbereiten
- Wäsche sortieren: weiß, dunkel, empfindlich (Seide, Wolle, Sportwäsche)
- Waschtemperatur der Wäschestücke beachten (Pflegeetiketten lesen)
- Taschen entleeren
- Waschmaschine nur voll laufen lassen (spart Strom, Wasser und Waschmittel)
- starke Verschmutzungen oder Flecken mit Spezialmittel vorbehandeln

Waschen
- Waschtemperatur wählen
- Waschmittel dosieren (Angaben auf der Waschmittelpackung beachten)
- Weichspüler sparsam dosieren oder ganz weglassen, denn sie belasten die Gewässer
- Vorwaschgang nur bei sehr verschmutzter Wäsche benutzen
- nach dem Waschen Maschine ausschalten, Wasserhahn abdrehen, Tür zum Austrocknen offen lassen

WASCHGANG 60 °C (Baumwolle) — FEINWASCHGANG 40 °C (Synthetik) — HANDWÄSCHE — NICHT WASCHEN

Die Zahl im Waschbottich gibt die maximale Waschtemperatur an.

Trocknen und bügeln
- Empfindliche Wäsche auf einem Bügel oder einem ausgebreiteten Handtuch trocknen lassen
- Wäschetrockner spart Zeit und Arbeit, verbraucht aber viel Energie
- Wäsche möglichst glatt aufhängen, das erspart teilweise das Bügeln
- Bügeltemperatur beachten (Pflegeetiketten)
- Tipps zum Bügeln und Zusammenlegen von Wäsche findet ihr als Videoclips im Internet

NICHT TROCKNERGEEIGNET — TROCKNERGEEIGNET bei niedriger Temperatur — TROCKNERGEEIGNET

LAUWARM BÜGELN, Acryl, Nylon, Polyester — HEISS BÜGELN, Baumwolle, Leinen, Viskose — NICHT BÜGELN

Chemische Reinigung

KANN GEREINIGT WERDEN — KANN GEREINIGT WERDEN (Buchstaben sind für die Reinigung) — NICHT REINIGEN

Bleichen

CHLORBLEICHE NICHT MÖGLICH

---

1 Erprobt verschiedene Handlungsmöglichkeiten: Wäsche sortieren, Handwäsche durchführen, bügeln.

2 Vergleicht und bewertet verschiedene Waschmittel: Hersteller, Inhaltsstoffe, Dosierung, Preise.

3 Erkundet das Dienstleistungsangebot verschiedener Textilreinigungsbetriebe. Vergleicht die Preise. Überlegt, wann ein solches Angebot sinnvoll ist.

Du kannst …
Pflegeetiketten lesen und weißt, was zur Textilpflege gehört.

NACHHALTIG HANDELN

Pflege- und Wartungsarbeiten durchführen

Alles im Haushalt muss gepflegt werden, damit es möglichst lange gut aussieht und gebraucht werden kann. Einfache Pflege- und Reparaturarbeiten selbst auszuführen, spart Geld. Bei den eingesetzten Reinigungsmitteln muss man auf die Gefahrensymbole achten und entsprechende Sicherheitsmaßnahmen treffen (vgl. S. 163).

Wartungsarbeiten	Was man benötigt	Wie man vorgeht
Entkalken	• Wasser, Haushaltsessig, Salz • Messbecher	• 2 EL Haushaltsessig mit 2 TL Salz in 1 l Wasser geben • Lösung ins Gerät einfüllen und erhitzen • Gerät mehrmals mit klarem Wasser spülen
Knopf annähen	• farblich passender Knopf, der durchs Knopfloch passt, • farblich passender Nähfaden, • Nähnadel, • Schere, • evtl. Streichholz	• Faden einfädeln und doppelt nehmen, verknoten • von der Stoffunterseite her nach oben einstechen, kleinen Befestigungsstich machen • Knopf annähen, dabei den Faden nicht zu fest anziehen, damit der Knopf nicht zu dicht auf dem Stoff aufliegt • nach 4–5 Stichen das „Füßchen" zwischen Knopf und Stoff umwickeln • den Faden auf der Stoffunterseite vernähen und abschneiden
Abflussverstopfung beheben	• Gummisaugglocke	• Gummisaugglocke über den Abfluss stellen • Wasser einlaufen lassen • Saugglocke mehrmals kräftig nach unten drücken, solange, bis das Wasser wieder abfließt
Kühl- und Gefriergeräte abtauen und reinigen	• Eimer mit heißem Wasser, • Spülmittel, • Essig, • Schwammtuch, • trockenes Tuch	• in der Gebrauchsanweisung nachlesen, welche Abtauvorschriften gelten • Gerät abschalten und ausräumen • Gefriergut in Zeitungspapier oder Decken wickeln • bei Geräten ohne Abtauautomatik: Topf mit heißem Wasser in das Gerät stellen • Schubladen, Körbe und Einlegeböden mit Essigwasser reinigen • abgetauten Innenraum auswischen (heißes Wasser mit Spülmittel oder Essig) • mit einem trockenen Tuch ausreiben • Gummidichtungen sorgfältig mit Essigwasser reinigen • Gerät einräumen und einschalten

Was tun, wenn Störungen auftreten?
• genau überlegen, welche Funktion gestört ist
• in der Gebrauchsanweisung nachlesen, was zu tun ist
• prüfen, ob man die Reparatur selbst durchführen kann oder Hilfe benötigt.

Was tun, wenn man die Störung nicht selbst beheben kann?
In der Gebrauchsanweisung oder im Internet nach den Kundendienstdaten suchen, alle notwendigen Gerätedaten bereithalten, Kundendienst kontaktieren.

🅿 Erprobt und bewertet Wartungsarbeiten im Unterricht (Zeit, Schwierigkeit, enthaltene Gefahrstoffe, Ergebnis).

Du kannst ...
einfache Wartungsarbeiten durchführen.

Methode

Erkundung

Bei einer Erkundung geht es darum, Informationen zu beschaffen, zu bestätigen oder zu klären. Hierfür wird das Schulgebäude verlassen und die entsprechenden Betriebe, Institutionen, Geschäfte und Personen vor Ort besucht.

Eine Erkundung erfolgt in drei Abschnitten

Erkundung:
Ort:
Ansprechpartner/in:
Termin:
Fragen:

Ein Erkundungsbogen wird entwickelt

1. Vorbereitung
- Erkundungsvorhaben klären
- Erkundungsort festlegen
- Erkundungsteams bilden
- Erkundungsauftrag formulieren
- Erkundungsbogen entwickeln
- Aufgabenplan erstellen

Schülerinnen führen ein Interview

2. Durchführung
- Mithilfe des erstellten Erkundungsbogens die Erkundung durchführen
- Ergebnisse festhalten:
  - Notizen anfertigen
  - Tonbandaufnahmen
  - Fotos
  - Videos

Erkundungsergebnisse werden präsentiert

3. Nachbereitung
- Erkundungsergebnisse in der Gruppe zusammenfassen, strukturieren, analysieren und bewerten
- Erkundungsergebnisse dokumentieren und präsentieren
- Eventuell Erkundungsergebnisse vertiefen, Zusatzinformationen einholen, neu gewonnene Erkenntnisse klären und festhalten

NACHHALTIG HANDELN

Textilien mit der Nähmaschine reparieren

Ein Loch in der Jeans? Das ist noch kein Grund, die Hose wegzuwerfen. Zu nachhaltigem Verhalten gehört auch die Bereitschaft, beschädigte Textilien auszubessern. Damit kann man Geld sparen und leistet einen Beitrag, den Müllberg nicht weiter anwachsen zu lassen. Beschädigte Textilien lassen sich häufig mit der Nähmaschine reparieren. Entsprechende Videoanleitungen findet man auch im Internet.

Flicken aufnähen
Passenden Flicken auswählen (Material, Farbe, Stärke). Den Flicken auf die rechte Seite des auszubessernden Stoffes stecken bzw. heften. Er muss so groß sein, dass alle „dünnen" Stellen überdeckt sind. Den Flicken mit Zickzackstich bzw. einem elastischen Stich rundherum so festnähen, dass die Nadel jeweils beim äußersten Stich direkt neben dem Flicken in den Stoff einsticht. Danach auf der linken Seite den beschädigen Stoff herausschneiden.

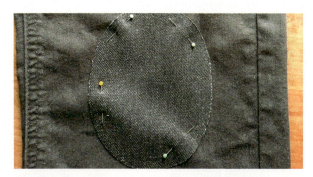

145.1 Flicken aufstecken

Riss ausbessern
Passende Bügelvlieseline auswählen und zuschneiden. Sie muss etwa 1 cm länger und breiter sein als der Riss. Von der linken Seite die Vlieseline aufbügeln. Textil drehen und auf der rechten Seite den Riss entlang mit Zickzackstichen auf- und abnähen, bis der Riss stabil geschlossen ist.

145.2 Vlieseline aufbügeln

Reißverschluss einnähen
Passenden Reißverschluss auswählen (Farbe, Länge, Funktion). Alten Reißverschluss heraustrennen und neuen Reißverschluss genauso feststecken. Reißverschluss heften. Reißverschlussfüßchen in die Nähmaschine einsetzen und Stichlänge wählen. Passenden Ober- und Unterfaden einfädeln. Auf der rechten Seite des Textils den Reißverschluss einnähen. Vorsicht beim Wechsel auf die andere Reißverschlussseite. Heftfaden herausziehen.

145.3 Reißverschluss einnähen

1
  a) Bringt Textilien zur Reparatur mit und erprobt eine Handlungsweise. Geht dabei nach der Anleitung vor.
  b) Bewertet eure Ergebnisse (Zeit, Kosten, Haltbarkeit, Aussehen).

2
Erkundigt euch, wie viel eine Reparatur bei einer Änderungsschneiderei kostet. Diskutiert, wann sich das Selbermachen lohnt.

Du kannst ...
eine Reparatur mit der Nähmaschine nach Anleitung durchführen.

Aus alt mach neu

Kleidung und Wohntextilien sinnvoll zu entsorgen, ist ein Beitrag zu nachhaltigem Handeln. Man kann die aussortierte Kleidung oder Wäsche in Kleiderkammern bringen, wo sie Bedürftigen zur Verfügung gestellt werden. Man kann sie auch in Kleidercontainern und Kleidersammlungen entsorgen. Allerdings stehen dahinter oft Gewerbebetriebe, die ihre gesammelten Textilien in Entwicklungsländer schicken und dort die heimische Produktion beeinträchtigen. Deshalb muss hier genau nachgefragt werden, wer den Container oder die Sammlung betreibt. Aus gebrauchten Textilien neue Produkte selbst herzustellen, macht Spaß und ist ein weiterer Weg, sich nachhaltig zu verhalten.

Kleinere Stoffstücke zuschneiden und zusammennähen, damit eine größere Fläche entsteht. Daraus entstehen z. B. Schals, Kissen, Taschen oder Mäppchen.

Stoffreste in 2,5 cm breite Streifen schneiden. Streifen zusammenknoten. Mit einer dicken Häkelnadel Flächen häkeln. So können Teppiche, Kissen, Taschen hergestellt werden.

Schnittmuster für eine Tasche entwerfen oder besorgen. Schnittteile aus gebrauchten Textilien zuschneiden und zusammen nähen.

Weitere Anregungen findet ihr in Zeitschriften und im Internet.

1 A
Lest die Informationen. Wie entsorgt ihr eure Textilien? Tauscht euch darüber aus.

2 R
Erkundet, welche Möglichkeiten es in eurem Ort gibt, Kleidung bzw. Textilien zu entsorgen (Dokumentation durch Fotos, Videos).

3 P
Wählt eine Möglichkeit aus, aus etwas Altem etwas Neues zu machen und stellt es her. Bewertet eure Ergebnisse nach den Kriterien Geld, Zeitaufwand, Verarbeitung und Aussehen.

4
Dein Lieblingskleidungsstück erzählt seine Geschichte. Schreibe sie auf und präsentiere sie.

Du kennst …
Möglichkeiten, Kleidung nachhaltig zu entsorgen und kannst aus alten Textilien etwas Neues herstellen.

Mit anderen teilen, gemeinsam etwas tun

Für immer mehr Menschen ist nachhaltiges Handeln wichtig. Sie machen dies nicht nur der Umwelt zuliebe, sondern wollen damit auch soziale Kontakte aufbauen, pflegen und miteinander Spaß haben.

Die Bewegung, bei der viele tolle Ideen vor Ort umgesetzt werden, nennt man „social sharing". „Teilen und Nutzen" statt „Besitzen und Kaufen" lautet das Grundprinzip dieser neuen Bewegung.

Repair Café: Hier treffen sich Menschen bei einem Getränk oder Snack, um unter fachkundiger Anleitung de-fekte Geräte zu reparieren oder reparieren zu lassen.

Besonders in Städten ist der neue Trend **Urban Gardening** entstanden. Menschen suchen Plätze in ihrer Umgebung, um gemeinsam Blumen, Gemüse oder Kräuter anzupflanzen und zu ernten.

Wer nicht ständig ein Auto braucht, kann sich bei einer **Carsharing**-Organisation anmelden. Bei Bedarf bekommt man gegen Gebühr ein Auto zur Verfügung gestellt.

Handarbeitstreffs gibt es meist in einem Laden. Hier treffen sich Interessierte zum Handarbeiten. Oft kann man dort auch das benötigte Material kaufen und bekommt Anleitungen.

Verschenken und tauschen ist das Prinzip der **Tauschbörsen**. Es gibt sie im Internet, aber auch organisiert von Gemeinden und Vereinen.

An einer öffentlich zugänglichen Stelle werden Bücher, Spiele usw. auf einem **Flohmarkt-Tisch** deponiert und können mitgenommen werden. Jeder kann Waren dort einstellen oder gratis mitnehmen.

1 Lest die Vorschläge und begründet, was daran nachhaltig ist. Tauscht euch darüber aus.

2 Sammelt eigene Ideen und wägt Vor- und Nachteile eines solchen Vorhabens ab.

> **Du kennst …**
> Gründe für die Bewegung „social sharing".

Nachhaltig handeln

Lernbilanz

Zeig, was du weißt und kannst:

1
Erkläre, was der Begriff Nachhaltigkeit bedeutet.

148.1 Unterhalten über Nachhaltigkeit

2
Wähle ein Produkt aus und überlege dir vier Fragen, mit denen du der Nachhaltigkeit des Produkts auf die Spur kommst.

3
Überlege dir zwei Handlungsweisen, die nachhaltig sind und die du in Zukunft stärker berücksichtigen willst. Schreibe sie auf einen Spickzettel.

4
a) Was war beim Thema „Nachhaltig handeln" für dich besonders interessant? Gestalte eine Mindmap zu diesem Bereich.
b) Was hat du Neues über dich, deine Einstellungen, deine Fähigkeiten und Fertigkeiten erfahren? Nenne Beispiele.

5
„Ich bin so froh, dass es im Laden das ganze Jahr Tomaten, Gurken und Paprika gibt. Das sind meine Lieblingsgemüse. Nun hat meine Mutter angekündigt, dass sie dieses Gemüse von November bis Juni nicht mehr kaufen will. Was soll daran denn besser sein?" Nimm Stellung dazu.

148.2 Gemüse auswählen

6
Es wird immer wieder gefordert, einen fleischfreien Tag einzuführen. Nenne drei Gründe, die für und drei Gründe, die gegen diese Forderung sprechen.

NACHHALTIG HANDELN

 Lernbilanz

7
Der Reißverschluss deiner Jeans ist kaputt. Sie ist nicht mehr neu, aber du liebst sie. Was könntest du tun?

8
„In letzter Zeit gab es bei uns in der Familie wegen der Hausarbeit öfter Zoff. Nun haben wir im Familienrat beschlossen, dass jeder in der Familie für einen Arbeitsbereich zuständig ist. Ich habe mich bereit erklärt, die Wäsche zu waschen und möchte das möglichst umweltverträglich tun." Gib mindestens sechs Tipps dazu.

9
Vom Mittagessen sind Kartoffelpüree und Karottengemüse übrig. Wie könntest du diese Reste weiterverwerten?

10
Du möchtest zu einer Faschingsfete einen Salat mitbringen. Du nimmst dir vor, nur saisonale und regionale Produkte zu verwenden. Schreibe ein Rezept.

149.1 Rezeptbücher

11
Plane eine Gemüsesuppe für September und richte dich dabei nach dem Saisonkalender. Schreibe einen Einkaufszettel.

149.2 Reißverschluss

12
Worin unterscheidet sich eine Fairtrade-Vollmilchschokolade von einer herkömmlichen Vollmilchschokolade?

149.3 Schokoladensorten

13
Wähle eine nachhaltige Handlungsweise aus dem Kapitel aus und halte ein kurzes Referat. Begründe, warum dieses Verhalten einen Beitrag zur Nachhaltigkeit leistet. Beziehe dich dabei auf den Nachhaltigkeitskreis.

14
a) Was versteht man unter „social sharing"?
b) Nenne drei Beispiele.

Nach vorne schauen

Was möchte ich später mal machen?

Was beeinflusst meine Vorstellungen?

Wie kann ich meinen Zukunftsvorstellungen auf die Spur kommen?

Passen ernährungs- und gesundheitsbezogene Berufe zu mir?

Möchte ich beruflich gerne etwas machen, wo ich andere unterstütze?

Was passt zu meinen Stärken und Interessen?

Welche Erfahrungen mache ich?

**Wer möchte das nicht –
ein zufriedenes Leben führen!**

Die „richtige" Berufswahl ist ein wichtiger Baustein, wenn der Wunsch Wirklichkeit werden soll. Einen passenden Beruf für sich zu finden, ist nicht einfach. Es gibt unzählige Berufe und von vielen hast du vielleicht noch nie gehört. Es gibt Berufe, die interessant scheinen und doch vielleicht gar nicht zu dir passen. Und vielleicht beeinflussen dich in deiner Berufswahl Aspekte, denen du dir gar nicht bewusst bist. Sich beruflich zu orientieren bedeutet eine Menge Fragen für sich zu beantworten, Neues zu lernen und vielfältige Erfahrungen zu machen.

In diesem Kapitel ...
setzt du dich mit dir und deinen Zukunftsvorstellungen auseinander und findest heraus, was sie mit deiner Berufswahl zu tun haben. Du lernst Berufe kennen, die mit dem zu tun haben, was du im Fach Alltagskultur – Ernährung – Soziales lernst. Und du vergleichst deine Stärken und Potenziale mit Kompetenzen, die in diesen Berufen gefragt sind. Du bekommst Anregungen, wie du Erfahrungen machen und dokumentieren kannst.

Zukunftsvorstellungen genau hingeschaut

Damit deine Berufswahl zu dir passt, ist es wichtig zu überlegen, wie du dir deine persönliche Zukunft vorstellst und was für dich bedeutsam ist. Erst wenn du deine Zukunftsvorstellungen für dich geklärt hast, kannst du prüfen, welche Berufe mit ihnen vereinbar sind. Es kann aber auch sein, dass die eigenen Bedürfnisse und Lebensumstände nicht mit der Berufstätigkeit zu vereinen sind.

Was beeinflusst mich und meine Zukunftsvorstellungen?

Diese Fragen können dir helfen herauszufinden, welche Überzeugungen und Vorstellungen du hast.

- Welche Fähigkeiten habe ich? Wo liegen meine Stärken?
- Welche unterschiedlichen Berufe kann ich mit ihren Anforderungen beschreiben?
- Wie sind meine Vorstellungen zu Familie, Partnerschaft, Zusammenleben und Alltag? Was ist mir wichtig?
- Wofür interessiere ich mich?
- Wie wichtig ist mir Konsum? Welche Bedeutung hat der Verdienst für mich?
- Wie beeinflusst mein Geschlecht meine Überlegungen zur Berufswahl?
- Welche Bedeutung hat es für mich, dass ich mich beruflich weiterentwickeln kann?
- Welchen Einfluss haben Gewohnheiten und Traditionen auf meine Berufswahl?
- Wie wird mein Berufswunsch von der Meinung anderer beeinflusst?
- Welche Wertvorstellungen oder religiösen Überzeugungen sind für meine Berufswahl von Bedeutung?

152.1 Fragen zur Zukunft

1 ≡ Ⓐ
Erkläre in eigenen Worten, wie Zukunftsvorstellungen und Berufswahl zusammenhängen.

2 ≡ Ⓐ
Findet Beispiele, an denen Einflüsse auf Zukunftsvorstellungen deutlich werden. Tauscht euch aus.

3 ≡ Ⓡ
Befragt Menschen mit Berufserfahrung, welche Bedeutung ihre Zukunftsvorstellungen für die Berufswahl hatten. Vergleicht eure Ergebnisse.

4 ≡ Ⓐ
Diskutiert die Aussage „Was ich beruflich mache, ist mir egal – Hauptsache die Kohle stimmt und ich mache Karriere."

So kannst du deinen Zukunftsvorstellungen auf die Spur kommen

Unsere Vorstellungen werden von ganz verschiedenen Prägungen, Erfahrungen und Überzeugungen beeinflusst. Kreative Zugänge können hilfreich sein, um sich selbst besser kennenzulernen.

Traum vom Leben – ein Gemeinschaftskunstwerk

Jede Schülerin und jeder Schüler der Lerngruppe erhält ein quadratisches Stück Stoff. Auf deinem Stück Stoff stellst du mithilfe einer textilen Gestaltungstechnik einen Lebenstraum dar. Wenn alle der Lerngruppe ihr Stoffstück fertiggestellt haben, werden alle Stoffstücke mit der Nähmaschine zu einem Gemeinschaftswerk zusammengenäht, das dann ausgestellt werden kann.

So geht ihr vor:
1. Einigt euch, mit welcher textilen Technik ihr die Stoffstücke gestaltet, z. B. Stoffapplikation, Textildruck, Bemalen, Sticken. Es können auch mehrere Techniken kombiniert werden.
2. Alle Schülerinnen und Schüler stellen der Gesamtgruppe den Entwurf für ihr Stoffstück vor. Dabei wird der eigene „Traum vom Leben" erzählt. Die Mitschülerinnen und Mitschüler können in einer Austauschphase Fragen zum „Lebenstraum" stellen und Hinweise zur Verbesserung der künstlerischen Umsetzung geben.
3. Jeder gestaltet nun das eigene Stoffstück.

1 Wähle eine Methode aus und dokumentiere deine Zukunftsvorstellungen.

2
a) Recherchiere drei Berufe, die nicht mit deinen Zukunftsvorstellungen zusammen passen.
b) Stelle die Berufe vor und begründe.

Brief an mich selbst:

Schreibe einen Brief. In diesem Brief berichtest du sehr genau, wie du dir dein Leben vorstellst.
Du beschreibst,
- was dir wichtig ist,
- was dich beeinflusst und prägt,
- welche Erfahrungen dir bewusst sind,
- wie du leben möchtest,
- mit wem du leben möchtest,
- wie du das Zusammenleben mit anderen gestaltest,
- wie du deinen Alltag gestalten willst,
- welche Konsumvorstellungen du hast,
- was du in deiner Freizeit machst.

Richte den Brief an dich selbst. Lies ihn einer dir vertrauten Person vor – vielleicht möchtest du auch, dass sich diese Person zu deinen Gedanken äußert. Stecke den Brief dann in einen Umschlag und lege diesen verschlossen in deinem Portfolio zur Berufsorientierung ab. Es ist interessant, ihn von Zeit zu Zeit hervorzuholen und zu lesen.

Zeitreise

Nimm ein Plakat und unterteile es in vier gleich große Felder. Schreibe in die Mitte: Mein Leben in zehn Jahren. Nun beschriftest du die vier Felder mit folgenden Überschriften:
- So lebe und wohne ich:
- So gestalte ich meine Freizeit:
- So arbeite ich:
- Für mich ist von Bedeutung:

Schreibe zu allen Bereichen deine Gedanken auf. Du solltest dabei an allen Feldern gleichzeitig arbeiten – genau so, wie deine Gedanken und Ideen sprudeln. Nichts soll vergessen werden, alles ist wichtig. Während des Arbeitsprozesses darfst du vorher geschriebenes durchstreichen, ergänzen …
Stelle dein Plakat einer Person, der du vertraust oder mehreren vertrauten Personen vor.

Du kannst …
erklären, warum es für die Berufswahl wichtig ist, die eigenen Zukunftsvorstellungen zu kennen und du kannst deine Vorstellungen darstellen.

Soziale, ernährungs- und gesundheitsbezogene Berufe

In Deutschland gibt es über 300 verschiedene anerkannte Ausbildungsberufe und eine noch größere Anzahl unterschiedlicher Studiengänge. Durch die richtige Aus- und Weiterbildung können Berufe möglich werden, die zunächst nicht erreichbar scheinen. Vieles ist möglich, wenn die Anforderungen und Tätigkeiten im Beruf und die Person zueinander passen. Es gilt daher genau zu prüfen, wo die eigenen Interessen, Fähigkeiten und Potenziale liegen.

In Alltagskultur, Ernährung, Soziales beschäftigst du dich mit Berufen aus den Bereichen
- Ernährung und Hauswirtschaft,
- Bewegung und Fitness,
- Gesundheit und Pflege,
- Sozialwesen.

Dies ermöglicht dir, Tätigkeiten und Anforderungen genau zu überprüfen. Der Vergleich der Berufsprofile mit den eigenen Stärken und Kompetenzen kann die Wahl des „richtigen" Berufs unterstützen.

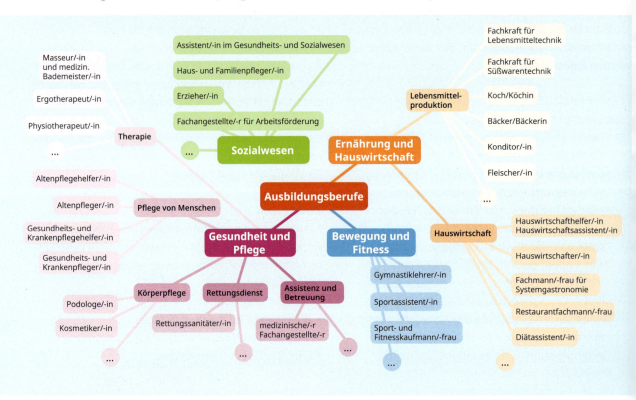

1
Welche Berufe interessieren dich? Entscheide dich für zwei Berufe und begründe deine Entscheidung.

2
Hole Informationen zu diesen Berufen ein und erstelle je einen Berufssteckbrief.

> **TIPP**
> Ein Praktikum gibt dir den besten Einblick in einen Beruf.

Du kennst ...
Berufe, die mit dem Fach Alltagskultur, Ernährung, Soziales in Zusammenhang stehen und kannst ausgewählte Berufe dieser Berufsfelder beschreiben.

Berufssteckbrief:
Sozialhelfer/-in bzw. Sozialassistent/-in

Tätigkeiten in diesem Beruf

Sozialhelfer/-innen bzw. Sozialassistent/-innen
- betreuen Menschen und sind für sie Gesprächspartner,
- bieten Menschen Beschäftigungsmöglichkeiten an und führen Beratungsgespräche,
- erledigen hauswirtschaftliche Tätigkeiten für Hilfsbedürftige,
- übernehmen sozialpflegerische Aufgaben,
- übernehmen die Haushaltsführung in privaten Haushalten,
- unterstützen Erzieher/-innen, Altenpfleger/-innen und Heilerziehungspfleger/-innen bei ihrer Arbeit.

Wo wird dieser Beruf ausgeübt?

Sozialhelfer/-innen bzw. Sozialassistent/-innen arbeiten hauptsächlich
- in Wohn- und Pflegeheimen für betreuungsbedürftige Menschen,
- in Kindergärten und -horten,
- in Einrichtungen zur Betreuung und Pflege von Menschen mit Behinderung,
- bei ambulanten sozialen und diakonischen Diensten.

Sie sind
- in Heimen hauptsächlich in Aufenthalts-, Wohn-, Ess-, Schlaf- und Sanitärräumen tätig,
- bei der ambulanten Betreuung hauptsächlich in Privatwohnungen beschäftigt,
- für Beratungsgespräche meist in Büroräumen.

Welche Kompetenzen braucht man?

	vorteilhaft	wichtig	sehr wichtig
Achtung vor dem Menschen			✓
Freundlichkeit und Geduld			✓
Belastbarkeit		✓	
Praktisches Geschick		✓	
Einfühlungsvermögen			✓
Konsequenz		✓	
Gute Planung und Organisationsgeschick	✓		
Freude im Umgang mit Menschen			✓
Verantwortungsbewusstsein		✓	
Zuversicht		✓	

Wie ist die Ausbildung organisiert?

Berufstyp	anerkannter Ausbildungsberuf
Ausbildungs-voraussetzungen	• ärztliches Zeugnis über gesundheitliche Eignung zur Berufsausbildung • Hauptschulabschluss für die 3-jährige Ausbildung, mittlerer Bildungsabschluss für die 2-jährige Ausbildung
Ausbildungsart und Lernorte	• schulische Ausbildung an Berufsfachschulen
Ausbildungsdauer	• 2–3 Jahre

155.1 Sozialpfleger

Ich kann was

Die Suche nach einem passenden Beruf steht in engem Zusammenhang zu dem, was eine Person gut oder weniger gut kann. Die eigenen fachlichen Fähigkeiten zu beschreiben, fällt uns meist leicht. Durch Sätze wie „Mathe mach ich richtig gern!", „In Sport bin ich echt gut." oder „Vokabeln lernen fällt mir leicht." verdeutlicht sich die Einschätzung des eigenen fachlichen Könnens. Doch für eine überlegte Berufswahl ist das nicht genug! Werden Jugendliche gefragt, was sie gerne beruflich machen möchten, kommen oft Äußerungen wie

- Am liebsten möchte ich mit anderen Menschen zu tun haben.
- Ich würde gerne was mit den Händen machen.
- In einem Labor zu arbeiten stelle ich mir spannend vor.

Oft werden damit unbewusst überfachliche Kompetenzen angesprochen. In jeder beruflichen Tätigkeit sind neben fachlichen Qualifikationen auch überfachliche Potenziale von Bedeutung. Daher ist es wichtig, sich der eigenen Stärken und Schwächen bewusst zu werden.

Die Kompetenzanalyse PROFIL-AC: Assessment-Center an der Schule

In der Schule kommst du mit der KOMPETENZANALYSE PROFIL-AC deinen überfachlichen Stärken gezielt auf die Spur. Der PROFIL-AC (das AC steht für „Assessment-Center") leistet einen Beitrag, damit deine Talente und Begabungen gezielt erkannt werden. Du kannst einerseits deine Fähigkeiten entdecken und dies für deine Überlegungen zur Berufswahl nutzen. Andererseits erkennst du vielleicht, wo du dich noch verbessern kannst, um deine Eignung für bestimmte Berufe zu verbessern.

156.1 Schülerinnen und Schüler beim Lösen einer Gruppenaufgabe

Ich hab immer gedacht ich bin voll die Teamplayerin. Aber dann musste ich feststellen, dass mir das gemeinsame Bearbeiten von Aufgaben schwerfällt. Da sollte ich was dran verändern!

Eigentlich bin ich ungeduldig. Aber dann hat es mir Spaß gemacht, ganz genau und sauber die Aufgabe zu erledigen. Das hätte ich gar nicht gedacht.

Ich war erstaunt, was Frau Seyffer und Herr Lorenzo mir beim Auswertungsgespräch gesagt haben. Sie haben beobachtet, dass ich Probleme super eigenständig lösen kann. Das hätte ich mir selbst gar nicht zugetraut.

Ich hätte schwören können, dass es mit Tatjana und mir zusammen schief geht. Aber bei der Aufgabe haben wir uns gut gegenseitig unterstützt.

1 Finde heraus, welche überfachlichen Kompetenzen durch die Kompetenzanalyse PROFIL-AC erfasst werden.

Das Kompetenzprofil zur beruflichen Orientierung nutzen

Als Ergebnis der Kompetenzanalyse wird für jede Schülerin und jeden Schüler ein persönliches Kompetenzprofil erstellt. Das Kompetenzprofil kann dazu genutzt werden herauszufinden, ob bestimmte Berufe zur eigenen Person passen oder zu entdecken, welche Berufe am besten mit dem persönlichen Profil übereinstimmen.

Durch den Vergleich der beruflichen Anforderungsprofile mit dem eigenen Kompetenzprofil kann deutlich werden, ob die eigenen Fähigkeiten grundsätzlich zu einem Beruf passen oder welche Kompetenzen noch erweitert werden sollten.

Anforderungsprofile von Berufen können selbst recherchiert und zusammengestellt werden. Geeignete Informationen findest du z. B. im Internet (z. B. www.planet-beruf.de, www.berufskatalog.de), in Informationsmaterialien und Broschüren, durch die Befragung von Expertinnen und Experten.

Die Anforderungsprofile der Berufe sollten am besten die überfachlichen Kompetenzen widerspiegeln, die durch die KOMPETENZANALYSE PROFIL-AC erfasst werden.

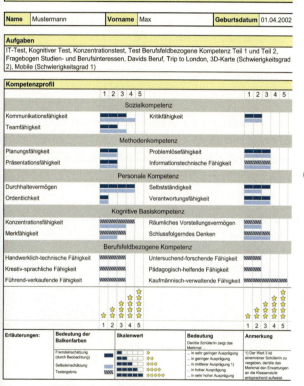

157.1 persönliches Kompetenzprofil

157.2 Anforderungsprofil des Ausbildungsberufs „Koch/Köchin"

1 Ⓐ
Erkläre den Zusammenhang zwischen überfachlichen Fähigkeiten und Berufen.

2 Ⓡ
Vergleiche die Berufsprofile von AES-bezogenen Berufen mit deinem persönlichen Kompetenzprofil. Werte das Ergebnis aus und begründe deine Schlussfolgerungen.

Du kennst ...
deine persönlichen überfachlichen Kompetenzen und kannst sie mit Berufsprofilen vergleichen, die mit dem Fach Alltagskultur, Ernährung, Soziales in Zusammenhang stehen.

Erfahrungen sammeln

158.1 Möglichkeiten nach dem Schulabschluss

Junge Menschen haben Vorstellungen davon, wohin es im Leben gehen sollte und wie sie sich ihre Zukunft wünschen. Auch ihr habt schon vielfältige Erfahrungen gemacht, die euch beeinflussen. Gerade für die Wahl eines passenden Berufsweges sind Erfahrungen wichtig. Im Internet und durch die Befragung anderer Personen kann man vieles herausfinden – die eindrücklichsten Erfahrungen könnt ihr durch eigenes Handeln gewinnen.

Erfahrungen im Portfolio dokumentieren
In unterschiedlichen Unterrichtsfächern setzt du dich mit deiner beruflichen Orientierung auseinander. An vielen Schulen führen Schülerinnen und Schüler daher ein Portfolio, in dem sie alle für ihre Berufswahl und ihre Zukunft bedeutenden Dokumente ablegen:
- Informationen über verschiedene Berufsfelder und Berufe
- Analysen von Interessen und Kompetenzen
- schulische Qualifikationen
- Lebenslauf
- Praktikumserfahrungen
- Daten wichtiger Ansprechpersonen (z. B. Berufsberater/-in der Agentur für Arbeit)
- …

Auch außerunterrichtliches Engagement wird im Portfolio festgehalten, wie z. B.
- Aktivitäten für die Schulgemeinschaft (z. B. Streitschlichtungsteam, Schulsanitätsdienst)
- Verantwortungsübernahme im Verein (z. B. als Übungsleiter/ -in)
- Engagement in der Gemeinde (z. B. bei der Freiwilligen Feuerwehr, Jugendgremien)
- Mitarbeit bei kirchlichen Aktivitäten (z. B. Leitung einer Jungschargruppe, Kirchenchor)

Die im Portfolio gesammelten Dokumente helfen bei Entscheidungen zur Berufswahl.

Erfahrungen gewinnen durch …
- Projekte zum Sozialen Engagement
- Praktikum, das durch die Schule ermöglicht und begleitet wird
- freiwilliges Praktikum in den Ferien
- freiwillige Praxistage

Schule und Lehrkräfte können euch helfen, geeignete Praktikumsbetriebe zu finden. Es ist auch möglich, selbstständig Betriebe für ein Praktikum zu gewinnen.

TIPP
Vor Aufnahme eines freiwilligen Praktikums müssen rechtliche Fragen geklärt sein (z. B. zum Versicherungsschutz, Praktikumsbestätigung …).

1 Erkundigt euch, welche Praxiserfahrungen eure Schule ermöglicht.

2 Wähle aus deinem Portfolio alle Dokumente aus, die für die Wahl eines geeigneten Praktikumsplatzes hilfreich sind. Begründe deine Auswahl.

Du kannst …
die Bedeutung von Praxiserfahrungen erklären und weißt, welche Praxiserfahrungen an deiner Schule möglich sind.

NACH VORNE SCHAUEN

Lernbilanz

Zeig, was du kannst:

1
Erstelle eine Collage, durch die deine Zukunftsvorstellungen verdeutlicht werden.

2
Erörtere, warum Wertvorstellungen und religiöse Überzeugungen für die Berufswahl besonders bedeutsam werden können.

159.1 Kopftuchträgerin

3
Recherchiere aktuelle Zahlen zu Ausbildungs- oder Studienabbrüchen. Befragt eure Berufsberaterin/euren Berufsberater nach Gründen.

4
Vergleiche drei Berufssteckbriefe und überlege, welche Kompetenzen Personen jeweils mitbringen müssen, um in diesen Berufen erfolgreich und zufrieden zu sein.

5
Suche dir je einen Ausbildungsberuf aus den Feldern
- Ernährung und Hauswirtschaft,
- Bewegung und Fitness,
- Gesundheit und Pflege sowie
- Sozialwesen

aus und finde heraus, welche beruflichen Weiterentwicklungsmöglichkeiten jeweils bestehen.

6
Finde heraus, welche Studiengänge in den Bereichen
- Ernährung und Hauswirtschaft,
- Bewegung und Fitness,
- Gesundheit und Pflege sowie
- Sozialwesen

an Hochschulen angeboten werden und welche berufliche Möglichkeiten sie eröffnen.

7
Die meisten Berufstätigen in AES-nahen Berufen sind zurzeit noch Frauen. Befragt Expertinnen und Experten nach Gründen.

8
Halte auf einer Umgebungskarte fest, in welchen Unternehmen und Betrieben ein Praktikum für AES-Berufe möglich ist.

159.2 Kartenausschnitt

9
Schreibe eine Bewerbung für einen Praktikumsplatz aus einem AES-bezogenen Berufsfeld. Nimm in der Bewerbung Bezug zu deinen Interessen, deinen fachlichen und deinen überfachlichen Kompetenzen.

10
Suche einen Praktikumsplatz aus, der zu deinen beruflichen Vorstellungen passt, und organisiere selbstständig einen freiwilligen Praxistag.

Arbeiten in den **Schulwerkstätten**

- Welche Sicherheits- und Hygienevorschriften muss ich in den Werkstätten beachten?

- Wie bereite ich leckere Speisen zu?

- Wie kann ich Stress und Chaos am Arbeitsplatz vermeiden?

- Wie teilen wir die Arbeit gerecht auf?

- Wie sorge ich für eine angenehme Tischatmosphäre?

- Wie näht man mit einer Nähmaschine?

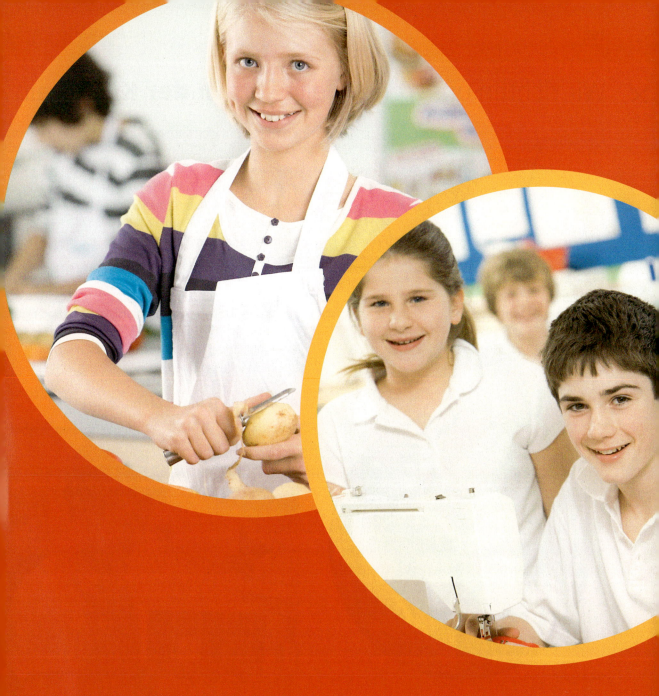

Arbeiten in der Lernküche oder in der Textilwerkstatt macht Spaß.

Damit ihr in den Schulwerkstätten und auch zu Hause erfolgreich seid, benötigt ihr grundlegende Kenntnisse und Fertigkeiten. Um diese geht es in diesem Kapitel.

Die dargestellten Kenntnisse und Fertigkeiten benötigt ihr auch, um die Aufgaben der anderen Kapitel zu bewältigen. Schlagt also immer nach, wenn ihr Hilfe beim Bearbeiten der Aufgaben braucht.

Wir richten unseren Arbeitsplatz **in der Küche** ein

162.1 Arbeits- und Abstellbereich

Profis in der Küche bereiten ihren Arbeitsplatz so vor, dass sie Kraft und Zeit sparen. Folgende Punkte gehören dazu:
- Alle benötigten Zutaten und Geräte herrichten.
- Geräte und Zutaten so anordnen, dass sich die Hände beim Arbeiten nicht kreuzen.
- Im **Arbeitsbereich** stehen die Geräte, die zuerst benötigt werden.
- Im **Abstellbereich** befinden sich die zu verarbeitenden Zutaten, die Abfallschüssel und weitere Geräte. So ist genug Platz zum Arbeiten und trotzdem steht alles in Griffweite.
- Rechtshänder arbeiten von links nach rechts, Linkshänder anders herum.

Richtig von Hand spülen

162.2 Spülmaschine

162.3 Junge spült von Hand.

TIPP
- Hartnäckige Verschmutzungen immer gleich einweichen
- Zuerst Gläser, dann Besteck, Porzellan und zum Schluss Arbeitsgeschirr spülen
- Verschmutztes Spülwasser erneuern
- Beim Spülen mit der Spülmaschine:
  - Spülmaschine nach Verschmutzungsgrad des Geschirrs einstellen
  - Spülmaschine nur voll beladen laufen lassen

Du kannst …
rationell arbeiten und Sicherheitsvorschriften einhalten.

ARBEITEN IN DEN SCHULWERKSTÄTTEN

Sicherheit in der Küche

163.1 Flüssigkeiten aufwischen

163.2 Übergabe eines Messers

Schutz vor Ausrutschen und Stürzen
- Abfälle, Scherben, Fette oder Flüssigkeiten sofort vom Boden entfernen.
- Keine Gegenstände (Eimer, Besen) im Arbeitsbereich herumstehen lassen (Stolperfallen!).
- In der Küche nicht rennen.

Schutz vor Verbrennungen und Verbrühungen
- Beim Öffnen der Backofentür Abstand halten.
- Den Kopf nicht über Töpfe mit kochenden Flüssigkeiten beugen.
- Heiße Töpfe, Pfannen und Bleche mit Topflappen anfassen.
- Heiße Flüssigkeiten immer vom Körper abgewandt abgießen.
- Fette nicht überhitzen.
- Brennendes Fett immer mit einer Löschdecke ersticken, nie mit Wasser.
- Herdplatten nach Gebrauch ausschalten.

Schutz vor elektrischen Gefahren
- Elektrische Geräte immer zuerst betriebsbereit machen, danach erst den Stecker einstecken.
- Nach Gebrauch den Stecker sofort ziehen.
- Elektrische Geräte nur mit feuchtem Tuch reinigen, nie ins Wasser tauchen.

INTERNET TIPP
Erste Hilfe für Kinder und Jugendliche:
http://www.drk.de/erstehilfe
http://www.drk.dortmund.org/ehonline

Schutz vor Schnittwunden und Verletzungen
- Nicht mit Messern herumlaufen, Messer nicht in der Spüle liegen lassen.
- Messer mit dem Griff an andere Personen übergeben.
- Vorsicht mit scharfen Dosen- und Deckelrändern
- Elektrische Geräte nur bei abgezogenem Netzstecker reinigen und nur feucht abwischen.
- Elektrische Geräte nicht mit nassen Händen bedienen.

Schutz vor Vergiftungen und Verätzungen
- Chemikalien nicht in Getränke- oder Essbehälter umfüllen.
- Gummihandschuhe und Schutzbrille tragen.

Totenkopf mit gekreuzten Knochen: giftig, sehr giftig
z. B. Unkrautvernichtungsmittel

Ätzwirkung: ätzend, reizend
z. B. Rohrreiniger

Flamme: entzündlich
z. B. Haarspray

Was tun bei einem Notfall?

Telefonnummer der Unfallrettung „19222" oder „112" wählen.

Folgende Fragen müssen beantwortet werden:
- Wer meldet?
- Was ist passiert?
- Wo ist es passiert?
- Wie viele Verletzte gibt es?

Warten auf Rückfragen!

Küchengeräte auswählen

1. Messbecher
2. Rührschüssel
3. Handrührgerät mit
   a. Knethaken, Quirl
   b. Pürierstab
4. Passiersieb
5. Salatsieb
6. Rohkostreibe/Raspel
7. Nudelholz
8. Kochlöffel
9. Backpinsel
10. Teigschaber
11. Eierschneider
12. Tomatenmesser
13. kleines spitzes Küchenmesser
14. Kochmesser
15. Palette
16. Bratenwender
17. Schöpflöffel
18. Schaumlöffel
19. Apfelausstecher
20. Backrädchen
21. Schneebesen
22. Küchenallzweckschere
23. Sparschäler
24. Kartoffelpresse

- Rezept durchlesen und unterstreichen, was zu tun ist (z. B. raspeln, würfeln)
- Überlegen, welche Geräte sich eignen und sich für eins entscheiden
- Bei kleinen Mengen lohnt es sich oft nicht, mit elektrischen Geräten zu arbeiten, weil sie sich nicht so schnell reinigen lassen.

164.1 Verschiedene Küchengeräte

ARBEITEN IN DEN SCHULWERKSTÄTTEN

Schneiden mit dem Messer

Das geeignete Messer auswählen

	Messerart	Klinge	Verwendungszweck
	Gemüsemesser	7–12 cm lange Klinge	Putzen von Gemüsen und Früchten
	Schälmesser	6 cm lange, leicht gebogene Klinge	Günstig zum Schälen und Ausschneiden runder Formen
	Buntmesser	10 cm lange, leicht gewellte Klinge	Verzieren von Gemüse, Schneiden von Tomaten
	Fleischmesser	20-35 cm lange Klinge, vorne spitz	Zum Schneiden von Fleisch- und Wurstwaren
	Kochmesser	15-25 cm lange, breite Klinge	Schneiden von Gemüse, Fleisch, Fisch
	Brotmesser	25 cm lange Klinge mit Wellenschliff	Aufschneiden von Brot und Kuchen ohne Formverlust

Mit dem Messer richtig arbeiten

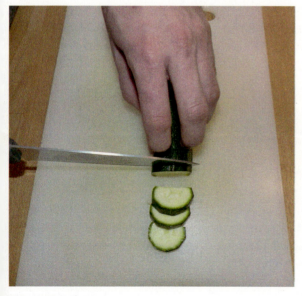

165.1 Krallengriff

Der **Krallengriff** schützt die Fingerkuppen beim Schneiden. Die drei mittleren Finger werden angewinkelt und wie eine Kralle auf das Lebensmittel aufgesetzt. Der Daumen und der kleine Finger halten das Lebensmittel seitlich fest.

165.2 Tunnelgriff

Beim **Tunnelgriff** bilden Daumen und Zeigefinger einen Tunnel, mit dem das Lebensmittel von oben gehalten wird. Beim Schneiden wird das Messer durch den Tunnel geführt. Die Technik ist geeignet, um Lebensmittel beim Schneiden zusammenzuhalten.

Du kannst …
die Küchengeräte richtig benennen, die passenden Geräte auswählen und mit ihnen sachgerecht arbeiten.

Hygiene in der Küche

Wer mit Lebensmitteln umgeht, muss besonders auf Hygiene achten. Lebensmittel sind leicht verderblich. Überall kommen Mikroorganismen vor, die sich vor allem in der Küche sehr schnell vermehren und Lebensmittel verderben können.

In der Küche ist es wichtig, so sauber wie möglich zu arbeiten. Sauberkeit beginnt bei der persönlichen Hygiene (z. B. Hände waschen) und geht mit der Hygiene am Arbeitsplatz und der Sauberkeit in der Küche weiter.

Tipps zum hygienischen Arbeiten

Saubere Kleidung oder Kochschürze tragen.
! Auf verschmutzter Kleidung befinden sich Millionen von Keimen.

Wunden mit wasserdichten Verbänden abdecken.
! Offene Wunden können Keimträger sein.

Lange Haare zusammenbinden.
! Auch auf sauberen Haaren befinden sich viele Keime.

Alle Fingerringe ablegen. Die Hände gründlich mit unparfümierter Seife unter warmem Wasser waschen.
! Ringe sind besonders starke Keimträger, da sie sich schlecht reinigen lassen. Das Reinigen mit Seife löst den Schmutz besser als klares Wasser.

Den Arbeitsplatz und die Arbeitsgeräte sauber halten, häufig wischen, Tücher und Lappen oft wechseln.
! In feuchter Umgebung vermehren sich Keime besonders schnell. Je sauberer der Arbeitsplatz und die Arbeitsgeräte sind, desto weniger Keime befinden sich darauf.

Beim Abschmecken einen zweiten Löffel verwenden, nur einer der Löffel kommt mit dem Mund in Berührung.
! Viele Bakterien und Keime, die Krankheiten auslösen können, werden über den Speichel übertragen.

Speisereste zugedeckt und kühl aufbewahren, möglichst rasch verwerten.
! Bei niedrigen Temperaturen vermehren sich Keime wesentlich langsamer als in warmer Umgebung.

Du kennst …
die Hygienevorschriften und kannst sie einhalten.

ARBEITEN IN DEN SCHULWERKSTÄTTEN

Messen und wiegen

Abkürzungen der wichtigsten Maßeinheiten

kg = Kilogramm
g = Gramm
ml = Milliliter
cl = Zentiliter (10 ml)
dl = Deziliter (100 ml)
Pr. = Prise
MS = Messerspitze
TL = Teelöffel
EL = Esslöffel
gestr. = gestrichen
St. = Stück

	1 gestr. TL	1 gestr. EL
Mehl	3 g	10 g
Semmelmehl	3 g	10 g
Grieß	3 g	12 g
Haferflocken	2 g	8 g
Zucker	5 g	15 g
Honig	6 g	20 g
Crème fraîche	5 g	15 g
Öl	4 g	12 g
Salz	5 g	15 g

... mit dem Messbecher

Skala für das angegebene Lebensmittel auf dem Messbecher suchen. Entsprechende Menge mithilfe der Striche abmessen.

... mit der Waage

Gefäß auf die Waage stellen, Zeiger auf „0" einstellen und Lebensmittel abwiegen.

... mit Köpfchen

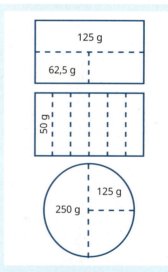

250 g rechteckige Form
500 g runde Form

Das Litermaß (l) ist in Milliliter eingeteilt:
1 l = 1000 ml
½ l = 500 ml
¼ l = 250 ml
⅛ l = 125 ml

... mit dem Löffel

1 gestrichener EL = 10–15 g
1 gestrichener TL = 3–5 g

... mit den Fingern

1 Prise = die Menge, die man zwischen Daumen und Zeigefinger halten kann

Du kannst ...
Lebensmittel nach Vorgabe abmessen und wiegen.

Nach Rezept planen und arbeiten

Rezepte können ganz unterschiedlich dargestellt und aufgebaut sein: Es gibt sie zum Beispiel mit und ohne Abbildungen, in Tabellenform oder Fließtext. Es gibt sie aber auch im Internet als Kurzfilm. Die folgenden Fragen und Überlegungen helfen, mit unterschiedlichen Rezepten zurecht zu kommen.

Wie sieht die fertige Speise aus und wie schmeckt sie?

- Suche in Kochbüchern nach Abbildungen.
- Befrage Personen, die das Gericht kennen.

Welche Zutaten kenne ich, welche Zutaten kenne ich nicht?

- Informiere dich im Internet, in Zeitschriften und Büchern.
- Lies die Aufschriften auf den Packungen durch oder frage nach.

168.1 Kochen nach Rezept

Welche Geräte brauche ich?

- Lies im Rezept nach, welche Geräte genannt sind. Oft verstecken sie sich hinter einer Tätigkeit (z. B. raspeln).
- Manche Tätigkeiten können mit unterschiedlichen Geräten ausgeführt werden. Für welches Gerät du dich entscheidest, hängt vom Zeit- und Arbeitsaufwand ab.
- Schlage in Büchern nach oder befrage jemanden.

Was muss ich überhaupt tun?

- Lies das Rezept nochmals genau durch und stelle dir den Arbeitsablauf in Gedanken vor.
- Markiere eventuell Tätigkeiten im Rezept oder schreibe in Stichworten auf, was zu tun ist.
- Schlage nach, wenn dir eine Tätigkeit unbekannt ist oder lass sie dir zeigen bzw. erklären.
- Richte alles, was du brauchst, vor Arbeitsbeginn her.

Kleines Küchen-Abc

ablöschen	Flüssigkeiten in heiße Speisen gießen
abschrecken	heiße Nahrungsmittel sofort mit kaltem Wasser übergießen
al dente	Teigwaren kochen, sodass sie im Inneren noch leicht hart sind
blanchieren	Nahrungsmittel in kochendes Wasser geben, zwei bis drei Minuten kochen, sofort abschrecken
garen	Oberbegriff für Kochen, Dünsten, Dämpfen, Backen.
marinieren	gewürzte Flüssigkeit einige Zeit auf Nahrungsmittel einwirken lassen
panieren	Nahrungsmittel in Mehl, Ei und Paniermehl wenden
passieren	Nahrungsmittel durch ein feines Sieb streichen
pürieren	Nahrungsmittel mit dem Pürierstab oder Mixer zerkleinern
reduzieren	einkochen, bis die gewünschte Flüssigkeitsmenge entstanden ist
überbacken	Nahrungsmittel im Backofen bei großer Hitze bräunen
Wasserbad	Gefäß wird in einen Topf mit heißem Wasser gestellt, sodass die Speise in dem Gefäß erhitzt wird

ARBEITEN IN DEN SCHULWERKSTÄTTEN

Beim Arbeiten nach einem Rezept gibt es unterschiedliche Phasen. Man unterscheidet zwischen Arbeitszeit und Wartezeit.
Arbeitszeit ist die Zeit, in der wir Tätigkeiten ausführen müssen.
Wartezeit ist die Zeit, in der wir nicht tätig sein müssen, sondern nur nachschauen und überwachen.
Meist besteht eine Mahlzeit aus mehreren Speisen, dann muss die Arbeit so geplant werden, dass die Arbeitsschritte sinnvoll aufeinander folgen. Das kann so aussehen wie in diesem Beispiel:

Spaghetti mit Hackfleischsoße und Karottensalat

Zeit	Spaghetti	Hackfleischsoße	Karottensalat	zusätzliche Arbeiten
5 min			Salatsoße herstellen	
5 min			Karotten säubern, raspeln, anrichten	
5 min	Wasser zum Kochen aufsetzen	Zutaten vorbereiten		
5 min		Zutaten andünsten		
5 min	Spaghetti kochen	Hackfleischsoße garen		Arbeitsflächen reinigen
5 min				benutztes Arbeitsgeschirr zusammenstellen
5 min				Tisch decken
5 min	Spaghetti abgießen			
5 min				Anrichten
45 min				

So kann man bei der Arbeitsplanung vorgehen:
- Rezepte genau durchlesen
- Arbeitsablauf durchdenken
- Rezepte in Arbeits- und Wartezeiten einteilen, markieren, eventuell auf Karten schreiben
- Arbeits- und Wartezeiten in einen Ablauf bringen, sodass sich Arbeits- und Wartezeiten sinnvoll ergänzen
- Am besten beginnt man mit den Speisen, die lange Garzeiten oder Ruhezeiten haben, z. B. mit der Nachspeise, die im Kühlschrank fest werden muss oder dem Gulasch, das 45 Minuten Garzeit benötigt.
- Wenn ihr im Team arbeitet, müsst ihr zunächst klären, wer was macht und dann die Arbeitsschritte im Arbeitsplan den Gruppenmitgliedern zuordnen.

169.1 Spaghetti mit Hackfleischsoße und Karottensalat

Du kannst ...
mit unterschiedlichen Rezepten arbeiten, einen Arbeitsplan erstellen und ihn umsetzen.

Tisch decken und Speisen anrichten

170.1 Alltägliches Gedeck

170.2 Festliches Gedeck

Andere Länder – andere Sitten
Das Tischdecken und Dekorieren von Speisen kann in anderen Ländern ganz anders aussehen. Eine Erkundung lohnt sich!

Darauf muss man beim Anrichten besonders achten:
- Platten-, Schüssel- und Tellerränder sind sauber.
- Schüsseln, Platten und Teller sind nicht überhäuft.
- Die Speisen sind geordnet angerichtet.
- Die Garnitur passt in Farbe und Aussehen zum Gericht.

Der **Teller** wird so hingestellt, dass er etwa einen Zentimeter Abstand zur Tischkante hat.
Rechts neben dem Teller liegt das **Messer** mit der Schneide nach innen.
Die **Gabel** liegt links neben dem Teller.
Der **Suppenlöffel** liegt entweder rechts neben dem Messer oder oberhalb des Tellers mit dem Stiel nach rechts.
Der **Nachtischlöffel** liegt oberhalb des Tellers ebenfalls mit dem Stiel nach rechts.
Gläser stehen rechts oberhalb von Messer und Löffel.
Der **Salatteller** wird links oberhalb der Gabel gedeckt.
Servietten liegen links neben der Gabel oder gefaltet auf dem Teller.
Das **Vorlegebesteck** wird in die Mitte des Tisches gelegt.

Garnitur für eine Suppe:
- frische Kräuter
- Sahnehäubchen
- geröstete Brotwürfel

Garnitur für ein Hauptgericht:
- Zitronen- und Orangenscheiben
- Kräuter
- gekochte Eier in Scheiben oder Achteln
- geraspelte Möhren, Zucchini o. Ä.
- in Form geschnittenes Gemüse

Garnitur für eine Süßspeise:
- Zitronenmelissenblätter
- dünne Zitronenscheiben
- Kokosraspeln
- Mandelblättchen
- Schokoladenstreusel

Du kannst ...
Speisen appetitlich anrichten und einen Tisch dem Anlass entsprechend decken.

ARBEITEN IN DEN SCHULWERKSTÄTTEN

Lebensmittel vorbereiten

Fast in jedem Rezept gibt es Vorbereitungs- und Zubereitungsarbeiten. Zu den Vorbereitungsarbeiten gehört: waschen, putzen, schälen, zerkleinern. Zu den Zubereitungsarbeiten gehören Tätigkeiten, bei denen die Lebensmittel gegart werden.

Vorbereitungsarbeiten

Tätigkeit	Durchführung	Tätigkeit	Durchführung
Waschen	Empfindliche Lebensmittel (z. B. Salat) im stehenden kalten Wasser waschen, nicht im Wasser liegen lassen, andere Lebensmittel unter fließendem kalten Wasser abbürsten (Gemüsebürste).	**Schälen**	Die äußerste Schicht mit dem Messer oder dem Sparschäler entfernen. Geschälte Lebensmittel schnell weiterverarbeiten (Vitaminverlust!).
Einweichen	Getrocknete Lebensmittel (z. B. Hülsenfrüchte) in reichlich kaltem Wasser einweichen. Einweichwasser eventuell beim Garen mitverwenden. Einweichen verkürzt den Garprozess.	**Schneiden**	Zerkleinern von Lebensmitteln in Scheiben, Würfel, Stifte, Ringe oder Streifen mit dem Messer.
Marinieren	Lebensmittel zum Beispiel in Milch, Buttermilch, Rotwein oder Essig längere Zeit einlegen. Marinieren verändert den Geschmack und die Beschaffenheit des Lebensmittels.	**Hobeln, raspeln, reiben**	Lebensmittel mit Küchenhobel oder Küchenmaschine zerkleinern. Hobeln → Scheiben Raspeln → grobe Stifte Reiben → feiner Abrieb
Putzen	Alle nicht genießbaren Bestandteile entfernen (Blätter, Strunk, Stängel, Kerne, Wurzeln): „So viel wie nötig, so wenig wie möglich".	**Aushöhlen**	Lebensmittel aufschneiden, das Innere mit einem Löffel oder Kugelausstecher herauslösen. Das Fruchtfleisch kann eventuell weiterverarbeitet werden.

Du kannst …
Lebensmittel sachgerecht vorbereiten.

Lebensmittel garen

Backen

So wird es gemacht:
1. Lebensmittel in eine Form oder auf das Backblech geben.
2. Im heißen Backofen backen.

Das eignet sich:

Braten

So wird es gemacht:
1. Pfanne erhitzen, eventuell hoch erhitzbares Fett dazugeben.
2. Die Lebensmittel zufügen.
3. Lebensmittel mit dem Bratenwender wenden und von allen Seiten braun braten.
4. Nach dem Garen würzen.

Das eignet sich:

Dämpfen

So wird es gemacht:
1. Die Lebensmittel im Dämpfeinsatz in den Topf stellen.
2. Das Wasser zufügen. Die Speise darf vom Wasser nicht berührt werden.
3. Den Deckel schließen und ankochen.
4. Die Wärmezufuhr verringern und fertig garen.

Das eignet sich:

Dünsten

So wird es gemacht:
1. Lebensmittel mit wenig Fett und wenig Wasser im geschlossenen Topf andünsten.
2. Bei geringer Hitze im eigenen Saft fertig garen.

Das eignet sich:

ARBEITEN IN DEN SCHULWERKSTÄTTEN

Grillen

So wird es gemacht:
1. Den Grill vorheizen.
2. Lebensmittel ungewürzt grillen.
3. Die angegebene Zeit und den Abstand zum Grill unbedingt einhalten.
4. Nach dem Grillen würzen.

Das eignet sich:

Kochen/Garziehen/Ausquellen

So wird es gemacht:
1. Reichlich Flüssigkeit (Wasser/Brühe/Milch) zum Kochen bringen.
2. Das Lebensmittel zufügen.
3. Wärmezufuhr verringern und fertig garen.

Das eignet sich:

Schmoren

So wird es gemacht:
1. Das Fett erhitzen.
2. Lebensmittel von allen Seiten anbraten.
3. Mit wenig Flüssigkeit ablöschen.
4. Im geschlossenen Topf fertig garen.

Das eignet sich:

Dampfdruckgaren

So wird es gemacht:
1. ¼ l Wasser in den Topf geben.
2. Gargut in den Topf geben.
3. Topf verschießen, auf höchste Stufe stellen, bis der 1. Ring sichtbar ist, dann Hitze reduzieren.
4. Garen, bis die eingestellt Garzeit abgelaufen ist.
5. Topf vorschriftsmäßig öffnen.

Das eignet sich:

Du kennst ...
verschiedene Gararten, kannst diese benennen und sie nutzen.

Grundteige

Hefeteig

Zutaten:
500 g Mehl
40 g Hefe
60 g Zucker (salzige Gebäcke ohne Zucker)
1 Prise Salz
2 Eier
¼ l Milch
50 g Butter

Abwandlung Pizzateig
500 g Mehl
40 g Hefe
1 Prise Zucker
1 Prise Salz
¼ l Wasser
5 EL Olivenöl

Backtemperatur: 180–200 °C

1. Hefe in eine Rührschüssel geben und mit fast der ganzen Menge lauwarmer Milch verrühren.

2. Das Mehl hinzufügen, in die Mitte eine Kuhle drücken. Zucker in die Kuhle schütten. Eier aufschlagen und auf den Zucker geben.

3. Zimmerwarmes Fett in Stückchen schneiden und auf das Mehl geben, eventuell Gewürze hinzufügen.

4. Mit der Hand oder mit dem Handrührgerät (Knethaken) den Teig gut durchkneten, bis er Blasen wirft und sich vom Schüsselrand löst.

5. Teig mit einem sauberen Küchentuch abdecken und an einem warmen Ort gehen lassen, bis er doppelt so groß ist.

6. Hefeteig zum gewünschten Gebäck weiterverarbeiten.

Mürbeteig

Zutaten:
100 g Zucker   300 g Mehl
200 g Butter   1 Ei

Beispiele:
Obstkuchen, Käsekuchen, Ausstecherle

Backtemperatur: 180 °C

1. Das Mehl auf die Arbeitsfläche sieben, dabei aufhäufen. In die Mitte eine Kuhle drücken, den Zucker einstreuen, darauf das aufgeschlagene Ei geben.

2. Die kühle Butter in Stücke schneiden und die Butterstückchen auf dem Mehlrand verteilen.

3. Alle Zutaten mit einer Backpalette durchhacken, bis die einzelnen Zutaten nicht mehr erkennbar sind.

4. Die entstandenen Brösel rasch mit den Händen zusammenkneten.

5. Den Teig zu einer Kugel formen und abgedeckt im Kühlschrank ruhen lassen.

6. Den Teig auf einer bemehlten Arbeitsfläche in die gewünschte Form ausrollen.

Rührteig

Zutaten:
500 g Mehl
4 Eier
180 g Zucker
¼ l Milch
250 g Butter
1 P. Backpulver

Beispiele:
Schokoladenkuchen, Nusskuchen, Apfelkuchen, Bananenkuchen

Backtemperatur: 180 °C

1. Eine Backform mit Butter ausfetten und den Backofen vorheizen.
2. Fett mit dem Handrührgerät schaumig rühren.
3. Die einzelnen Eier abwechselnd mit dem Zucker in das Fett rühren.
4. Das Mehl mit dem Backpulver vermischen und auf die Rührmasse sieben.
5. Mit dem Handrührgerät den Teig auf niedriger Stufe schnell durcharbeiten, die Masse in die Form füllen und backen.

6. Garprobe: Mit einem Holzstäbchen in die Mitte des Kuchens stechen. Wenn das Stäbchen sauber bleibt, ist der Kuchen gar.

Du kannst …
die Grundteige benennen, kennst die Arbeitsweise und kannst Gebäcke danach herstellen.

Abschmecken und würzen

Zum Abschmecken werden zwei Löffel benötigt. Mit einem Löffel holt man eine Probe, gibt diese auf den zweiten Löffel und probiert, ob das Essen so schmeckt, wie man es sich vorstellt. Wenn man nachwürzen muss, dann schmeckt man danach nochmals ab. Dabei darf der abgeleckte Löffel nicht mit dem Essen in Berührung kommen.
Vorsicht beim Nachwürzen! Zunächst wenig nachwürzen, wieder probieren und bei Bedarf erneut würzen.

176.1 Ein Schüler schmeckt mit zwei Löffeln Tomatensoße ab.

Curry

Curry ist eine indische Gewürzmischung aus 12 bis 30 verschiedenen Gewürzen. Je nach Mischung kann er mild oder sehr scharf sein. Curry kann hellgelb bis dunkelgelb aussehen. Curry ist ein beliebtes Gewürz für scharfe, exotische Eintöpfe, Soßen, Fleischgerichte sowie für Currywurst.

Pfeffer

Pfeffer wächst an einem Strauch. Grüner Pfeffer hat einen milden aromatischen Geschmack, schwarzer Pfeffer ist würzig scharf und weißer Pfeffer ist besonders scharf. Pfeffer kann für fast alle Speisen verwendet werden.

Paprikapulver

Die reife Gewürzpaprika wird getrocknet und gemahlen. Man unterscheidet mildes und scharfes Paprikapulver.
Mildes Paprikapulver („Paprika edelsüß") wird für Gemüse-, Kartoffel- und Käsegerichte verwendet.
Scharfes Paprikapulver („Rosenpaprika") nimmt man zum Beispiel für Gulasch.

Zimt

Zimt stammt aus der Rinde des Zimtbaumes. Er kommt gemahlen oder als Zimtstange in den Handel. Er schmeckt würzig aromatisch.
Zimt wird für Süßspeisen und Gebäck, aber auch für manche Fleischspeisen verwendet.

Basilikum

Basilikum ist eine intensiv duftende Pflanze, deren Blätter nur frisch verwendet werden sollten. Es ist aus der italienischen Küche bekannt.
Basilikum eignet sich vor allem für Tomaten- und Nudelgerichte. Es ist Bestandteil des klassischen Pesto.

Petersilie

Petersilie gibt es mit glattem und krausem Blatt. Sie hat ein feines würziges Aroma. Die groben Stängel werden nicht verwendet.
Petersilie eignet sich für viele pikante Gerichte und für Salate.

Dill

Dill ist ein würziges Kraut mit einem sehr intensiven Geschmack. Zum Würzen wird nur das feine, weiche Dillkraut verwendet.
Dill eignet sich vor allem für Gurken-, Fisch- und Kartoffelgerichte.

Rosmarin

Bei Rosmarin verwendet man hauptsächlich die Nadeln. Rosmarin hat einen würzig harzigen Geschmack.
Rosmarin passt zu allen deftigen Speisen wie Schweinebraten, Lammkeule oder Hackfleisch.

Oregano

Oregano ist eine Gewürzpflanze aus dem Mittelmeerraum. Sie schmeckt stark würzig und sehr intensiv und wird häufig getrocknet verwendet.
Oregano nimmt man für Kartoffelsuppen, Tomatengerichte und Pizzas.

Schnittlauch

Bei Schnittlauch verwendet man die Stängel. Schnittlauch schmeckt zwieblig mild. Schnittlauch verwendet man frisch für alle pikanten Gerichte und für Salate.

KRÄUTER-TIPPS

Frische Kräuter haben ein frisches Aroma und enthalten mehr Vitamine als getrocknete. Schnittlauch, Basilikum und Petersilie sollten nur frisch oder tiefgefroren verwendet werden. Sie werden erst kurz vor dem Anrichten zu den Speisen gegeben.
Gewürze und Kräuter muss man beim Abschmecken von Speisen vorsichtig verwenden. Sie können sich auch gegenseitig beeinflussen. Deshalb muss überlegt werden, was zusammenpasst.

Du kannst …
Kräuter und Gewürze benennen und kannst sie fachgerecht nutzen.

Eigene Gerichte erfinden

Um Gerichte selbst zu erfinden, braucht man etwas Erfahrung. Man kann beim Abwandeln von Gerichten unterschiedlich vorgehen. Man kann zum Beispiel Zutaten in einem Rezept austauschen oder ergänzen, man kann Speisen ganz neu erfinden oder Fertigprodukte nach eigenem Geschmack abwandeln.

Grundrezepte abwandeln

Cevapcici
- scharfes Paprikamark
- Knoblauch
- grillen

Grundrezept Hackteig
1 Zwiebel — fein würfeln
400 g Rinderhack
1 Ei
6 EL Semmelbrösel
Salz, Pfeffer
Paprika
— alles zu einem gleichmäßigen Teig vermengen

Gefüllte Paprika
- rote Paprika mit Fleischteig füllen
- anbraten, dann dünsten

Marokkanische Fleischbällchen
- Ras el-Hanout (arabische Gewürzmischung)
- Rosinen
- Knoblauch
- auf dem Backblech backen

Königsberger Klopse
- Kapern, Sardellen
- kochen
- mit einer hellen Soße servieren

Fertigprodukte abwandeln

ARBEITEN IN DEN SCHULWERKSTÄTTEN

Kochduell

> Methode

Bei diesem Spiel gewinnt, wer viel Fantasie hat, gut zusammenarbeitet und konzentriert bei einer Sache bleibt.

Spielanleitung:

Ziel des Kochduells ist es, aus vorgegebenen Nahrungsmitteln in einer bestimmten Zeit Speisen zuzubereiten. Es müssen alle Nahrungsmittel verwendet werden. Sieger ist diejenige Gruppe, die innerhalb der vorgegebenen Zeit fertig wird und die von der Jury die meisten Punkte erhält.

179.1 Jury bewertet das Essen

So kann man vorgehen:

1. Gruppen einteilen, Jury bestimmen.
2. Nahrungsmittel bereitstellen (jede Gruppe bekommt die gleiche Zusammenstellung).
3. Zeit und Bewertungskriterien vorgeben bzw. gemeinsam festlegen.
4. Hilfsmittel (z. B. Kochbücher, Internet, Rezeptsammlungen) festlegen.
5. In den Kochduellgruppen das Vorgehen überlegen.
6. Speisen zubereiten.
7. Ergebnisse präsentieren.
8. Gemeinsam essen.
9. Sieger ermitteln.

TIPPS ZUR BEWERTUNG

Grundsätzlich können die Zubereitungsweise und das Ergebnis bewertet werden. Für beide Bereiche sollten genaue Bewertungskriterien festgelegt werden.

Beispiel für eine Bewertungsskala:

Rezeptauswahl
aus dem Kochbuch .... selbst erfunden

Zutaten
nur teilweise verwendet .... alle verwendet

Zeit
überschritten .... eingehalten

Zusammenarbeit
schlecht .... gut

Anrichten
langweilig .... fantasievoll

Geschmack
schlecht .... gut

Einkaufsliste

- 1 kleine Dose Tomaten
- 4 Äpfel
- 1 P. Vanillepudding
- Mandelblättchen
- 100 g Hartkäse
- 1 Naturjogurt
- 300 g Hackfleisch
- 400 g Kartoffeln
- ½ l Milch

Das könnte man daraus machen:

1. **Menü** Kartoffelbrei mit Hackfleisch-Tomaten-Soße und geriebenem Käse, Pudding mit Apfelkompott
2. **Menü** Tomatensuppe, Kartoffelgratin mit geriebenem Käse und Hackfleischbällchen, Bratäpfel mit Pudding

Du kannst ...
Gerichte abwandeln und Gerichte selbst erfinden.

Sicherheit in der **Textilwerkstatt**

Tipps zur Unfallvermeidung

Scheren immer am Griff übergeben

Bügeleisen nicht auf Textilien stehen lassen, nach Gebrauch sofort den Stecker ziehen

Haare zusammenbinden, aufrecht sitzen, auf Finger achten

Temperatur am Bügeleisen dem Material entsprechend einstellen

Wasser nur einfüllen, wenn Netzstecker gezogen ist

Kabel immer am Stecker aus der Steckdose herausziehen

Was tun bei einem Notfall?

Telefonnummer der Unfallrettung „19222" oder „112" wählen.

Folgende Fragen müssen beantwortet werden:

- Wer meldet?
- Was ist passiert?
- Wo ist es passiert?
- Wie viele Verletzte gibt es?

Warten auf Rückfragen!

INTERNET TIPP

Erste Hilfe für Kinder und Jugendliche:
http://www.drk.de/erstehilfe
http://www.drk.dortmund.org/ehonline

Du kennst ...
die Sicherheitsvorschriften in der Textilwerkstatt und kannst dich danach verhalten.

ARBEITEN IN DEN SCHULWERKSTÄTTEN

Umgang mit Gebrauchsanweisungen

> Methode

Wer ein neues Gerät hat, möchte es so schnell wie möglich benutzen. Viele machen sich nicht die Mühe, die Gebrauchsanweisung zu lesen, sondern probieren einfach aus. Oft funktioniert diese Vorgehensweise, aber es kommt vor, dass man Schäden am neuen Gerät anrichtet, für die der Hersteller keine Garantie übernimmt. Gebrauchsanweisungen geben Hinweise, was das Gerät kann, wie man es bedient und pflegt und was bei Störungen zu tun ist. Die Benutzung der Gebrauchsanweisung ist bei allen Geräten gleich. Am besten lernt man sie kennen, wenn man an einem unbekannten Gerät Schritt für Schritt übt.

181.1 Gebrauchsanweisung für die Nähmaschine

Vorgehen Schritt für Schritt:

1. Wie heißen die einzelnen Teile und welche Funktionen haben sie?
- Das Gerät mit allen Teilen auspacken.
- In der Gebrauchsanleitung den Funktionsüberblick aufschlagen.
- Die beschriebenen Geräteteile am Geräte suchen.

2. Was muss ich tun, um das Gerät zum ersten Mal in Betrieb zu nehmen?
- In der Gebrauchsanleitung unter „Inbetriebnahme" lesen, was zu tun ist und danach vorgehen.

3. Wie setze ich die einzelnen Funktionen in Gang?
- Die einzelnen Funktionsbeschreibungen Schritt für Schritt lesen und am Gerät ausprobieren.

4. Wie muss das Gerät gepflegt werden?
- Pflegehinweise in der Gebrauchsanleitung lesen.
- Die Besonderheiten unterstreichen, danach vorgehen.

5. Was tun, wenn Störungen auftreten?
- Genau überlegen, welche Funktion gestört ist (z. B. Stichbildung).
- In der Gebrauchsanleitung nach Hinweisen suchen, wie die aufgetretene Störung behoben werden kann.
- Prüfen, ob die Anweisung selbst durchgeführt werden kann oder ob der Kundendienst nötig ist.

6. Was tun, wenn man die Störung nicht selbst beheben kann?
- Hersteller- oder Kundendienstadresse herausfinden.
- Gerätenummer aufschreiben, Rechnung und Garantiekarte bereitlegen, Fehler stichwortartig beschreiben.
- Gerät zum Händler bringen, per Post an den Hersteller schicken oder Kundendienst anrufen.

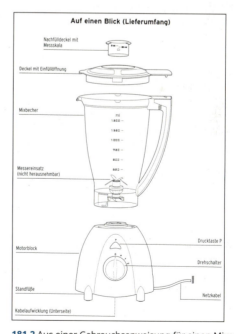

181.2 Aus einer Gebrauchsanweisung für einen Mixer

Du kannst …
ein Gerät nach Gebrauchsanweisung in Betrieb nehmen.

Die Nähmaschine startklar machen

Die Nähmaschine kennenlernen
Bevor die ersten Nähversuche starten, muss man sich mit der Nähmaschine vertraut machen. Im Folgenden werden deshalb wichtige Dinge zum Umgang mit elektrischen Nähmaschinen gezeigt.

Es gibt viele verschiedene Nähmaschinenhersteller und Nähmaschinenmodelle. Wenn auch nicht jede Nähmaschine der anderen im Detail gleicht – alle Maschinen funktionieren ähnlich.

Die Nähmaschine und ihre wichtigsten Teile

1. Nähfuß
2. Nadelhalter
3. Nähfuß-Hebel
4. Fadenhebel
5. Regulierung für Oberfadenspannung
6. Fadenführung
7. Spulervorspannung
8. Nutz- und Ziersticheinstellung
9. Garnrollenhalter
10. Spulvorrichtung mit Spulerspindel
11. Stichlängen- und Stichbreiteneinstellung
12. Handrad
13. Rückwärtsnähtaste
14. Stichplatte, Transporteur, Gehäuse für Spulenkapsel

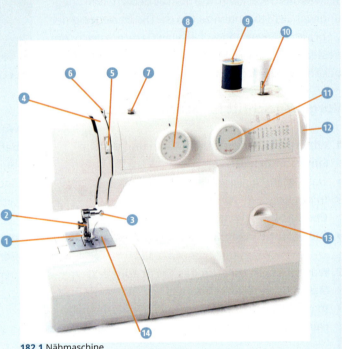
182.1 Nähmaschine

Nähmaschine auspacken
- Zuerst wird die Schutzabdeckung der Nähmaschine entfernt.
- Dann die zur Nähmaschine gehörende Gebrauchsanweisung lesen. Mit ihrer Hilfe kann man sich kundig machen, wie das entsprechende Modell funktioniert.

Nähmaschine betriebsbereit machen
- Der Fußanlasser wird auf den Boden gestellt und der Maschinenstecker wird an die Nähmaschine angeschlossen.
- Der Netzstecker wird in eine Wandsteckdose eingesteckt.
- Dann schaltet man den Hauptschalter ein.
- Bei vielen Nähmaschinen wird mit dem Hauptschalter auch das Nählicht eingeschaltet.

Unterfaden aufspulen

- Zum Aufspulen des Unterfadens muss meist das Nähwerk ausgeschaltet werden. Dazu wird das Handrad festgehalten und die daran befestigte Auslösescheibe nach vorne gedreht.
- Die Garnrolle auf den Garnrollenhalter setzen und das Fadenende im Uhrzeigersinn in die Spulervorspannung einziehen.
- Spule auf die Spulerspindel stecken und das Fadenende ein paar Mal um die Spule wickeln.
- Anschlagknopf der Spulervorrichtung gegen die Spule drücken.
- Fußanlasser betätigen und Faden aufspulen. Auf gleichmäßiges, straffes Aufspulen achten!
- Volle Spule entnehmen und Nähwerk wieder in Betrieb setzen.

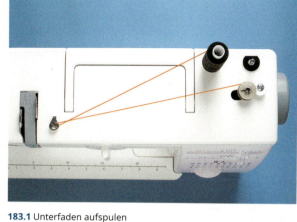

183.1 Unterfaden aufspulen

Oberfaden einfädeln

- Den Nähfuß heben.
- Mit dem Handrad die Nadel in höchste Stellung bringen.
- Die Garnrolle auf den Garnrollenhalter setzen.
- Den Faden durch die Fadenführung ziehen und zwischen die Scheiben der Oberfadenspannung legen (Gebrauchsanleitung beachten!).
- Den Faden durch den Fadenhebel führen und hinter die Fadenführung legen.
- Den Faden von vorne nach hinten durch die Nadel fädeln.

183.2 Oberfaden einfädeln

Spule in Spulenkapsel einsetzen

- Spulenkapsel in die linke Hand, aufgespulte Spule in die rechte Hand nehmen.
- Spule so einlegen, dass der Faden im Uhrzeigersinn aufgespult ist.
- Faden durch den Schlitz unter der Feder ziehen. Er muss dann in der Fadenführungsöse liegen.
- Spulenkapsel an der Klappe halten und in die Maschine einsetzen. Die Spule muss hörbar einrasten.

Unterfaden heraufholen

- Die Nadel in die höchste Position bringen.
- Das Ende des Oberfadens mit der linken Hand festhalten.
- Das Handrad wird mit der rechten Hand nach vorne gedreht, um einen Stich zu nähen.
- Am Oberfaden leicht ziehen. Damit wird der Unterfaden aus dem Stichloch gezogen.
- Die Enden des Ober- und Unterfadens nach hinten legen.

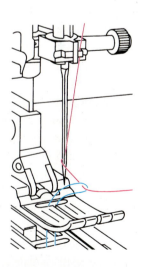

Kleines **Nählexikon**

In Nähanleitungen werden oft Fachbegriffe verwendet. Hier sind die wichtigsten Begriffe erklärt. Für alle anderen gibt es Erklärungen oder Videoanleitungen im Internet.

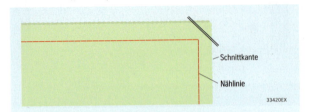

Ecken abschrägen: Damit nach dem Wenden der Stoff nicht zu dick übereinander liegt, Ecken nach dem Nähen schräg abschneiden. Vorsicht: nicht die Nählinie beschädigen.

fadengerade: Bei Geweben erkennt man Kett- und Schussfäden, die sich rechtwinklig überschneiden. Bei Wirkwaren erkennt man dagegen Maschen. Fadengerade zuschneiden heißt, entlang der Faden- bzw. der Maschenlinie zu schneiden.

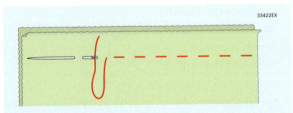

heften: Mit etwa 1 cm langen Vorstichen Stofflagen von Hand mit Heftgarn zusammennähen, damit sie nicht verrutschen. Achtung: nicht in der späteren Nählinie heften.

knappkantig steppen: Der Stoff wird so unter den Nähfuß gelegt, dass die Nahtlinie ganz nahe an der Stoffkante entlangläuft.

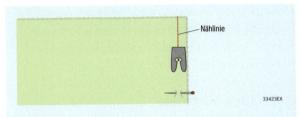

Naht: Die einfache Naht verbindet mindestens zwei Stofflagen miteinander. Die vom Faden gebildete Linie ist die Nahtlinie, die auch Stepplinie genannt wird.

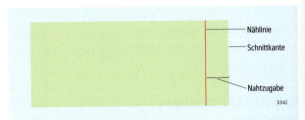

Nahtzugabe: Der Abstand zwischen Schnittkante und Nählinie ist die Nahtzugabe.

Naht ausbügeln: Damit die Stoffteile glatt nebeneinander liegen, werden die Nahtzugaben auseinander gebügelt.

ARBEITEN IN DEN SCHULWERKSTÄTTEN

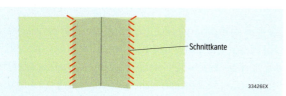

Randversäuberung mit Zickzackstich: Bei dicken Stoffen und wenn die Naht sehr glatt sein soll, werden die Schnittkanten einzelnen mit dem Zickzackstich versäubert. Bei dünneren Stoffen kann die Nahtzugabe zusammengefasst versäubert werden.

stecken: Stofflagen werden mit Stecknadeln im Abstand von 3-4 cm aufeinander gesteckt. Die Stecknadelköpfchen sollen von der Stoffkante nach außen schauen, sodass sie beim Nähen leicht herausgezogen werden können.

Saum: Stoffstück mit der rechten Seite auf den Tisch legen. Die Schnittkante etwa 1 cm breit einschlagen, festdrücken, bügeln. Den Einschlag auf die gewünschte Saumbreite umschlagen, stecken und knappkantig absteppen.

steppfußbreit: Der Stoff wird so unter den Nähfuß gelegt, dass er mit der Seitenkante des Nähfußes abschließt.

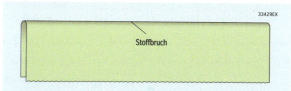

Stoffbruch: Wenn man ein Stoffstück faltet, entsteht eine geschlossene Stoffkante, das nennt man Stoffbruch.

Schnittkante: Eine Schnittkante entsteht beim Durchschneiden eines Stoffes. Damit Schnittkanten nicht ausfransen, werden sie mit Zickzackstich versäubert.

 INTERNET TIPP
Weitere Erklärungen findet man in Textform oder als Videos im Internet.

Du kannst ...
Nähfachbegriffe erklären und nutzen.

Mit der Nähmaschine **nähen lernen**

Mit der Nähmaschine nähen lernt man durch Übung. Schneide aus einem kräftigen Baumwollstoff acht Quadrate und aus Papier vier Quadrate von jeweils ca. 23 cm Seitenlänge aus. Stecke jeweils zwei Stoffstücke genau aufeinander. Wähle aus den folgenden Vorschlägen vier aus und mache eigene Entwürfe zu den Aufgabenstellungen auf die Papierquadrate. Übertragt die Entwürfe auf die Stoffquadrate. Näht die Linien nach. Es sollen dabei unterschiedliche Sticharten in unterschiedlicher Länge und Breite vorkommen.

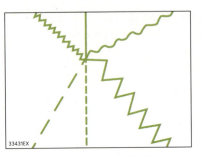
Gerade Linien in verschiedenen Abständen

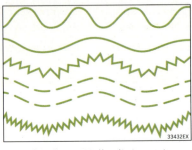
Verschiedene Wellenlinien mit unterschiedlichen Stichen

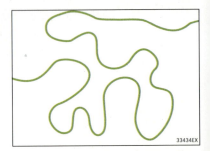
Eine fortlaufende Linie mit Kurven

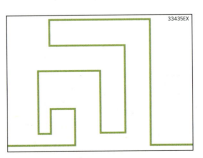
Eine fortlaufende Linie mit Ecken

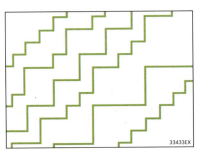
Treppenlinien in unterschiedlichen Abständen

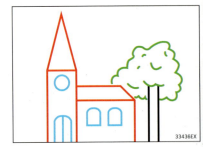
Ein Bild nach Wahl

Nähmaschinenführerschein

_____ kann:
Name der Schülerin/des Schülers

- die Nähmaschine sachgerecht auf- und abbauen,
- den Ober- und Unterfaden sachgerecht einfädeln,
- den Unterfaden aufspulen,
- verschiedene Sticharten einstellen und anwenden,
- verschiedene Stichlängen und Stichbreiten einstellen,
- die Oberfadenspannung regulieren,
- die Nadel auswechseln,
- kleine Störungen beseitigen,
- die Nähmaschine sachgerecht pflegen.
- Er/Sie hat die Nähmaschinenprüfung bestanden:

_____   _____
Ort, Datum   Name des Prüfers/der Prüferin

Für alle Näharbeiten gilt:
- Am Anfang und Ende jeder Naht Faden durch Vernähen sichern.
- Beim Nähbeginn nach 2–3 Stichen Rückwärtstaste drücken und 2–3 Stiche rückwärts nähen, Taste loslassen und vorwärts weiter nähen, ebenso am Ende verfahren.
- Beim Verändern einer Stichart darf die Nadel nicht im Stoff stecken.
- Bei allen Ecken: Nadel im Stoff stecken lassen, Steppfuß heben, Stoff in die neue Richtung drehen, Steppfuß senken, weiter nähen.

Du kannst ...
die Nähmaschine fachgerecht nutzen und kleine Störungen selbst beheben.

Die eigene Arbeit bewerten

Die eigene Arbeit zu bewerten ist wichtig, damit man weiß, ob man etwas dazugelernt hat. Man überlegt sich, was man besser weiß und kann, aber auch, wie gut man mit anderen zurechtkommt und welche Vorgehensweisen man inzwischen beherrscht, um Probleme zu lösen. Wer die eigene Arbeit immer wieder bewertet, lernt mit der Zeit, seine eigenen Stärken besser kennenzulernen.

So kann man vorgehen:

Mehrere Personen zusammen oder einzelne Personen überlegen sich Fragen zu der zurückliegenden Arbeit. Sie können sich auf eine oder mehrere Bereiche beziehen.

Wichtig ist, die Fragen so zu stellen, dass sie nicht mit Ja oder Nein beantwortet werden können, sondern dass zur Beantwortung eine genaue Begründung notwendig ist.

Die eigene Arbeit auf einer Bewertungslinie bewerten

Auf dem Fußboden wird mit breitem Tesakrepp eine sechs bis zehn Meter lange Linie geklebt. Am einen Ende liegt ein Kärtchen mit einem Minuszeichen, am anderen Ende ein Kärtchen mit einem Pluszeichen. In der Mitte liegt eine Karte mit der Zahl 0.

Eine Person stellt Fragen, die anderen ordnen sich zwischen minus und plus entsprechend ihrer Einschätzung auf der Linie ein. Die Person, die Fragen stellt, fordert nun einzelne auf, zu begründen, warum sie sich so einschätzen.

Beispiele für Fragen

- Wie gut ist es mir gelungen, mit Interesse (Ausdauer, Konzentration …) bei der Arbeit zu bleiben?
- Wie gut gelingt es mir, Ideen oder Lösungsvorschläge zu entwickeln?

- Wie harmonisch haben wir heute in unserer Gruppe zusammengearbeitet?
- Wie zielgerichtet war unsere Zusammenarbeit?
- Wie wichtig war mein Beitrag für unser Arbeitsergebnis?

- Wie selbstständig kann ich inzwischen nach Rezept (Arbeitsanweisung) arbeiten?
- Wie übersichtlich habe ich das Plakat gestaltet?

- Wie viel Neues weiß ich jetzt über …?
- Wie gut beherrsche ich inzwischen …?

Glossar

Accessoire: modisches Zubehör, z. B. Schal, Handschuhe.
Akteure: handelnde Personen.
Allergien: Bei einer Allergie reagiert der Körper auf einen bestimmten Stoff oder ein Lebensmittel mit einer Abwehrreaktion.
ambulant: nicht an einen festen Ort gebunden.
Antibiotika: Medikamente, mit denen durch Bakterien verursachte Infektionskrankheiten behandelt werden.
Arbeitsablaufplan: Die Reihenfolge der Tätigkeiten wird in einem Plan schriftlich festgehalten.
Aroma: Aromen sind Bestandteile von Lebensmitteln, werden aber auch als natürliche oder künstliche Bestandsteile beigemischt. Wir schmecken oder riechen sie.
Assimilation: Angleichung an bestehende Verhältnisse.
Assoziationen: bewusste oder unbewusste Verknüpfung von Gedanken und Vorstellungen.
Attribute: typische Eigenschaften.
Aufwandsentschädigung: Die Erstattung für eine geleistete Tätigkeit ohne Verdienst.
Barock: durch kraftvolle, verschwenderische Formen gekennzeichnete Zeit von etwa 1600 bis 1750.
Barrierefreiheit: Wege ohne Hindernis, für Behinderte ohne Erschwernis oder fremde Hilfe nutzbar.
Bedarfsanalyse: ermitteln, was benötigt wird.
Biographie: Beschreibung des Lebens einer Person.
Biokapazität: Fassungsvermögen eines Ökosystems, nützliche biologische Materialien zu produzieren und durch den Menschen erzeugte Abfälle aufzunehmen.
Bodenhaltung: Haltung von Legehennen mit freiem Auslauf.
Codes: Verhaltensweise, deren Sinn verschlüsselt ist, z. B. Gabel und Messer liegt gekreuzt auf dem Teller = Ich bin noch nicht satt.
dekorativ: schmückend.
demografischer Wandel: Veränderungen in der Bevölkerung.
demokratisch: Entscheidungen werden gemeinsam getroffen.
Deutsche Gesellschaft für Ernährung: Organisation, deren Schwerpunkt die Ernährungsforschung und -beratung ist.
Discounter: Einzelhandelsgeschäft, das geringe Verkaufspreise bietet und seine Waren ohne Aufwand präsentiert.
ehrenamtlich: Tätigkeit ohne Bezahlung.
Eiweiß: Eiweiß wird auch als Protein bezeichnet. Es besteht aus Aminosäuren; es ist ein wichtiger Baustoff für den Körper und ist deshalb lebensnotwendig.
emotional: vom Gefühl bestimmt.
Emulgatoren: Emulgatoren sorgen dafür, dass sich zwei eigentlich nicht miteinander mischbare Stoffe, z. B. Wasser und Öl, dauerhaft verbinden.
Energiegehalt: Bei der Verbrennung von Nährstoffen im Körper entsteht Energie. Die Menge der Energie wird in Kalorien ermittelt.
Enthaltsamkeit: etwas nicht tun.
E-Nummer: Lebensmittelzusatzstoffe müssen in der EU zugelassen sein. Sie werden durch E-Nummern gekennzeichnet.
Esskulturen: Zubereitung und Essen von Speisen aus unterschiedlichen Kulturen.
Event: Ereignis.
Faktoren: Auswirkungen, die in einem bestimmten Zusammenhang auftreten.
Farbstoffe: Lebensmittelfarbstoffe sind Zusatzstoffe, um Lebensmittel besser aussehen zu lassen.
Favoriten: Bevorzugte, Begünstigte.
Fette: Fette sind wichtige Brennstoffe für den Körper. Sie liefern viel Energie und versorgen den Organismus mit lebensnotwendigen (essenziellen) Fettsäuren. Es gibt tierische und pflanzliche Fette.
first in first out: Was zuerst hineingeht, geht auch zuerst heraus.
Freilandhaltung: Haltung von Nutztieren ohne enge Käfige.
Fruktose: Fruchtzucker, vor allem im Obst.
Garnitur: Verzierung.

GLOSSAR

Garprozess: Veränderung von Lebensmitteln durch Dünsten, Braten usw.
Gebrauchsgüter: Gegenstände, die über einen längeren Zeitraum verwendet werden, z. B. Töpfe.
Gebrauchswert: Wert, den eine Sache hinsichtlich ihrer Eignung für bestimmte Funktionen und Zwecke hat.
gemeinnützig: nützlich für die Gemeinschaft.
Gemeinwohl: das Wohlergehen jedes Einzelnen innerhalb einer Gemeinschaft.
Genfood: Lebensmittel, bei dem die Gene künstlich verändert wurden.
gentechnisch: mit Biotechnologie verändertes Erbgut.
Gesamtlayout: die Text- und Bildgestaltung des gesamten Heftes/Buches.
gesättigte Fettsäuren: findet man vor allem in tierischen Fetten. Der Körper kann sie bei Bedarf selbst herstellen.
Geschmacksträger: Bestandteile, welche den Geschmack transportieren.
Gesundheitswert: Wert eines Stoffes oder Verhaltens für die Gesundheit.
Glukose: Traubenzucker.
Grundbedürfnis: Bedürfnis nach etwas, das der Mensch zum Leben braucht.
Gruppenkonformität: Übereinstimmung einer Gruppe von Menschen.
Gütegemeinschaft: Zusammenschluss qualitätsorientierter Hersteller, die ihre Produkte ständig überprüfen.
Hygiene: Maßnahmen zur Verhütung von Krankheiten.
Identifikation: mit etwas übereinstimmen, es zur eigenen Sache machen.
immateriell: unstofflich, unkörperlich, geistig.
Immunsystem: verantwortliches System für die Abwehr von Krankheiten.
individuell: auf eine Person bezogen.
Institution: gesellschaftliche Einrichtung.
Interessensolidarität: Zusammenhalt von Menschen aufgrund gleicher Interessen.
ionisierend bestrahlt: mit Elektronen bestrahlt.
Käfighaltung: Haltung von Tieren in Käfigen.

Kilojoule: Messeinheit für die Energie.
Kohärenz: Als kohärent bezeichnet man den Zusammenhalt oder Zusammenhang von etwas. Hier ist gemeint, dass ein Mensch eine so positive Grundeinstellung hat, dass unvorhergesehene Situationen ihn nicht aus dem Konzept bringen können.
Kohlenhydrate: Nährstoffe, die dem Körper Energie zuführen.
Kommunikationsprozesse: Verlauf von Gesprächen.
Kompetenzen: Wissen, Fähigkeiten und Fertigkeiten, die ein Mensch hat.
Konsequenz: Folge auf eine Handlung.
Konservierungsstoffe: Stoffe, durch die ein Lebensmittel haltbar gemacht wird.
Konsistenz: Beschaffenheit.
Konsum: Konsum bedeutet so viel wie Verbrauch, Verzehr und ist ein Oberbegriff für alles, was wir kaufen.
Konventionell: üblich.
Koordination: etwas regeln, ordnen, in eine bestimmte Folge bringen.
Kriterien: unterscheidende Merkmale zur Bewertung eines Sachverhaltes.
Laktose: Milchzucker.
laktosefrei: Lebensmittel ohne Milchzucker (= Laktose).
Lebensmittelzusatzstoffe: Stoffe, die nicht in natürlichen Lebensmitteln vorhanden sind, sondern zugesetzt werden.
Lebensstil: Art und Weise, wie jemand das Leben gestaltet.
Maltose: in Malz und Bier enthaltener Zucker.
Markterkundung: Vergleich von Produkten bei unterschiedlichen Anbietern.
materiell: stofflich, dinglich, gegenständlich körperlich greifbar.
Methangas: es entsteht beim Stoffwechsel von Pflanzen, Tieren und Menschen; es ist auch im Erdgas enthalten. Das Gas hat ein hohes Treibhausgaspotenzial und trägt zur globalen Erwärmung bei.

Mikroorganismus: biologisch kleinste Lebewesen, z. B. Bakterien.
Mobilisierung: in Bewegung bringen.
Mobilität: Beweglichkeit.
Motive: Gründe, etwas zu tun.
Multi-Kulti-Essen: Essen von Speisen, die aus unterschiedlichen Kulturen stammen.
Nährstoffe: Unter ihnen werden die in unserer Nahrung vorkommenden energieliefernden Stoffgruppen (Kohlenhydrate, Eiweiß, Fett) und die nicht energieliefernden Stoffgruppen (Vitamine, Mineralstoffe, Wasser) zusammengefasst.
Nettofüllmenge: Menge (Gewicht), die nach Abzug der Verpackung übrig bleibt.
Normen: Regeln, die verbindlich für das Zusammenleben sind.
ökologische Erzeugung: Erzeugung, die das natürliche Gleichgewicht möglichst wenig beeinträchtigt; umweltverträglich
ökologischer Wert: Bewertung nach umweltverträglichen Gesichtspunkten
ökologisch nutzbringende Fläche: Fläche, die vom Menschen für die Produktion von Biomasse (Lebensmittel und Energie) genutzt wird.
partnerschaftlich: mit anderen etwas tun, teilen.
Portfolio: Mappe, in der zu einem bestimmten Thema alles gesammelt wird.
Position: Lage, Situation, in der sich jemand befindet.
Potenziale: Gesamtheit aller vorhandenen, verfügbaren Möglichkeiten.
professionell: etwas mit großem Können tun.
Prototypen: etwas, was als Vorbild bzw. als Muster dient.
Qualitätsstandard: Durch Qualitätsstandards wird die Mindestgüte eines Produktes festgelegt.
recycelbar: wiederverwendbar, wiederverwertbar.
reduziert: verringern, vermindern, einschränken.
Regulierungsmöglichkeit: Möglichkeit, etwas zu verändern.
Reize: etwas, was herausfordert, provoziert.
Requisiten: Material oder Gegenstände, die für eine Ausstellung oder eine Aufführung gebraucht werden.
Ressourcen: Ressourcen sind Mittel um eine Handlung zu tätigen oder einen Vorgang zu veranlassen. Meist werden darunter Betriebsmittel, Geldmittel, Boden, Rohstoffe, Energie oder Personen und Zeit verstanden.
Rindermast: alle Maßnahmen, die zur Aufzucht von Rindern eingesetzt werden.
Rituale: wiederholte, immer gleiche Vorgehensweisen, diese können auch religiös oder traditionell festgelegt sein.
Routine: Ausführung einer Tätigkeit, die zur Gewohnheit geworden ist.
Saccharose: Zucker, der von der Zuckerrübe bzw. vom Zuckerrohr gewonnen wird.
Säuerungsmittel: werden zur Konservierung von Lebensmitteln beigesetzt. Sie verändern den Geschmack.
Schulverpflegung: alles, was an Essen und Trinken in einer Schule angeboten wird.
Selbstinszenierung: bewusste Darstellung der eigenen Person durch Sprache, Körpergestaltung, Bewegung usw.
sensorisch: Wahrnehmung mit den Sinnen.
sozialer Wert: Wert einer Handlung, die einer Gemeinschaft von Menschen dient.
soziales Engagement: sich für die Gemeinschaft einsetzen.
sozialpflegerisch: alle Handlungen, bei denen es um die Pflege von Menschen geht.
soziokulturell: die Gesellschaft und ihre Kultur betreffend.
Status: Stand, Stellung in der Gesellschaft.
Steckbrief: kurze Information über eine Person bzw. über ein Produkt.
Stoffapplikation: aufnähen von Stoffen auf eine textile Fläche.
Substanzen: Bestandteile.
Süßungsmittel: Zusatzstoffe, durch die ein Lebensmittel süß wird.
Symbole: ein zwischen Menschen vereinbartes Zeichen.

textile Ausrüstung: Verfahren, durch die Eigenschaft von Textilien verändert werden.
Trageeigenschaften: Eigenschaften eines Kleidungsstückes, z. B. Scheuerfestigkeit, Wärmehaltigkeit.
Trend: erkennbare Richtung einer Entwicklung.
überlegt konsumieren: Einkauf nach Kriterien.
unentgeltlich: ohne dass dafür bezahlt wird.
vegetarisch: Essen ohne Fleischprodukte.
Verbundkarton: Karton, der aus unterschiedlichen Schichten besteht.
Verkaufsstrategie: überlegte Vorgehensweise beim Verkauf einer Ware.
Visionen: Vorstellungen, die in der Zukunft liegen.
Vitamine: Diese Nährstoffe sind unverzichtbar für die Gesundheit. Sie werden durch die Nahrung zugeführt. Manche kann der Körper auch selbst herstellen.
Vlieseline: textiler Füllstoff zur Verstärkung von Kragen, Leisten usw.
Weiterbildung: Weiterbildung sind alle Aktivitäten, die der Vertiefung, Erweiterung oder Erneuerung von Wissen, Fähigkeiten und Fertigkeiten von Menschen dienen nach einer ersten Bildungsphase.
Weltgesundheitsorganisation (WHO): Organisation der Vereinten Nationen mit Sitz in Genf. Ziel ist die Gesundheit aller Menschen weltweit.
Weltladen: Weltläden sind Fachgeschäfte für Fairen Handel. Ziel der Weltläden ist es, mehr zu Gerechtigkeit im Handel zwischen den Ländern des Südens und des Nordens beizutragen.
Werte: Haltungen, Überzeugungen an denen Menschen ihr Handeln orientieren, bewerten.
Zeitgeist: für eine bestimmte Zeit charakteristische allgemeine Gesinnung, geistige Haltung.
zertifiziert: beglaubigt, bescheinigt.
Zivilisationskrankheiten: Krankheiten, deren Ursache die Lebensweise von Menschen ist.

Bildquellenverzeichnis

|adidas AG, Herzogenaurach: 49 5. |adpic Bildagentur, Köln: B. Reitz-Hofmann 177 u.li.; H. Brauer 173 .3; Leitner, B. 122 li.o.; T. Ott 78 li.; T. Schon 177 u.re. |akg-images GmbH, Berlin: 70 2. v.u. |alamy images, Abingdon/Oxfordshire: D. Levenson 70 u.; Howard Harrison 49 6. |Anders ARTig Werbung + Verlag GmbH, Braunschweig: 36, 140 u. |bildagentur-online GmbH, Burgkunstadt: Ehlers 125 .1. |Böhlke, Dorothée, Hamburg: 107 o.li. |Bremer Baumwollbörse, Bremen: 49 2. |Brenner, Sandra, Stuttgart: Dümmel 53 .2. |Bundesanstalt für Landwirtschaft und Ernährung (BLE), Bonn: Fotos: K. Arras, Köln 26 mi. |Bundesministerium für Ernährung und Landwirtschaft (BMEL), Bonn: 136 1. |Bundeszentrale für gesundheitliche Aufklärung (BZgA) - Referat 1-13, Prävention des Substanzmissbrauchs, Köln: 13 u. |Caro Fotoagentur, Berlin: Froese 117 Mi.; Klemmer 80 u.re.; R. Oberhaeuser 58 u.; Riedmiller 81. |Clipdealer GmbH, München: berlinrob 84 e. o. |Colourbox.com, Odense: 83 u.re., 87 u.li., 116 Mi., 119 .4, 164 .17 li., 164 .18; Monkey Business Images 6, 8 2. v.o., 8 u., 80 o.Mi., 161; R. Gorielov 87 o. 2. v.li. |ddp images GmbH, Hamburg: interTOPICS/STAR-MEDIA 86 u.Mi. |Deutsche Bahn AG/Mediathek, Frankfurt/M.: Gustavo Alabiso 80 o.re. |Deutsche Gesetzliche Unfallversicherung e.V. (DGUV), Sankt Augustin: 49 re. |Druwe & Polastri, Cremlingen/Weddel: 31, 31 2, 163 re.o., 179, 181. |Dümmel, D., Plochingen: 119 .3, 129 li., 146 2, 146 li. + Mi. |epd-bild, Frankfurt/M.: R. Zöllner 93 re. |Europäische Union, Berlin: © European Union, 2019 136 2. |F1online, Frankfurt/M.: Hero Fancy Titel li.u.; Juice Images 97 re.o.; Maskot 144 u. |Fabian, Michael, Hannover: 52, 67 Mi., 172 .2. |Fahle, Jutta, Dortmund: 172 .3, 173 .15, 175 u. |Fair Wear Foundation, CH Amsterdam: 6, 138 2. |Feldhaus, Hans-Jürgen, Münster: 79 2, 79 3, 79 4, 79 re. |FOTODESIGN - HEINZ HEFELE, Darmstadt: 103. |fotolia.com, New York: 114; A. Armyagov 173 .1; A. Popov 74 .1; A. Raths 87 o.Mi.; A. Wilhelm 177 u.Mi.; A_Lein 20 u.; ahornfoto 165 .1, 165 .2; AK-DigiArt 176 li.u.; al62 116 u.; alco81 126 2. re.; Alliance 10 .1; ap_i 107 li.u.; ARochau 4, 71; Arochau 88 u.re.; Artenauta 166; Atkins, P. 92 o.; B. Pheby 20 2, v.u.; B. Reitz-Hofmann 171 li. 2. v.u.; Bacho Foto 130; baloon111 173 .13; Belaya Katerina 20 o.; bernardbodo 19; bilderzwerg 49, 49, 49, 49, 49, 49, 49, 49, 49, 163 8; BildPix.de 96 o.li.; BillionPhotos.com 83 u.li.; blackday 67 u.Mi.; bluedesign 147 o.re.; Brunsch, S. 164 .22; Bussiek 29 o.; C. Schwier 156 .1; C. Werner 172, 173; Carmen Steiner 65 4; ChristArt 32 .2; coldwaterman 33 u.; Coloures-Pic 123 u.; contrast-werkstatt 97 li.o., 128 u., 150 u., 156 u.; corepics 91 u.li.; Cpro 173 .12; dbvirago 178; Delphimages 149 o.; Dietl, Jeanette 84 li. o.; Dörr, M. 92 2. v.u.; efufoto 164 .9; ehrenberg-bilder 87 o.re., 158; Eisenhans 36 o.; ellisia 41 o.li.; Eppele 7; Eppele, Klaus 167 u.Mi.; euthymia 164 .11; exopixel 164 .5; ExQuisine 173 .11; F. Pfluegl 70 o., 113 li.; Felinda 177 li. o.; flairimages 161 li.; Food 164 .8; fotobenn 182; fotomek 50 o.; froxx 83 o.Mi.; G. Porzani 173 .14; G. Seybert 4, 92; giromin 119 .1; Gradin, A. 164 .6; grafikplusfoto 88 u.li.; Gresei 167 o.Mi.; gwimages 118 u.; GYNEX 164 .1; H. van Vonno 172 .9; H.-P. Reichartz 148 u. o.li.; Herby Me 171 re. 2. v.u.; Hildebrandt, E. 8 2. v.u.; ikonoklast_hh 56 o.; IrisArt 164 .4; J. Dietl 87 o.li.; J. Grudzinski 176 re.u.; J. Mikus 173 .9; j.o.photodesign 167 u.li.; Jeanette Dietl 84 re. o.; Jevtic, B. 166 u.Mi.; JJAVA 169 o.;

Bildquellenverzeichnis

Jurapix 162 li.u.; Kaarsten 122 li.u.; karandaev 164 .2; kasinv 164 .15; kevma20 165 .5, 165 .6; Knut W. 53 .1; kristall 83 o.li.; Kzenon 15 .3; Landgraf, U. 164 .10; lapas77 170 o.li.; Light Impression 84 li.o.; Lsantilli 170 u.re.; M. Dini 173 .5; M. Krüttgen 89 re., 91 u.re.; magele 64 Mi., 65; Mainka, Markud 133; mangostock Titel li.o.; Marco2811 116 o.; marcus_hofmann 165 .4; mars 12; matthias21 75 li.o.; Meddy Popcorn 40; michaeljung 41 u.re.; mma23 92 u.; Monet 86 o.re.; Monkey Business 112 2. v.o.; nata_vkusidey 64 u., 65; Nick Freund 10 .2; nito 166 re.u.; Nunes, A. 152; P. Atkins 148 u.re.; P. Hermes Furian 164 .7; Pheby 170 u.li.; photocrew 173 .7; PhotoSG 172; pico 67 u.li.; Picture-Factory 37 li., 168; Pixelot 164 .3 b; pressmaster 55 .2; prudkov 8 o.; R. Heim 166 li.o.; R. Kanareva 166 li.u.; R. Oechsner 172 .5; Race, Dan 33 o.; rdnzl 148 u.re.u.; Reitz-Hofmann, Birgit 164 .17 re.; Robert Kneschke 150; S. Gräf 172 .4; S. Lovegrove 20 2. v.o.; S. Monk 86 o.li.; S. Trebizan 147 u.li.; Sanders, Gina 78 Mi.; sommai 177 o.Mi.; st-fotograf 100; Svenja98 148 u. re.o.; Swadzba, M.R. 164 .24; T. Balzer 45 re.Mi.; Tennert, M. 4, 59 2; tunedin 176 re.Mi.; Turi 16 .1; TwilightArtPictures 169 u., 172 .11; utemov 160 o.; vadim yerofeyev 173 .10; vesta48 36 u.; Viktor 171 re.u.; vladimirfloyd 125 .4; VRD 164 .19, 164 .20; W. Ihlenfeld 9 re.; Wandruschka, O. 164 .23; wildworx 41 o.re., 118 2. v.u.; womue 167 o.li.; Wong Sze Fei 86 u.re.; Wylezich, B. 67 u.re.; xalanx 108; yamix 148 u.li. Mi.; yellowj 10 .3; Zerbor 166 li.Mi.; Zuerlein 16 .2; Zuzi 128 .2 v.o. |Frischmuth, Peter /argus, Jork: 135 .3. |Future Mindset 2050 GmbH, Gehrden: 46 o. |GEPA - The Fair Trade Company GmbH, Wuppertal: 6, 138 3. |Getty Images, München: re.: ONOKY/Brooke Auchincloss, li.: Fuse Titel re. |GINETEX GERMANY, Köln: © by GINETEX GERMANY, www.ginetex.de 48. |Gmach, Evelyn, Nittenau: 65 o. |GOTS Global Organic Textile Standard, Euskirchen: 49 3. |Griese, Dietmar, Laatzen: 107 li.Mi., 162 o. |Haacks, Silke, Hannover: 134, 134, 134, 134, 134, 134, 134, 134, 134, 134, 134, 134, 134, 134, 134, 134, 134, 134. |Hagemann, Antje, Berlin: 107 re.o., 107 u.re. |Hammersen-Schiffner, Bettina, Braunschweig: 38. |Hans-Böckler-Stiftung/www.boeckler.de, Düsseldorf: 94 li. |Imago, Berlin: J. Tack 41 u.li.; Niehoff 140 o. |Imhof, Ursel, Buxtehude: 21, 21. |iStockphoto.com, Calgary: A. Bryukhanova 87 u.re.; ARICAN 164 .17 Mi.; Bayley, Don 84 o.re.; Brainsil 148 u.; Bryukhanova, Anna 151 re.; Doyle, George 122 re.o.; Fertmog 90; franck camhi 15 .1; Hailstone, Scott 84 li. o.; Hernandez, D. 166 o.Mi.; Highwaystarz-Photography 162 3; iPandastudio 51 li.; Jennifer Photography Imaging 7; Juanmonino 159 li.; Picasa 2.7 91 o.; prudkov 60; Vetta Collection 45 li.; Wavebreak Media 87 u.Mi. |Jochen Tack Fotografie, Essen: 66. |juniors@wildlife Bildagentur GmbH, Hamburg: Juniors Bildarchiv 5, 129. |Keystone Pressedienst, Hamburg: Volkmar Schulz 46 2. |Klüppel, Ulrike, Gechingen: 28, 28 2, 28 3, 62, 64 o., 71 li., 135, 135 2, 149 2, 149 u., 160 4, 160 u., 163 li.o., 165 8, 165 u., 171, 171 1, 171 2, 171 4, 174, 174 2, 174 3, 174 4, 174 5, 174 6, 175 1, 175 2, 175 3, 175 4, 175 5, 175 o., 176 re.o., 180, 180 1, 180 2, 180 3, 180 4, 180 5, 181 1, 186 u. |KNA - Katholische Nachrichten-Agentur, Bonn: K. Ebel 16 .3. |Köcher, Ulrike, Hannover: 170 o. Mi., 183 2, 183 o. |Krückeberg, Helge, Hannover: 59 li. |Kurt Fuchs - Presse Foto Design, Erlangen: 5, 151. |laif, Köln: D. Eisermann 17 .2. |Langner & Partner Werbeagentur GmbH, Hemmingen: 183 3, 183 u. |Mager, Franz-Peter, Gengenbach: 119 .2. |Martens, S., Braunschweig: 56 u., 74 re., 83 o.re., 145, 145 1, 145 2, 146 re., 147 u.re. |Masterfile Deutschland GmbH, Mittenwald: 88 o.; M. Burkhart 26 Mi. |mauritius images GmbH, Mittenwald: Enzinger, Peter 80 u.li.; Gilsdorf, Marc 47 li.; imagebroker/Sonja Krebs 69; Jiri Hubatka 3, 9; Photononstop 29 u.; U. Umstätter 61. |mediacolor's Fotoproduktion, Zürich: mba 126 .2 li. |Meyer, Petra, Stuttgart: 78 re., 79, 79 li. |Ministerium für Kultus, Jugend und Sport Baden-Württemberg, Stuttgart: 157 1, 157 2. |Minkus Images Fotodesignagentur, Isernhagen: 5 o., 45 re.u., 80 o.li., 86 o.Mi., 126 .1 li. |Möhle, Roland, Berlin: 47 re. |Naumann, Andrea, Aachen: 107 Mi.re. |Nordqvist Productions, Alicante: 122 re.u. |OKAPIA KG - Michael Grzimek & Co., Frankfurt/M.: Hildebrand 128 2. v.u. |ÖKO-TEST Verlag GmbH, Frankfurt: 57 o. |PantherMedia GmbH (panthermedia.net), München: Barndt 164 .21; E. Elisseeva 172, 173; Lammeyer, T. 164; M. Wischnewski 177 o.re.; Semra Yasar 57 u.Mi. |photothek.net GbR, Radevormwald: Grabowsky, U. 112 2. v.u.; T. Imo 150 o.; U. Grabowsky 127 .2. |Picture-Alliance GmbH, Frankfurt/M.: Aldag, Annemarie 17 .1; Büttner, Jens 50 Mi.; dpa-infografik 18, 39, 137; dpa/B. Roessler 101; dpa/B. Wüstneck 126 .1 re.; dpa/Deck, Uli 93 li.; dpa/J. Perske 97 re.u.; dpa/Kalaene, Jens 50 5; dpa/May, F. 114 Mi.; dpa/O. Berg 80 u.Mi.; dpa/Steinberg, W. 127 .1; Image Source/Carey Kirkella CM 114 o.; Lehtikuva_Oy/Ulander, M. 3, 37 3 u. + 37 re.; M. Latz 147 o.Mi.; Sander/M. Kötter 63, 112; Steffen, Peter 58 2. v.u.; Süddeutsche Zeitung Photo/ Schellnegger, A. 147 mi. u.; Süddeutsche Zeitung Photo/ Heddergott, Andreas 76 .1; SVEN SIMON/M. Ossowski 111 li.; Tittel, H. 55 .1; U. Baumgarten 117 o.; ZB/J. Büttner 44. |Pitopia, Karlsruhe: Wickert, Katja 2008 164 .16. |pixelio media gmbH, München: naliha 173 .16; Rhinstonepix 176 li.o. |plainpicture, Hamburg: Folio Images 86 u.li.; Kummerow, T. 10. |Rak, Peter, Deutsch-Wagram: 144 o. |Repair Café International Foundation, Amsterdam: 147 o.li. |Röwer, Gertrud, Neulehe: 15 .2. |Rüter, M., Bielefeld: 118 o. |Schliebusch, K., Kürten: 30, 30. |Semmler, Thomas, Lünen: 96 o.re. |Shutterstock.com, New York: jojje 65, 118 1; M. Kraus 83 u.Mi.; Paolo Bona 84 re. o.; Shutterstockphoto3 88 u.Mi.; Tinseltown 84 li. o. |Steffen, Zdena, Hanau: 47 Mi. |Stewen, Frank, Unna Mühlhausen: 67 o., 97 li.u. |Stiftung Warentest, Berlin: 51 rre.o. |stock.adobe.com, Dublin: freund-foto.de 84 li. o.; Lantelme, Jörg 84 re. o. |StockFood, München: Bender, U. 170 u.Mi.; Rynio 171 re. 2. v.o.; Studio R. Schmitz 65 5; Zabert Sandmann Verlag 164 .3 a. |Stumpf, Reinhard, Neuss: 172 .7. |Superbild - Your Photo Today, Ottobrunn: Oredia 72. |Tegen, Hans, Hambühren: 32 .1, 132, 172 .6. |Tekülve, Rita, Essen: 11. |Tönnies, Uwe, Laatzen: 148 u.li. |TransFair e.V., Köln: 6, 138 4. |Trevira GmbH, Bobingen: 49 3. |TRIGEMA Inh. W. Grupp e.K., Burladingen: 49 4. |ullstein bild, Berlin: CARO/S. Hoffmann 172 .1; Froese 117 u. |vario images, Bonn: 58 o. |Verbraucherzentrale Baden-Württemberg e.V., Stuttgart: 36 2. v.u. |Visum Foto GmbH, München: Hendel, Ilja C. 150 2. v.o.; Panos Pictures 128 o.; T. Hoenig 173 .2; W. Bachmeier 155. |Wandersleben, M., Hannover: 24. |Warmuth, Torsten, Berlin: 173 .8. |Wefringhaus, Klaus, Braunschweig: 112 u. |Weidner, Walter, Altußheim: 45 re.o. |Westend 61 GmbH, München: Creativ Studio Heinemann 57 u.re.; Weinhäupl, W. 113 re. |WMF Group GmbH, Geislingen/Steige: 165 .3. |Wolf, Heinz-Ulrich, Steinheim/Murr: 63 o., 123 o., 125 .2. |Wollsiegel-Verband e.V., Düsseldorf: 49 1. |www.roggenthin.de, Nürnberg: 160 Mi. |Zentralverband Gartenbau e.V (ZVG), Berlin: 6, 138 1.